KB074005

1490年代 國語의 同義語 硏究

南星祐

지식과교양

| 序文 |

    이 저서는 1490년대 국어에서 확인되는 語彙 중 同義語를 순수히 共時的인 관점에서 研究한 것이다.

    이 저서를 만드는 데 큰 도움을 준 사람이 있다. 한국외국어대학교 국제지역대학원 한국학과에서 박사과정을 이수한 金珉旭이 이 저서의 원고를 컴퓨터 작업으로 정리해 주었다.

    어려운 出版 사정에도 불구하고 이 저서를 흔쾌히 刊行해 주신 尹 사장님께 그리고 편집을 훌륭하고 멋지게 해 주신 윤수경 과장님께 謝意를 표한다.

2019년 8월

한국외국어대학교 명예교수실에서

著者 씀

| 목차 |

제1장

序論

제1절. 硏究 目的과 範圍

이 저서는 1490년대 국어에서 확인되는 同義語를 연구하는 데 목적이 있다. 더 정확히 말하면『六祖法寶壇經諺解』(1496),『眞言勸供』(1496),『三壇施食文』(1496)에서 확인되는 同義語를 연구하는 데 목적이 있다.

제2장에서는 固有語간의 同義가 논의된다. 이 동의는 크게 넷으로 나누어 고찰할 수 있다. 첫째는 名詞類에서의 동의 관계이고 둘째는 動詞類에서의 동의 관계이고 셋째는 副詞類에서의 동의 관계이고 넷째는 冠形詞類에서의 동의 관계이다.

제3장에서는 固有語와 漢字語 간의 同義가 논의된다. 이 동의는 크게 넷으로 나누어 고찰할 수 있다. 첫째는 名詞類에서의 동의 관계이고 둘째는 動詞類에서의 동의 관계이고 셋째는 副詞類에서의 동의 관계이다.

제4장에서는 漢字語간의 同義가 논의된다. 이 동의는 크게 셋으로 나누어 고찰할 수 있다. 첫째는 名詞에서의 동의 관계이고 둘째는 動詞類에서의 동의 관계이고 셋째는 副詞에서의 동의 관계이다.

제2절. 先行 研究

先行 研究에는 南星祐(1986), 南星祐(2001), 남성우(2011), 南星祐 (2014) 그리고 南星祐(2016)가 있다.

南星祐(1986)는 15세기 국어의 同義語 競爭을 순수히 共時的 관점에서 고찰하고 있다. 동의 경쟁은 크게 둘로 나누어지는데 첫째는 固有語간의 동의 경쟁이고 둘째는 固有語와 漢字語 간의 동의 경쟁이다.

南星祐(2001)는 『月印釋譜』(1459)와 『法華經諺解』(1463)의 對比에서 확인되는 동의 관계를 固有語간의 同義, 固有語와 漢字語 간의 同義 그리고 漢字語간의 同義로 나누어 고찰하고 있다.

남성우(2011)는 『救急方諺解』(1466)와 『救急簡易方』(1489)에서 확인되는 동의 관계를 固有語간의 同義, 固有語와 漢字語 간의 同義 그리고 漢字語간의 동의로 나누어 고찰하고 있다.

南星祐(2014)는 1490年代 國語에서 확인되는 名詞類의 同義語를 固有語간의 同義, 固有語와 漢字語 간의 同義 그리고 漢字語간의 同義로 나누어 고찰하고 있다.

南星祐(2016)는 1490年代 國語에서 확인되는 動詞類의 同義語를 固有語간의 同義, 固有語와 漢字語 간의 同義 그리고 漢字語간의 同義로 나누어 고찰하고 있다.

이 저서에서 사용된 1490년대 문헌들은 다음과 같다.

略號

〈壇經〉六祖法寶壇經諺解(1496)

上 : 세종대왕 기념사업회 영인본(2006)

中 : 세종대왕 기념사업회 영인본(2007)

下 : 弘文閣 영인본(2000)

〈勸供〉 眞言勸供(1496) : 국학자료총서 제2집(1978) 명지대학 국어국문학과 국학자료 간행위원회

〈施食〉 三壇施食文(1496) : 국학자료총서 제2집(1978) 명지대학 국어국문학과 국학자료 간행위원회

固有語간의 同義

제1절 名詞類에서의 同義

1490년대 국어의 名詞類에서 확인되는 동의에는 相異型, 音韻 脫落型, 音韻 添加型, 合成型 및 派生型이 있다.

1. 相異型

서로 다른 形式을 가진 둘 또는 그 이상의 名詞類들이 동의 관계를 가질 수 있다. 이 경우가 곧 상이형이다.

고유어의 名詞類에서 확인되는 상이형에는 [幻] 즉 '꼭두, 幻影'의 뜻을 가진 '곡도'와 '거즛 것'을 비롯하여 [處]와 [所] 즉 '곳, 데'의 뜻을 가진 '곧'과 '디', [所] 즉 '것, 바'의 뜻을 가진 '곧'과 '바', [時] 즉 '때'의 뜻을 가진 'ᄢ'와 '제', [量] 즉 '끝, 限度'의 뜻을 가진 '그지'와 '그슴', [他人] 즉 '남'의 뜻을 가진 '놈'과 '뎌 사ᄅᆞᆷ', [處]와 [所] 즉 '곳'의 뜻을 가진 '싸ㅎ'와 '곧', [度]와 [囬] 즉 '번, 횟수'의 뜻을 가진 '디위'와 '번', [輩], [黨], [群] 및 [侶] 즉 '무리'의 뜻을 가진 '물'과 '무리', [者] 즉 '사람'의 뜻을 가진 '사ᄅᆞᆷ'과 '이', [形]과 [形相] 즉 '모습, 형체'

의 뜻을 가진 '얼굴'과 '양ᄌ', [今] 즉 '이제, 지금'의 뜻을 가진 '이제'
와 '오ᄂᆞᆯ', [時] 즉 '때'의 뜻을 가진 '적'과 'ᄢᅴ' 그리고 [故] 즉 '까닭'의
뜻을 가진 '견ᄎᆞ'와 'ᄃᆞ'가 있다.

<1> 곡도 對 거즛 것

명사 '곡도'와 명사구 '거즛 것'이 [幻] 즉 '꼭두, 幻影'의 뜻을 가지고
동의 관계에 있다는 것은 다음 예문들에서 잘 확인된다. 원문 중 '如
幻'이 '곡도 ᄀᆞᆮᄒᆞ다'로 번역되고 '幻'이 '거즛 것'으로 번역된다. 따라서
'곡도'와 '거즛 것'의 동의성은 명백히 입증된다.

  (1) a. ᄆᆞᅀᆞ미 곡도 ᄀᆞᆮᄒᆞ몰 안 견ᄎᆞ로(知心如幻故로) 〈壇經中
       16b〉
    b. 곡도 ᄀᆞᆮᄒᆞ며 化 ᄀᆞᆮᄒᆞ며(如幻如化ᄒᆞ야) 〈壇經上 50b〉
    c. 平等하야 ᄭᅮᆷ과 곡도 ᄀᆞᆮᄒᆞᆫ 들 아라(以知…平等如夢幻ᄒᆞ야)
       〈壇經中 93a〉

  (1) d. 五蘊은 거즛 모미어니 거즛 거시 엇뎨 究竟ᄒᆞ리오(五蘊은
       幻身이어니 幻何究竟이리오) 〈壇經下 10b〉

<2> 곧 對 ᄃᆡ

두 명사가 [處]와 [所] 즉 '곳, 데'의 뜻을 가지고 동의 관계에 있다
는 것은 다음 예문들에서 잘 확인된다. 원문 중 '去處'가 '가는 곧'으로

도 번역되고 '가는 딕'로도 번역된다. 그리고 '所之'가 '간 곧'으로도 번역되고 '간 딕'로도 번역된다. 따라서 '곧'과 '딕'의 동의성은 명백히 입증된다. '곧'은 實質名詞이고 '딕'는 依存名詞'이다.

(2) a. 이제 殿 앏 左ㅅ 녁 マ새 쇠 塔으로 鎭흔(23a) 고디 이라(今殿前左側에 有鐵塔으로 鎭處ㅣ 是也ㅣ라)〈壇經序 23b〉

　　b. 제 부텨를 歸依티 아니ᄒ면 브툴 고디 업스리니(自佛을 不歸ᄒ면 無所依處ᄒ리니)〈壇經中 35a〉

　　c. ᄒ다가 내 가는 고돌 아롤딘댄(若知吾去處ㄴ댄)〈壇經下 55b〉

　　d. 네 어느 고돌 볼기디 몯ᄒ는다 (汝ㅣ 何處롤 未明가)〈壇經中 84b〉

　　e. ᄒ다가 옮기는 고대 精을 두디 아니ᄒ면(若於轉處에 不留精ᄒ면)〈壇經中 75a〉

　　f. 부톄 어느 고대 잇ᄂ뇨(佛在何處오)〈壇經中 34a〉

　　g. 쓸 고디 ᄒ 가지 아니이다(用處ㅣ 不同이니이다)〈壇經上 33b〉

　　h. ᄆᅀᆞ미 곡도 곧호믈 안 젼ᄎ로 着홀 고디 업스니라(知心如幻故로 無所着也ㅣ니라)〈壇經中 16b〉

　　i. 내 이 얼굴 쪄는 도라가미 반ᄃ기 고디 잇ᄂ니라(吾比形骸는 歸必有所ᄒ니라)〈壇經下 65b〉

　　j. 말 뭇고 나니 간 고돌 아디 몯ᄒ리러라(言畢而出ᄒ니 不知所之러라)〈壇經序 10b〉

　　k. 열세 고디러라(一十三所ㅣ러라)〈壇經序 18b〉

(2) l. ᄒᆞ다가 내 가는 고ᄃᆞᆯ 아디 몯호ᄆᆞᆯ 시름홀딘댄 내 가는 ᄃᆡ
를 내 알오(若憂吾不知去處ᅵ댄 吾自知去處ᅵ오) 〈壇經下
55a〉

m. 내 ᄒᆞ다가 가는 ᄃᆡ를 아디 몯ᄒᆞ린댄(吾若不知去處ᅵ댄) 〈壇
經下 55a〉

n. 곧 제 ᄆᆞᅀᆞ미 브튼 ᄃᆡ 업서(卽自心이 無所攀緣ᄒᆞ야) 〈壇經
中 22a〉

o. 제 ᄆᆞᅀᆞ미 ᄒᆞ마 善惡애 브튼 ᄃᆡ 업스니(自心이 旣無所攀緣
善惡ᄒᆞ니) 〈壇經中 22a〉

p. ᄒᆞ나토 損ᄒᆞᆫ ᄃᆡ 업더라(一無所損이러라) 〈壇經下 90a〉

q. 간 ᄃᆡ를 아디 몯ᄒᆞ리로다(未知所之로다) 〈壇經序 23b〉

<3> 곧 對 바

두 명사가 [所] 즉 '것, 바'의 뜻을 가지고 동의 관계에 있다는 것은
다음 예문들에서 잘 확인된다. 원문 중 '無所得'이 '得ᄒᆞᆫ 곧 없다'로 번
역되고 '無所生'이 '날 바 없다'로 번역된다. 그리고 '所傳'이 '傳ᄒᆞ샨
곧'으로 번역되고 '所造'가 '지ᅀᅩᆫ 바'로 번역된다. 따라서 두 명사 '곧'
과 '바'의 동의성은 명백히 입증된다. 두 명사는 의존명사이다.

(3) a. ᄒᆞᆫ 낫도 得ᄒᆞᆫ 곧 업소미(一無所得이) 〈壇經中 83b〉

b. 敎는 이 先聖ㅅ 傳ᄒᆞ샨 고디(47a)라(敎是先聖所傳이라)
〈壇經上 47b〉

c. 布施 供養으로 求홀 고디 아니니라(不是布施供養之所求也

| 니라)〈壇經上 89a〉

(3) d. ᄆᄉᄆᆡ 날 바 업소믈 보아(見心無所生)〈施食 45a〉

　　 e. 내 녜 지순 바앳 여러 惡業이(我昔所造諸惡業)〈施食 30a〉

　　 f. 識의 能히 아롤 배 아니며(非識所能識)〈施食 44b〉

<4> ᄢᅵ 對 제

　두 명사가 [時] 즉 '때'의 뜻을 가지고 동의 관계에 있다는 것은 다음 예문들에서 잘 확인된다. 원문 중 '至飯時'가 '밥 머글 ᄢᅵ 니를다'로 번역되고 '乃至…欺爭之時'가 '欺弄ᄒᆞ며 ᄃᆞ톨 제 니르리'로 번역된다. '見…時'가 '볼 ᄢᅵ'로 번역되고 '入定時'가 '入定홀 제'로 번역된다. 그리고 '悟時'가 '아론 ᄢᅦᆫ'으로 번역되고 '迷時'가 '모롤 젠'으로 번역된다. 따라서 'ᄢᅵ'와 '제'의 동의성은 명백히 입증된다. 두 명사의 빈도수를 비교해 보면 명사 'ᄢᅵ'가 우세하다.

(4) a. 定 아닌 ᄢᅵ 업스리라(無不定時也ㅣ라)〈壇經中 107a〉

　　 b. 홀른 思惟ᄒᆞ야 法 너퓰 ᄢᅵ 當혼 디라(一日엔 思惟ᄒᆞ야 時當
　　　　 弘法이라)〈壇經上 40a〉

　　 c. 알ᄑᆡ 나톨 ᄢᅳᆯ 當ᄒᆞ야(當現前時ᄒᆞ야)〈壇經中 90a〉

　　 d. 미샹 밥 머글 ᄢᅵ 니르런(每至飯時ᄒᆞ얀)〈壇經上 40a〉

　　 e. 오직 一切 사름 볼 ᄢᅵ(但見一切人時에)〈壇經中 18a〉

　　 f. 念을 當홀 ᄢᅵ(當念之時예)〈壇經上 58b〉

　　 g. 色身 滅홀 ᄢᅵ(色身滅時예)〈壇經中 86a〉

h. 邪迷흔 삐 魔ㅣ 지븨 잇고 正見흔 삐 부톄 堂애 잇ᄂᆞ니라(邪
   迷之時엔 魔在舍ㅣ오 正見之時엔 佛在堂이니라) 〈壇經下
   76a〉

i. 一念 아론 삐(一念悟時엔) 〈壇經上 69b〉

(4) j. 欺弄ᄒᆞ며 ᄃᆞ톨 제 니르리(乃至…欺爭之時예) 〈壇經中 8b〉

k. 隍이 닐오ᄃᆡ 내 正히 入定홀 제 有와 無왓 ᄆᆞ슴 이쇼믈 보디
   몯ᄒᆞ노라(隍이 曰호ᄃᆡ 我ㅣ 正入定時예 不見有有無之心ᄒᆞ
   노라) 〈壇經中 104b〉

l. 福地예 시믈 제(福地栽時) 〈勸供 47b〉

m.모롤 젠(迷時엔) 〈壇經上 33b〉

<5> 그지 對 그슴

두 명사가 [量] 즉 '끝, 限度'의 뜻을 가지고 동의 관계에 있다는 것
은 다음 예문들에서 잘 확인된다. 원문 중 '無量'이 '그지 없다'로도 번
역되고 '그슴 없다'로도 번역된다. 따라서 '그지'와 '그슴'의 동의성은
명백히 입증된다.

(5) a. 威德이 그지 업스시며(無量威德) 〈勸供 1b〉

b. 이 ᄀᆞᆮᄒᆞ신 三寶ㅣ 그지 업스시며 ᄯᅩ 업스샤(如是三寶無量無
   邊) 〈施食 5之1b〉

c. 이 ᄀᆞᆮ흔 等엣 무리 그지 업스시며 ᄯᅩ 업스샤(如是等衆無量
   無邊) 〈施食 8之2b〉

(5) d. 法門이(32b) 그슴 업거늘 비호오리라 誓願ᄒ며(法門無量誓
願學)〈施食 33a〉

<6> 늠 對 뎌 사름

명사 '늠'과 명사구 '뎌 사름'이 [他人] 즉 '남'의 뜻을 가지고 동의
관계에 있다는 것은 다음 예문들에서 잘 확인된다. 원문 중 '他人是
非好惡'이 'ᄂᆞ믜 올ᄒ며 외며 됴ᄒ며 구줌'으로 번역되고 '他人是非…
好惡'이 '뎌 사르믜 올ᄒ며 외며…됴ᄒ며 구줌'으로 번역된다. 따라서
'늠'과 '뎌 사름'의 동의성은 명백히 입증된다.

(6) a. ᄂᆞ믜 올ᄒ며 외며 됴ᄒ며 구주믈 보디 아니ᄒ노라(不見他人
是非好惡ᄒ노라)〈壇經下 26a〉
b. ᄂᆞ믜 됴홈 구줌 니ᄅᆞ디 아니홀 시(不說他人好惡홀 시)〈壇
經中 41a〉
c. ᄒ다가 ᄂᆞ믜 외요믈 보린댄(若見他人非ㄴ댄)〈壇經上 81b〉
d. 쏘 ᄂᆞ믈 勸ᄒ면(更勸他人ᄒ면)〈壇經中 10b〉
e. 밧긔 ᄂᆞ믈 恭敬호미(外敬他人호미)〈壇經中 35b〉

(6) f. 믄득 뎌 사르믜 올ᄒ며 외며 길며 뎌르며 됴ᄒ며 구주믈 니
ᄅᆞᄂᆞ니(便說他人의 是非長短好惡ᄒᆞᄂᆞ니)〈壇經中 18b〉

그리고 명사구 '다른 사름'이 [他人]의 뜻을 가지고 있다는 것은 다
음 예문에서 잘 확인된다. 명사구 '다른 사름'과 명사 '늠'이 [他人]의

뜻을 가지고 동의 관계에 있다.

(7) g. 다른 사름을 化코져 ᄒ린댄(欲擬化他人인댄) 〈壇經上 81b〉

<7> 짷 對 곧

두 명사가 [處]와 [所] 즉 '곳'의 뜻을 가지고 동의 관계에 있다는 것은 다음 예문들에서 잘 확인된다. 원문 중 '勝處'가 '됴ᄒᆞᆫ 짷'로 번역되고 '轉處'가 '옮기는 곧'으로 번역된다. 따라서 '짷'와 '곧'의 동의성은 명백히 입증된다. 두 명사의 빈도수를 비교해 보면 '곧'의 빈도수가 우세하다. 명사 '짷'의 수식어는 상태동사 '둏다'와 '寂靜ᄒᆞ다'이다. 명사 '곧'의 수식어는 동작동사 '옮기다', '鎭ᄒᆞ다', '븥다', '着ᄒᆞ다', 및 '가다'이고 관형사 '열세', 'ᄒᆞᆫ' 및 '어느'이다.

(7) a. 師ㅣ 境內예 山水 됴ᄒᆞᆫ 짜해 노니샤(師ㅣ 遊境內ᄒᆞ야 山水 勝處예)〈壇經序 18a〉

　　b. 샹녜 寂靜ᄒᆞᆫ 짜해 편안히 안자시며(常宴坐寂靜處)〈勸供 21a〉

(7) c. ᄒᆞ다가 옮기는 고대 精을 두디 아니ᄒᆞ면(若於轉處에 不留精 ᄒᆞ면)〈壇經中 75a〉

　　d. 이제 殿 앒 左ㅅ 녁 ᄀᆞᄉᆡ 쇠 塔으로 鎭ᄒᆞᆫ(23a) 고디 이라(今 殿前左側에 有鐵塔으로 鎭處ㅣ 是也ㅣ라)〈壇經序 23b〉

　　e. 제 부텨룰 歸依티 아니ᄒᆞ면 브툴 고디 업스리니(自佛을 不

歸ㅎ면 無所依處ㅎ리니) 〈壇經中 35a〉

f. 부톄 어느 고대 잇ᄂᆞ뇨(佛在何處오) 〈壇經中 34a〉

g. ᄆᆞᅀᆞ미 곡도 ᄀᆞᆮᄒᆞ믈 안 젼ᄎᆞ로 着홀 고디 업스니라(知心如
幻故로 無所着也ㅣ니라) 〈壇經中 16b〉

h. 말 ᄆᆞᆺ고 나니 간 고ᄃᆞᆯ 아디 몯ᄒᆞ리러라(言畢而出ㅎ니 不知
所之러라) 〈壇經序 10b〉

i. 열세 고디러라(一三十所ㅣ러라) 〈壇經序 18b〉

j. 못 ᄒᆞᆫ 고디 이쇼ᄃᆡ(有潭一所ᄒᆞᄃᆡ) 〈壇經序 20b〉

<8> 디위 對 번

두 명사가 [度]와 [匝] 즉 '번, 횟수'의 뜻을 가지고 동의 관계에 있
다는 것은 다음 예문들에서 잘 확인된다. 원문 중 '數度'가 '두서 디위'
로 번역되고 '一十三度'가 '열세 번'으로 번역된다. 그리고 '三 匝'이
'세 번'으로 번역된다. 따라서 '디위'와 '번'의 동의성은 명백히 입증된
다.

(8) a. 神秀ㅣ 偈 지소믈 일워 두서 디위를 묻코져 ᄒᆞ야(神秀ㅣ 作
偈成已ᄒᆞ야 數度를 欲呈ᄒᆞ야) 〈壇經上 14a〉

b. 세 디위 값도라 플 ᄊᆞ리라 〈勸供 25a〉

(8) c. 열세 번을 偈 묻호믈 得디 몯ᄒᆞ야(一十三度를 呈偈不得ᄒᆞ
야) 〈壇經上 14b〉

d. 覺이…師ᄭᅴ 세 번 횟돌오 막대 흐늘오 션대(覺이…遶師三匝

ᄒ고 振錫而立ᄒ대)〈壇經中 100b〉

<9> 물 對 므리

두 명사가 [輩], [黨], [曹], [群] 및 [侶] 즉 '무리'의 뜻을 가지고 동의 관계에 있다는 것은 다음 예문들에서 잘 확인된다. 원문 중 '我輩'가 '우리 믈'로 번역되고 '惡黨'이 '모딘 믈'로 번역된다. '官曹'가 '官員의 믈'로 번역되고 '超群'이 '무레 건너ᄠᅥ다'로 번역된다. 그리고 '徒侶'가 '弟子이 므리'로 번역된다. 따라서 '믈'과 '므리'의 동의성은 명백히 입증된다.

(9) a. 우리 무리 分 업스니라 ᄒ야(我輩無分이라 ᄒ야)〈壇經中 61a〉

b. 이 ᄒᆫ 무렛 사ᄅᆞᄆᆞᆫ ᄃᆞ려 말 몯ᄒ리니(此一輩人은 不可與語 ᅵ니)〈壇經上 54a〉

c. ᄯᅩ 모딘 무리 ᄎᆞ자 ᄹᅩ초미 ᄃᆞ외야(又爲惡黨의 尋逐ᄒ야)〈壇經中 51b〉

d. 一切 官員의 믈와 모ᄃᆞᆫ 鬼神들콰(一切官曹諸鬼神等)〈施食 8之2b)

e. 道德이 무레 건너ᄠᅱ며(道德이 超群ᄒ며)〈壇經序 6a〉

(9) f. 弟子이 므리 난겻 ᄃᆞᅀᆞ며 믜요믈 니ᄅᆞ완더니(道侶ᅵ 競起愛憎ᄒ더니)〈壇經下 14b〉

<10> 사룸 對 이

두 명사가 [者] 즉 '사람'의 뜻을 가지고 동의 관계에 있다는 것은 다음 예문들에서 잘 확인된다. 원문 중 '悟者'가 '안 사룸'으로 번역되고 '悟無念法者'가 '無念法 아느니'로 번역된다. '願聞…者'가 '듣고져 願홀 사룸'으로 번역되고 '聞者'가 '드르니'로 번역된다. 그리고 '愚人'이 '어린 사룸'으로 번역되고 '愚者'가 '어리니'로 번역된다. 따라서 '사룸'과 '이'의 동의성은 명백히 입증된다. '아느니'는 '아- + -느- + -ㄴ # 이'로 분석되고 '드르니'는 '들- + -은 # 이'로 분석된다. 여기서 [者]의 뜻을 가진 의존명사 '이'의 存在를 발견할 수 있다.

(10) a. 호다가 제 안 사룸은 밧그로 求호물 假借티 아니호느니(若自悟者는 不假外求ㅣ니)〈壇經上 72a〉

b. 先聖教를 듣고져 願홀 사룸믄(願聞先聖教者는)〈壇經上 47b〉

c. 道 비홀 사룸으로…제 本性을 보게(71a)호노니(令學道者로 …自見本性케 호노니)〈壇經上 71b〉

d. 내 法 得(76a)혼 사룸믄(得吾法者는)〈壇經上 76b〉

e. 解脫 得홈 브랄 사룸믄 올혼 고디 업스니라(望得解脫者는 無有是處호니라)〈壇經上 73a〉

f. 馳求호는 사룸의 져므도록 菩提 닐오물 비호디 마롤디어다 (莫學馳求者의 終日說菩提어다)〈壇經中 73b〉

g. 이 理를 호다가 즐겨 信티 아니홀 사룸은(此理를 若不肯信者는)〈壇經中 68b〉

h. 어딘 사르믄 어린 사름드려 法 니르느니(智者는 與愚人과 說法ㅎᄂ니) 〈壇經上 69a〉

i. 이 ᄀ른 사르미 하(如此者ㅣ 衆ᄒ야) 〈壇經中 6a〉

(10) j. 無念法 아느닌 諸佛境界를 보며 無念法 아느닌 佛地位예 니르느니라(悟無念法者는 見諸佛境界ᄒ며 悟無念法者는 至佛地位ᄒᄂ니라) 〈壇經上 75b〉

k. 이 法 아느니는 곧 이 念 업소미니(悟此法者는 卽是無念이니) 〈壇經上 61b〉

l. 모로매…最上乘法 아느니 바ᄅ 正路 뵈릴 어둘디니라(須覓…解最上乘法者ㅣ 直示正路ㅣ니라) 〈壇經上 71b〉

m. 法界衆生이 드르닌 ᄒᄢᅴ 아로믈 너비 願ᄒ노이다(普願法界衆生聞者ㅣ 一時悟解ᄒ노이다) 〈壇經上 99a〉

n. 머그닌 주으리며 목ᄆ로믈 덜오(食者除飢渴) 〈施食 31b〉

o. ᄒ다가 甚히 기픈 法界와 般若三昧예 들오져 ᄒ리는(若欲入甚法界와 及般若三昧者는) 〈壇經上 63a〉

p. 모미 몿ᄃ록 므르디 아니ᄒᄂ니ᅀᅡ 一定 聖位예 들리라(終身而不退者ㅣᅀᅡ 定入聖位리라) 〈壇經上 76b〉

q. 어리닌 어딘 사르미게 묻고(愚者는 問於智人ᄒ고) 〈壇經上 69a〉

<11> 얼굴 對 양ᄌ

두 명사가 [形]과 [形相] 즉 '모습, 형체'의 뜻을 가지고 동의 관계에

있다는 것은 다음 예문들에서 잘 확인된다. 원문 중 '現形'이 '얼구를
나토다'로도 번역되고 '양조 나토다'로도 번역된다. 그리고 '無形相'이
'얼굴 없다'로 번역되고 '戒相'이 '戒의 양조'로 번역된다. 따라서 '얼
굴'과 '양조'의 동의성은 명백히 입증된다.

(11) a. 홀른 얼구를 나토오디(一日에 現形호디) 〈壇經上 13a〉

　　b. 얼굴 조초믈 므던히 너기ᄂᆞ니라(任隨形이니라) 〈壇經中
　　　76b〉

　　c. 虛空은 얼구리 업거니 엇던 相貌ㅣ 이시리잇고(虛空은 無形
　　　커니 有何相貌ㅣ리잇고) 〈壇經中 79a〉

　　d. 내 이 얼굴 쎠ᄂᆞᆫ 도라가미 반ᄃᆞ기 고디 잇ᄂᆞ니라(吾此形骸
　　　ᄂᆞᆫ 歸必有所ᄒᆞ니라) 〈壇經下 65b〉

　　e. 般若ᄂᆞᆫ 얼굴 업스니(般若ᄂᆞᆫ 無形相ᄒᆞ니) 〈壇經上 57a〉

　　f. 淨이 얼구리 업거늘(淨無形相커늘) 〈壇經中 18a〉

(11) g. 萬物을 맛ᄀᆞᆯ므샤 양조 나토샤미(應物現形) 〈施食 11a〉

　　h. 내 이제…戒의 양조를 사겨 솗노니(我今…釋其戒相) 〈施食
　　　25b〉

<12> 이제 對 오늘

　두 명사가 [今] 즉 '이제, 지금'의 뜻을 가지고 동의 관계에 있다는
것은 다음 예문들에서 잘 확인된다. 원문 중 '今時'가 '이제 時'로 번역
되고 '從今'이 '오늘브터'로 번역된다. 그리고 '今夜'와 '今宵'가 '오ᄂᆞᆳ

밤'으로 번역된다. 따라서 '이제'와 '오늘'의 동의성은 명백히 입증된다.

(12) a. 一乘은 이 實이니 이(69a)제 時롤 爲흔 젼치니(一乘은 是實이니 爲今時故ㅣ니)〈壇經中 69b〉

(12) b. 오놀브터 가매 如來ㅅ 位예 드르샤(從今已去入如來位)〈施食 37b〉

c. 오눐 밤 이 時節에 ᄂᆞ려 오쇼셔(今夜今時來降赴)〈施食 7b〉

d. 오눐 밤 이 時節에 모도매 오샤(今夜今時來赴會)〈施食 12a〉

e. 오눐 밤 받ᄌᆞ와 爲ᄒᆞᅀᆞ는 아모 靈駕와(今宵奉爲某靈駕)〈施食 13之1b〉

f. 오눐 바미 아모 靈駕롤 爲ᄒᆞᅀᆞ노니(今宵奉爲某靈駕)〈施食 10b〉

g. 弟子돌히 오눐 바미 아모 靈駕롤 爲ᄒᆞᅀᆞ와(弟子某等今宵奉爲某靈駕)〈施食 18b〉

<13> 적 對 ᄢᅵ

두 명사가 [時] 즉 '즉, 때'의 뜻을 가지고 동의 관계에 있다는 것은 다음 예문들에서 잘 확인된다. 원문 중 '不念時'가 '念티 아닌 저기'로 번역되고 '不定時'가 '定 아닌 ᄢᅵ'로 번역된다. 따라서 '적'과 'ᄢᅵ'의 동의성은 명백히 입증된다. 'ᄢᅵ'는 'ᄢ'와 주격 조사 '-ㅣ'의 결합이다. 두 명사의 빈도수를 비교해 보면 '쁴'가 압도적으로 우세하다.

(13) a. 나줄 브터 바매 니르리 念티 아닌 저기 업스리라(從晝至夜
     히 無不念時也ㅣ리라) 〈壇經中 70b〉
   b. 定 아닌 저기(75a) 업소딕 〈壇經中 75b〉

(13) c. 定 아닌 삐 업스리라(無不定時也ㅣ라) 〈壇經中 107a〉
   d. 홀른 思惟ᄒ야 法 너플 삐 當혼 디라(一日엔 思惟ᄒ야 時當
     弘法이라) 〈壇經上 40a〉
   e. 알ᄑᆡ 나톨 쁠 當ᄒ야(當現前時ᄒ야) 〈壇經中 90a〉
   f. 미샹 밥 머글 쁴 니르런(每至飯時ᄒ얀) 〈壇經上 40a〉
   g. 오직 一切 사룸 볼 쁴(但見一切人時예) 〈壇經中 18a〉
   h. 念을 當홀 쁴(當念之時예) 〈壇經上 58b〉
   i. 色身 滅홀 쁴(生身滅時예) 〈壇經中 86a〉
   j. 邪迷혼 쁸 魔ㅣ 지븨 잇고 正見혼 쁸 부톄 堂애 잇ᄂ니라(邪
     迷之時엔 魔在舍ㅣ오 正見之時엔 佛在堂이니라) 〈壇經下
     76a〉
   k. 一念 아론 쁸(一念悟時엔) 〈壇經上 69b〉
   l. 黎明은 ᄇᆰ고져 호딕 몯 다 ᄇᆞᆰ근 삐라 〈壇經序 10a〉

<14> 견츠 對 ᄃᆞ

두 명사가 [故] 즉 '까닭'의 뜻을 가지고 동의 관계에 있다는 것은
다음 예문들에서 잘 확인된다. 원문 중 '離…故'가 '여희욘 견츠'로 번

역되고 '是故'가 '이런 ᄃᆞ'로 번역된다. 따라서 '젼ᄎᆞ'와 'ᄃᆞ'의 동의성은 명백히 입증된다.

(14) a. 五欲을 여희욘 젼ᄎᆞ로(離五欲故) 〈施食 39a〉

　　 b. 嗔心을 여희욘 젼ᄎᆞ로(離嗔怒故) 〈施食 39b〉

　　 c. 無明을 여희욘 젼ᄎᆞ로(離無明故) 〈施食 40b〉

　　 d. 앗기며 貪ᄒᆞ몰 여희욘 젼ᄎᆞ로(離慳貪故) 〈施食 38b〉

　　 e. 게을(39b)오몰 여희욘 젼ᄎᆞ로(離懈怠故) 〈施食 40a〉

　　 f. 샹녜 觀ᄒᆞ야 비취ᄂᆞᆫ 젼ᄎᆞ로(常觀照故로) 〈壇經上 64b〉

　　 g. 三車ᄂᆞᆫ 이 假ㅣ니 녯 時를 爲ᄒᆞᆫ 젼치오(三車ᄂᆞᆫ 是假ㅣ니 爲昔時故ㅣ오) 〈壇經中 69a〉

　　 h. 體 어즈러움 업슨 젼ᄎᆞ로(體無亂故) 〈施食 40a〉

(14) i. 佛種이 緣을 조차 닐ᄉᆡ 이런 ᄃᆞ로 一乘을 니르ᄂᆞ니(佛種從緣起 是故說一乘) 〈施食 42a〉

2. 音韻 脫落型

音韻 脫落型에는 [下] 즉 '아래'의 뜻을 가진 '아래'와 '아라' 그리고 [錫] 즉 '錫杖, 도사·승려의 지팡이'의 뜻을 가진 '막다히'와 '막대'가 있다.

<1> 아래 對 아라

두 명사가 [下] 즉 '아래'의 뜻을 가지고 동의 관계에 있다는 것은 다음 예문들에서 잘 확인된다. 원문 중 '上…下'가 '우흔…아랜'으로 번역되고 '上下'가 '아라우ㅎ'로 번역된다. 따라서 '아래'와 '아라'의 동의성은 명백히 입증된다. 명사 '아라'는 '아래'의 제2 음절의 반모음 [y]가 탈락한 것이다.

(1) a. 우흔 붉고 아랜 어둡다가(上明下暗ㅎ다가)〈壇經中 38a〉
   b. 우흘 恭敬ㅎ고 아랠 念ㅎ며(敬上念下ㅎ며)〈壇經中 21b〉
   c. 肉身菩薩이 이 나모 아래 上乘을 여러 펴(有肉身菩薩이 於此樹下애 開演上乘ㅎ야)〈壇經序 14a〉

(1) d. 아(38a)라우히 다 ᄇᆞᆯ가(上下ㅣ 俱明ㅎ야)〈壇經中 38b〉

<2> 막다히 對 막대

두 명사가 [錫] 즉 '錫杖, 도사·승려의 지팡이'의 뜻을 가지고 동의 관계에 있다는 것은 다음 예문들에서 잘 확인된다. 원문 중 '錫解虎'가 '막다히로 버믈 말이다'로 번역되고 '振錫'이 '막대를 흐늘다'로 번역된다. 따라서 '막다히'와 '막대'의 동의성은 명백히 입증된다. 명사 '막대'는 '막다히'의 자음 'ㅎ'가 탈락되어 생긴 것이다.

(2) a. 막다히(21b)로 버믈 말이시며(錫解虎)〈勸供 22a〉
   b. 막다히로 가온ᄃᆡ 말이니〈勸供 22a〉

(2) c. 覺이…師끠 세 번 횟돌오 막대 흐늘오 셔대(覺이…遶師三匝
ᄒ고 振錫而立ᄒ대) 〈壇經中 100b〉

d. 師ㅣ 막대ᄅᆞᆯ 흐느러 짜해 고ᄌᆞ시니(師ㅣ 振錫卓地ᄒ시니)
〈壇經中 108b〉

e. 祖ㅣ 막대로 방하ᄅᆞᆯ 세 번 티시고 니거시ᄂᆞᆯ(祖ㅣ 以杖ᄋᆞ로
擊碓三下ᄒ시고 而去커시ᄂᆞᆯ) 〈壇經上 27b〉

3. 音韻 添加型

音韻 添加型에는 [塵埃]와 [塵] 즉 '티끌'의 뜻을 가진 '드틀'과 '듣
글' 그리고 [一] 즉 '하나'의 뜻을 가진 'ᄒ나ᄒ'와 'ᄒ나'가 있다.

<1> 드틀 對 듣글

두 명사가 [塵埃]와 [塵] 즉 '티끌'의 뜻을 가지고 동의 관계에 있다
는 것은 다음 예문들에서 잘 확인된다. 원문 중 '惹塵埃'가 '드트리 묻
다'로도 번역되고 '듣글 묻다'로도 번역된다. 그리고 '一切塵'이 '一切
ㅅ 듣글'로 번역된다. 따라서 '드틀'과 '듣글'의 동의성은 명백히 입증
된다. 명사 '듣글'은 '드틀'에 자음 'ㄱ'이 첨가된 것이다. 두 명사의 빈
도수를 비교해 보면 '듣글'이 압도적으로 우세하다.

(1) a. 本來 ᄒᆞᆫ 것도 업거니 어느 고대 드트리 무드리오(本來無一
物커니 何處에 惹塵埃리오) 〈壇經上 26a〉

(1) b. 時時예 브즈러니 스저 듣글 묻(15b)게 마롤디니라(時時예
　　勤拂拭ᄒ야 勿使惹塵埃니라) 〈壇經上 16a〉

　　c. 낫낫 듣그레셔 一切ㅅ 듣그를 내며 낫낫 듣그레셔 一切ㅅ
　　法을 내야(一一塵出一切塵 一一塵出一切法) 〈勸供 61a〉

　　d. 흔 듣글 소배 이셔 一切 듣글도 ᄯᅩ 그러ᄒ니(在於一塵內 一
　　切塵亦然) 〈施食 43a〉

　　e. 어즈러운 듣그를 여희여(避擾塵) 〈勸供 21a〉

　　f. 어루 思量ᄒ야 헤아리디 몯홀 微妙흔 法엣 듣글와(不可思議
　　妙法塵) 〈勸供 61a〉

　　g. 듣글 헐오 經卷을 내야(破塵出經卷) 〈施食 43a〉

<2> ᄒ나ᄒ 對 흔나

　두 수사가 [一] 즉 '하나'의 뜻을 가지고 동의 관계에 있다는 것은
다음 예문들에서 잘 확인된다. 원문 중 '一出家'가 'ᄒ나흔 出家ᄒ다'
로 번역되고 '一問'이 '흔나 묻다'로 번역된다. 따라서 'ᄒ나ᄒ'와 '흔
나'의 동의성은 명백히 입증된다. 수사 '흔나'는 'ᄒ나ᄒ'의 첫 음절 말
에 자음 'ㄴ'이 첨가된 것이다.

(2) a. 두 菩薩이…ᄒ나흔 出家ᄒ고 ᄒ나흔 在家ᄒ야 흔ᄢᅴ 敎化를
　　니ᄅ와다(有二菩薩이…一은 出家ᄒ고 一은 在家ᄒ야 同時
　　與化ᄒ야) 〈壇經下 67a〉

(2) b. 네 흔나 묻거든 흔나 對答ᄒ고(汝ㅣ 一問一對ᄒ고) 〈壇經下

51b〉

4. 合成型

合成型에는 [今日] 즉 '오늘'의 뜻을 가진 '오눐날'과 '오늘'이 있다.

<1> 오눐날 對 오눌

두 명사가 [今日] 즉 '오늘'의 뜻을 가지고 동의 관계에 있다는 것
은 다음 예문들에서 잘 확인된다. 원문 중 '從今日去'가 '오눐날브터
가다'로 번역되고 '至於今日'이 '오눐나래 니르리'로 번역된다. 그리고
'今日得道'가 '오눌 道를 得ᄒ다'로 번역된다. 따라서 '오눐날'과 '오늘'
의 동의성은 명백히 입증된다. '오눐날'은 명사 '오눌' [今]과 명사 '날'
[日]의 合成이다.

> (1) a. 오눐날브터 가ᄆ로 覺을 닐어 스승 삼고(從今一去로 稱覺爲
>   師ᄒ고)〈壇經中 32a〉
>
>   b. 비르솜 업슨 時節브터 오ᄆ(29a)로 오눐나래 니르리(無始以
>   來至於今日)〈施食 29b〉
>
>   c. 無始브터 오ᄆ로 오눐나래 니르리(自無始以來至於今日)
>   〈施食 35a〉
>
>   d. 오눐나래 史君과 官僚와 僧尼道俗과 ᄒ듸 모ᄃ니(今日에 得
>   與史君官僚僧尼道俗ᄋ로 同此一會ᄒ니)〈壇經上 47a〉

(1) e. 소리 이셔 닐오디 隍禪師ㅣ 오늘 道를 得ㅎ야다 ㅎ니라(有聲
云호디 隍禪師ㅣ 今日에 得道ㅎ야다 ㅎ니라) 〈壇經中 107a〉

5. 派生型

派生型에는 [言]과 [語] 즉 '말'의 뜻을 가진 '말'과 '말씀' 그리고
[盡] 즉 '다함'의 뜻을 가진 '다옴'과 '다올'이 있다.

<1> 말 對 말씀

두 명사가 [言]과 [語] 즉 '말'의 뜻을 가지고 동의 관계에 있다는 것
은 다음 예문들에서 잘 확인된다. 원문 중 '唐言'이 '唐ㅅ 말'로도 번역
되고 '唐ㅅ 말씀'으로도 번역된다. '其言'이 '그 말'로도 번역되고 '그
말씀'으로도 번역된다. 그리고 '善語'가 '善혼 말'로 번역되고 '其語'가
'그 말씀'으로 번역된다. 따라서 '말'과 '말씀'의 동의성은 명백히 입증
된다. 명사 '말씀'은 '말'에서 파생된 것이다.

명사 '말'과 共起하는 것에는 명사 '唐'과 '西國'이 있고 상태동사 '善
ㅎ다'와 관형사 '그'가 있다. 명사 '말씀'과 공기하는 것에는 명사 '唐',
'先聖', '부텨', 및 '能'이 있고 대명사 '나'와 관형사 '그'가 있다.

'말씀'이 [+존칭]의 의미를 가진다는 것은 '佛之圓妙ㅎ신…言'의 번
역인 '부텻 圓妙ㅎ신…말씀'에서 잘 확인된다. '말씀'은 '말'에서 파생
된 명사이다.

(1) a. 般若는 唐ㅅ 말론 智慧니(般若者는 唐言智慧也ㅣ니) 〈壇經

上 56b〉

b. 젼혀 그 마를 브터 ᄒ니라(一依其言ᄒ니라)〈壇經序 17b〉

c. 마리 도ᄅ혀 妄이 이ᄂ니(言却成妄ᄒᄂ니)〈壇經中 34a〉

d. 말 ᄆᆞᆺ고 나니 간 고들 아디 몯ᄒ리러라(言畢而出ᄒ니 不知
所之러라)〈壇經序 10b〉

e. 西國 마리니 唐ㅅ 말ᄉᆞ맨 뎌 ᄀᆞᅀᅢ 다ᄃᆞ(57b)로미니(西國語
ㅣ니 唐言到彼岸이니)〈壇經上 58a〉

f. 이베 善흔 말 닐오ᄃᆡ(口說善語호ᄃᆡ)〈壇經中 2b〉

(1) g. 唐ㅅ 말ᄉᆞ맨 뎌 ᄀᆞᅀᅢ 다ᄃᆞ(57b)로미니(唐言到彼岸이니)
〈壇經上 58a〉

h. 師ㅣ 니ᄅᆞ샤ᄃᆡ 實로 功德 업스니 先聖ㅅ 말ᄉᆞ믈 疑心 말라
(師ㅣ 曰ᄒ샤ᄃᆡ 實無功德ᄒ니 勿疑先聖之言ᄒ라)〈壇經上
86a〉

i. 能의 말ᄉᆞᆷ 젹고 理예 마자 文字애 븓디 아니호믈 보고(見
能의 言簡理當ᄒ야 不由文字ᄒ고)〈壇經上 41b〉

j. 부텻 圓妙(22b)ᄒ신 ᄆᆞᆺ 後ㅅ 微妙흔 말ᄉᆞᆷ을 그르 아ᄂ니(錯
解佛之圓妙ᄒ신 最後微言ᄒᄂ니)〈壇經下 23a〉

k. 策이 닐오ᄃᆡ 내 말ᄉᆞᆷ 가ᄇᆡ얍거니와(策이 云호ᄃᆡ 我言은
輕커니와)〈壇經中 99b〉

l. ᄒ다가 제 닷디 아니ᄒ면 오직 내 말ᄉᆞᆷ을 記錄호미라(若不
自修ᄒ면 惟其吾言이라)〈壇經上 77b〉

m.韶州ㅣ 牧 侯敬中이 그 말ᄉᆞ므로 ᄀᆞ초 表ᄒ야 들이ᅀᆞ온대
(韶州牧侯敬中이 以其言으로 具表聞奏ᄒ대)〈壇經序 20b〉

n. 金口로 블어 니른샨 말스믈 一心으로 ᄌ셔히 드르쇼셔(專心
諦聽演金言)〈施食 15a〉

o. 壇經이 말스미 젹고(夫壇經者ㅣ 言簡ᄒ고)〈壇經序 6b〉

p. 네 말스믈 조차 아디 아니ᄒ면(汝ㅣ 勿隨言解ᄒ면)〈壇經中
93b〉

q. 各各 말ᄉᆞᆷ 아래 제 性을 ᄉᄆᆺ 볼겨 輪廻롤 기리 긋게 ᄒ시ᄂᆞ
니(各令於言下頓明自性永絶輪廻)〈施食 35b〉

r. 말ᄉᆞᆷ 내요미 그스기 諸祖와 맛거늘(出言이 暗合諸祖커늘)
〈壇經中 98b〉

s. 韋史君이 海禪者롤 命ᄒ야 그 말스믈 記錄ᄒ야늘(韋史君이
命海禪者ᄒ야 錄其語ᄒ야늘)〈壇經序 5a〉

t. 各各 말ᄉᆞᆷ 조차 ᄒᆞᄢᅵ 닐오ᄃᆡ(各隨語ᄒ야 一時예 道호ᄃᆡ)
〈壇經中 23b〉

u. 말ᄉᆞᆷ 소리 正티 몯다니(語音이 不正ᄒ다니)〈壇經上 33b〉

v. 寃과 親과 말ᄉᆞᆷ 다와돔과 欺弄ᄒ며 ᄃᆞ톨 제 니르리(乃至寃
之與親과 言語觸刺와 欺爭之時예)〈壇經中 8b〉

<2> 다옴 對 다올

두 명사형 '다옴'과 '다올'이 [盡] 즉 '다함'의 뜻을 가지고 동의 관계
에 있다는 것은 다음 예문들에서 잘 확인된다. 원문 중 '法門無盡'이
'法門이 다옴 없다'로 번역되고 '自性法門無盡'이 '自性法門이 다올 없
다'로 번역된다. 따라서 '다옴'과 '다올'의 동의성은 명백히 입증된다.
두 명사형은 동작동사 '다ᄋᆞ다'의 명사형이다. '다옴'은 '다ᄋᆞ- + -옴'

으로 분석되고 '다올'은 '다ᄋ- + -ㄹ'로 분석된다.

(2) a. 또 法門이 다옴 업스니 誓願ᄒ야 비호ᄆ(又法門無盡誓願學
　　　은)〈壇經中 30b〉

　　b. 恒沙惡 다오ᄆᆯ 得ᄒ고(得恒沙惡盡ᄒ고)〈壇經中 44b〉

　　c. 劫이 다오매 니르러도(乃至窮劫이라도)〈壇經下 20b〉

(2) d. 自性法門이 다ᅌᅩᆯ 업스니 誓願ᄒ야 비호며(自性法門이 無盡
　　　ᄒ니 誓願學ᄒ며)〈壇經中 27b〉

제2절 動詞類에서의 同義

1490년대 국어의 動詞類에서 확인되는 동의 관계에는 動作動詞간의 동의 관계와 狀態動詞간의 동의 관계가 있다.

1. 動作動詞간의 同義

고유어의 動作動詞에서 발견되는 동의 관계는 相異型과 相似型으로 나눌 수 있다. 相似型에는 音韻 交替型, 音韻 脫落型과 音韻 添加型 그리고 派生型이 있다.

1. 1. 相異型

서로 다른 형식을 가진 둘 또는 그 이상의 動作動詞들이 동의 관계를 가질 수 있다. 이 경우가 상이형이다.

고유어의 動作動詞에서 확인되는 相異型에는 [行] 즉 '가다'의 뜻을 가진 '가다'와 '녀다'를 비롯하여 [去]와 [至] 즉 '가다'의 뜻을 가진 '가다'와 '니다', [持] 즉 '가지다, 지니다'의 뜻을 가진 '가지다'와 '디니다', [滯] 즉 '걸리다'의 뜻을 가진 '거리씨다'와 '걸이다', [障] 즉 '가리다'의 뜻을 가진 'ᄀ리오다'와 '막다', [發] 즉 '내다, 나타내다'의 뜻을 가진 '내다'와 '나토다', [貢高] 즉 '높도다 하고 남에게 바치다, 높은 양하여 남에게 바치다'의 뜻을 가진 '노포라 바티다'와 '노픈 양ᄒᆞ야 ᄂᆞ믜게 바티다', [至]와 [到] 즉 '이르다, 다다르다'의 뜻을 가진 '니를다'와 '다ᄃᆞ다', [踊躍] 즉 '날아 솟다, 뛰어 일어나다'의 뜻을 가진 'ᄂᆞ솟다'와 '봄놀다', [撩] 즉 '다다르다'의 뜻을 가진 '다ᄃᆞ다'와 '닿다', [墜]와 [墮] 즉 '떨어지다'의 뜻을 가진 'ᄠᅥ디다'와 'ᄠᅥ러디다', [振] 즉 '떨치다, 들날리다'의 뜻을 가진 'ᄠᅥᆯ다'와 '뮈우다', [除] 즉 '덜다, 제거하다'의 뜻을 가진 '덜다'와 '앗다', [守] '지키다'의 뜻을 가진 '딕희다'와 '디킈다', [行] 즉 '다니다'의 뜻을 가진 'ᄃᆞ니다'와 '녀다', [愛] 즉 '사랑하다'의 뜻을 가진 'ᄃᆞᆺ다'와 'ᄉᆞ랑ᄒᆞ다', [聞] 즉 '냄새 맡다'의 뜻을 가진 '맡다'와 '듣다', [飮] 즉 '먹다, 마시다'의 뜻을 가진 '먹다'와 '마시다', [飮] 즉 '먹다, 마시다'의 뜻을 가진 '먹다'와 '좌시다', [迷] 즉 '모르다'의 뜻을 가진 '모르다'와 '어리다', [集]과 [蘊] 즉 '모으다'의 뜻을 가진 '뫼호다'와 '모도다', [動] 즉 '움직이다'의 뜻을 가진 '뮈다'와 '금즈기다', [建] 즉 '세우다'의 뜻을 가진 '밍글다'와 '셰다', [造] 즉 '만들다'의 뜻을 가진 '밍글다'와 '짓다', [受沾] 즉 '받다'의 뜻을 가진 '받다'와 '맏다', [演] 즉 '자세하게 설명하다'의 뜻을 가진 '부르다'와 '펴다', [因] 즉 '의거하다'의 뜻을 가진 '븥다'와 '드듸다', [授] 즉 '주다, 맡기다'의 뜻을 가진 '심기다'와 '맛디다', [憶念]과 [憶] 즉 '생각하다'의 뜻을 가진 'ᄉᆞ랑ᄒᆞ다'와 '싱각ᄒᆞ다', [思惟] 즉 '생각하다'의 뜻을 가진 'ᄉᆞ랑ᄒᆞ다'와 '혜다', [思]와 [思量] 즉 '생각하다'의 뜻을 가진 'ᄉᆞ랑ᄒᆞ다'

와 '혜아리다', [不] 즉 '아니하다, 말다'의 뜻을 가진 '아니ᄒᆞ다'와 '말다', [違] 즉 '어기다, 그르치다'의 뜻을 가진 '어긔다'와 '그릇다', [結] 즉 '열매가 맺히다'의 뜻을 가진 '열다'와 'ᄆᆡᆽ다', [禮] 즉 '절하다'의 뜻을 가진 '저숩다'와 '절ᄒᆞ숩다', [淨] '깨끗하게 하다'의 뜻을 가진 '조히오다'와 '조히 ᄒᆞ다', [集] 즉 '모이다'의 뜻을 가진 '지픠다'와 '몯다', [滴] 즉 '방울져 떨어지다'의 뜻을 가진 '처디다'와 '츳듣다', [承] 즉 '받다'의 뜻을 가진 '투다'와 '받다', [打破]와 [破] 즉 '깨다, 부수다'의 뜻을 가진 '헐다'와 '헤티다' 그리고 [思惟] 즉 '생각하다'의 뜻을 가진 '혜다'와 '혜아리다'가 있다.

<1> 가다 對 녀다

두 동작동사가 [行] 즉 '가다'의 뜻을 가지고 동의 관계에 있다는 것은 다음 예문들에서 잘 확인된다. 원문 중 '與偕行'이 'ᄒᆞᆷᄭᅴ 가다'로 번역되고 '南行'이 '南으로 녀다'로 번역된다. 따라서 '가다'와 '녀다'의 동의성은 명백히 입증된다.

(1) a. ᄒᆞ다가 가면 ᄒᆞᆷᄭᅴ 가리라(若去則與偕行호리라)〈壇經中 99b〉

　　b. 잢간도 堂前에 가디 아니ᄒᆞ노이다(不敢行至堂前ᄒᆞ노이다)〈壇經上 10a〉

(1) c. 能이 祖 여희ᅀᆞᆸ고 발 드듸여 南으로 녀(能이 辭違祖已ᄒᆞ고 發足南行ᄒᆞ야)〈壇經上 34b〉

d. 어드운 딕 녀 道룰 보디 몯ᄒ리라(闇行不見道ㅣ리라) 〈壇經
   上 80b〉

<2> 가다 對 니다

두 동작동사가 [去]와 [至] 즉 '가다'의 뜻을 가지고 동의 관계에 있
다는 것은 다음 예문들에서 잘 확인된다. 원문 중 '速去'가 '셜리 가다'
로 번역되고 '祖…去'가 '祖ㅣ …니다'로 번역된다. 그리고 '至法性'이
'法性寺애 가다'로 번역되고 '至前'이 '알픽 니다' 로 번역된다. 따라서
'가다' 와 '니다'의 동의성은 명백히 입증된다.

(2) a. 네 모딕 셜리 가라(汝須速去ᄒ라) 〈壇經上 31b〉
   b. 네 아직 가(汝ㅣ且去ᄒ야) 〈壇經上 20b〉
   c. 너희둘히 各各 가(汝等이 各去ᄒ야) 〈壇經上 10b〉
   d. 龍이 骨을 바사 ᄇ리고 가니(龍이 遂蛻骨而去ᄒ니) 〈壇經序
      23a〉
   e. 가며 오미 쥬변ᄒ야(去來自由ᄒ야) 〈壇經上 55a〉
   f. 몸 가며 몸 오미(身去身來) 〈壇經下 10b〉
   g. 師ㅣ 비르서 法性寺애(24a) 가 머리 갓ᄀ시니(師ㅣ 方至法
      性ᄒ야 祝髮ᄒ시니) 〈壇經序 24b〉
   h. 師ㅣ 黃梅예 가(師至黃梅ᄒ야) 〈壇經序 24a〉
   i. 大庾嶺에 가니(至大庾嶺ᄒ니) 〈壇經上 34b〉
   j. 바ᄅ 菩提예 가(直至菩提ᄒ야) 〈壇經中 22b〉

(2) k. 祖ㅣ 막대로 방하를 세 번 티시고 니거시늘(祖ㅣ 以杖으로
擊碓三下ᄒ시고 而去커시늘) 〈壇經上 27b〉

l. 龍이 허여 알픠 니거늘(龍이 乃遊揚至前커늘) 〈壇經序
22b〉

<3> 가지다 對 디니다

두 동작동사가 [持] 즉 '가지다, 지니다'의 뜻을 가지고 동의 관계에
있다는 것은 다음 예문들에서 잘 확인된다. 원문 중 '持鉢'이 '바리를
가지다'로 번역되고 '持法華經'이 '法華經 디니다'로 번역된다. 따라서
'가지다'와 '디니다'의 동의성은 명백히 입증된다.

(3) a. 師ㅣ 바리를 가져 堂애 올아(師ㅣ 持鉢堂上ᄒ니) 〈壇經序
23a〉

b. 이 모든 衆들히 各各 ᄭᅮᇫ와 香花를 嚴正히 가지ᅀᆞ와(是諸
衆等各各胡跪嚴持香花) 〈勸供 59b〉

(3) c. 이 일후미 法華經 디뇨미니(是名持法華經이니) 〈壇經中
70b〉

d. 오직 金剛經을 디니면(但持金剛經ᄒ면) 〈壇經上 5b〉

e. 金(63a)剛般若經을 디녀 외오면(持誦金剛般若經ᄒ면) 〈壇
經上 63b〉

f. 어느 고들 브터 와 이 經典 디니ᄂ뇨(從何所來ᄒ야 持此經
典고) 〈壇經上 4b〉

g. 眞如界를 브트샤 平等(16b)히 應ᄒ시며 디니샤(從眞界等應
持) 〈勸供 17a〉

h. 엇뎨 잇비 戒를 디니(101a)며(何勞持戒며) 〈壇經上 101b〉

i. ᄒ다가 能히 외와 디니면(若能誦持ᄒ면) 〈壇經中 45a〉

<4> 거리ᄢᅵ다 對 걸이다

두 동작동사가 [滯] 즉 '걸리다'의 뜻을 가지고 동의 관계에 있다는
것은 다음 예문들에서 잘 확인된다. 원문 중 '無滯礙'가 '거릿겨 ᄀ룜
없다'로 번역되고 '無滯無礙'가 '걸윰 업스며 ᄀ룜 없다'로 번역된다.
따라서 '거리ᄢᅵ다'와 '걸이다'의 동의성은 명백히 입증된다.

(4) a. ᄯᅩ 거리ᄶᅧ(41a) ᄀ룜 업스리니(更無滯礙ᄒ리니) 〈壇經中
41b〉

b. 엇뎨 도ᄅᆞ혀 거리ᄢᅵ리오(何以却滯리오) 〈壇經中 5b〉

c. 通히 ᄡᅥ 거리ᄭᅮᆷ 업소미 곧 이 般若三昧며(通用無滯호미 卽
是般若三昧며) 〈壇經上 75a〉

d. 愚法에 거리ᄭᅵᆫ ᄃᆡ 업스리니(愚法에 無滯ᄒ리니) 〈壇經上
20b〉

(4) e. 걸윰 업스며 ᄀ룜 업서(無滯無礙ᄒ야) 〈壇經下 12a〉

f. 너(3a)희 모든 사ᄅᆞᆷ은 이에 걸여 잇디 마오(汝等諸人은 無
滯於此ᄒ고) 〈壇經下 3b〉

<5> ㄱ리다 對 ㄱ리오다

두 동작동사가 [障] 즉 '가리다'의 뜻을 가지고 동의 관계에 있다는 것은 다음 예문들에서 잘 확인된다. 원문 중 '邪見障'이 '邪見 ㄱ리다'로 번역되고 '障自本姓'이 '제 本性을 ㄱ리오다'로 번역된다. 따라서 'ㄱ리다'와 'ㄱ리오다'의 동의성은 명백히 입증된다.

(5) a. 邪見 ㄱ료미(66a) 므거우며 煩惱ㅅ 불휘 기푸믈 브르니(緣
　　　邪見障重ㅎ며 煩惱根深ㅎ니)〈壇經上 66b〉
　　b. 뎌와 뎌왜 섯굼 업스며 ㄱ룜 업서(피彼彼無雜障碍)〈權供
　　　61b〉

(5) c. 이 見 짓ㄴ닌 제 本性을 ㄱ리와 도로혀 조호미 미요믈 닙ㄴ
　　　니라(作此見諸ㄴ 障自本性ㅎ여 却被淨縛이니라)〈壇經中
　　　18a〉
　　d. 모믈 ㄱ리오ᄃᆡ 무ᄌᆞ 오ᄉᆞᆯ 니브며(遮身拂毳衣)〈權供 21a〉
　　e. 一切衆生이 光明을 제 ㄱ리오고(62a)…몰여 돌요믈 돌히 受
　　　호미 ᄃᆞ외야(蓋爲一切衆生이 自蔽光明ㅎ고…甘受驅馳ㅎ
　　　야)〈壇經中 62b〉

<6> ㄱ리오다 對 막다

두 동작동사가 [障] 즉 '가리다'의 뜻을 가지고 동의 관계에 있다는 것은 다음 예문들에서 잘 확인된다. 원문 중 '障自本性'이 '제 本性을

ᄀᆞ리오다'로 번역되고 '障道'가 '道를 막다'로 번역된다. 따라서 'ᄀᆞ리오다'와 '막다'의 동의성은 명백히 입증된다.

(6) a. 이 見 짓ᄂᆞᆫ 제 本性을 ᄀᆞ리와 도ᄅᆞ혀 조호ᄆᆡ ᄆᆡ요ᄆᆞᆯ 닙ᄂᆞ니라(作此見諸ᄂᆞᆫ 障自本性ᄒᆞ여 却被淨縛이니라) 〈壇經中 18a〉

b. 一切衆生이 光明을 제 ᄀᆞ리오고(62a)…몰여 ᄃᆞ요ᄆᆞᆯ ᄃᆞᆯ히 受호ᄆᆡ ᄃᆞ외야(蓋爲一切衆生이 自蔽光明ᄒᆞ고…甘受驅馳ᄒᆞ야) 〈壇經中 62b〉

c. 모ᄆᆞᆯ ᄀᆞ리오ᄃᆡ 무즈 오ᄉᆞᆯ 니브며(遮身拂毳衣) 〈勸供 21a〉

(6) d. ᄒᆞ다가 ᄆᆞᅀᆞ매 着ᄒᆞ며 조호매 着ᄒᆞ면 도ᄅᆞ혀 道를 마고ᄆᆞ니라(若着心着淨ᄒᆞ면 却障道也ㅣ니라) 〈壇經中 18b〉

e. 엇뎨 네 念ᄒᆞ몰 마ᄀᆞ리오(豈障汝念이리오) 〈壇經中 65a〉

f. 마곰 업스며 ᄀᆞ룜 업서(無障無礙ᄒᆞ야) 〈壇經中 14b〉

<7> 내다 對 나토다

두 동작동사가 [發] 즉 '내다, 나타내다'의 뜻을 가지고 동의 관계에 있다는 것은 동일 원문의 번역인 다음 예문들에서 잘 확인된다. 원문 중 '啓發'이 '여러 내다'로 번역되고 '發露'의 자석이 '나토아 내다'이다. 따라서 '내다'와 '나토다'의 동의성은 명백히 입증된다.

(7) a. 達이 여러 내샤ᄆᆞᆯ 닙ᄉᆞ와 봄노라 깃거(達이 蒙啓發ᄒᆞᅀᆞ와

踊躍歡喜ᄒ야)〈壇經中 70b〉

b. 發露ᄂ 三業으로 지손 罪를 나토아 낼 시라〈施食 29b〉

<8> 노포라 바티다 對 노폰 양ᄒ야 ᄂᆞ미게 바티다

두 동작동사구가 [貢高] 즉 '높도다 하고 남에게 바치다, 높은 양하여 남에게 바치다'의 뜻을 가지고 동의 관계에 있다는 것은 다음 예문들에서 잘 확인된다. 원문 중 '貢高心'이 '노포라 바티는 ᄆᆞᅀᆞᆷ'으로 번역된다. 그리고 '貢高'의 자석이 '노폰 양ᄒ야 ᄂᆞ미게 바티다'이다. 따라서 '노포라 바티다'와 '노폰 양ᄒ야 ᄂᆞ미게 바티다'의 동의성은 명백히 입증된다.

(8) a. 노포라 바티는 ᄆᆞᅀᆞᆷ과 쏘 一切時 中에 善티 아니ᄒᆞᆫ 行을 덜오(除却…貢高心과 及一切時中에 不善之行ᄒ고)〈壇經中 41a〉

b. 곧 人我와 貢高와[貢高ᄂ 노폰 양ᄒ야 ᄂᆞ미게 바틸 시라] 貪愛와 執着괘 업스리니(卽無人我貢高와 貪愛執着ᄒ리니)〈壇經中 33b〉

<9> 니를다 對 다ᄃᆞᆮ다

두 동작동사가 [至]와 [到] 즉 '이르다, 다다르다'의 뜻을 가지고 동의 관계에 있다는 것은 다음 예문들에서 잘 확인된다. 원문 중 '至黃梅'가 '黃梅예 니를다'로 번역되고 '惠明至'가 '惠明이 다ᄃᆞᆮ다'로 번역된다. 그리고 '尋到全文'이 '오온 글 춫자 니를다'로 번역되고 '到彼岸' 이 '뎌 ㄱ새 다든다'로 번역된다. 따라서 '니를다'와 '다든다'의 동의성 은 명백히 입증된다.

(9) a. 黃梅예 니르러(至黃梅ᄒ야) 〈壇經序 4a〉

b. 大師ㅣ 五年에 비르서 ᄆᆞᄎᆞ매 曹溪예 니르르샤(大師ㅣ 始於 五年ᄒ샤 終至曹溪ᄒ샤) 〈壇經序 5a〉

c. 大師ㅣ 寶林에 니르러시(1a)늘(大師ㅣ 至寶林커시늘) 〈壇 經上 1b〉

d. 흔 번 아로매 곧 佛地예 니를리라(一悟애 即至佛地리라) 〈壇經上 73b〉

e. 菩提達磨애 니르러(至菩提達磨ᄒ야) 〈壇經序 3b〉

f. 己卯에 니르러(至己卯ᄒ야) 〈壇經序 23a〉

g. 儀鳳 丙子애 니르러(至儀鳳丙子ᄒ야) 〈壇經序 24a〉

h. 바ᄅ 五更에 니르러(直至五更ᄒ야) 〈壇經序 17a〉

i. 믜샹 밥 머글 쯰 니르런(每至飯時ᄒ얀) 〈壇經上 40a〉

j. 近에 通上人의 오온 글 춫자 니르로ᄆᆞᆯ 得ᄒ야(近得通上人의 尋到全文ᄒ야) 〈壇經序 7b〉

(9) k. 惠明이 다ᄃᆞ라(惠明이 至ᄒ야) 〈壇經上 36a〉

l. 應無所住而生其心에 다(28b)ᄃᆞᆯ신대(應無所住而生其心 ᄒ신대) 〈壇經上 29a〉

m.唐ㅅ 말ᄉᆞ맨 뎌 ㄱ새 다ᄃᆞ(57b)로미니(唐言到彼岸이니) 〈壇經上 58a〉

n. 오직 門 밧긔 다둗고 門 안해 드디 몯ᄒ얫ᄂ니(只到門外오
未入門內니)〈壇經上 19b〉

<10> ᄂ솟다 對 봄놀다

두 동작동사가 [踊躍] 즉 '날아 솟다, 뛰어 일어나다'의 뜻을 가지고
동의 관계에 있다는 것은 다음 예문들에서 잘 확인된다. 원문 중 '踊躍
作禮'가 'ᄂ소사 저슙다'로 번역되고 '踊躍歡喜'가 '봄노라 깃다'로 번
역된다. 따라서 'ᄂ솟다'와 '봄놀다'의 동의성은 명백히 입증된다.

(10) a. 志道(93b)ㅣ 偈를 듣ᄌᆞᆸ고 키 아라 ᄂ소사 저슙고 믈러가니
라(志道ㅣ 聞偈ᄒ고 大悟ᄒ야 踊躍ᄒ야 作禮而退ᄒ니라)
〈壇經中 94a〉
b. 프른 玉瓶 中엔 흰 믌겨리 ᄂ솟고(碧玉瓶中銀浪湧)〈勸供
49a〉
c. 눈 ᄀᆞᆮᄒ 고지 ᄂ솟다(雪花飛)〈勸供 49b〉

(10) d. 達이 여러 내샤믈 닙ᄉᆞ와 봄노라 깃거(達이 蒙啓發ᄒᅀᆞ와
踊 躍歡喜ᄒ야)〈壇經中 70b〉

<11> 다ᄃᆞ다 對 닿다

두 동작동사가 [撩] 즉 '다다르다'의 뜻을 가지고 동의 관계에 있다
는 것은 다음 예문들에서 잘 확인된다. 원문 중 '撩天'이 '하늘해 다ᄃᆞᆫ

다'로도 번역되고 '하늘해 닿다'로도 번역된다. 따라서 '다둗다'와 '닿다'의 동의성은 명백히 입증된다.

(11) a. 하늘해 다둗는 고히사 다 아스라히 듣느니(撩天鼻孔悉遙聞)〈勸供 9b〉

　　　b. 하늘해 닫는 고히사 처섬 옷곳호믈 맏고(撩天鼻孔始遙聞香)〈勸供 49b〉

<12> 뻐디다 對 뻐러디다

두 동작동사가 [墜]와 [墮] 즉 '떨어지다'의 뜻을 가지고 동의 관계에 있다는 것은 다음 예문들에서 잘 확인된다. 원문 중 '墜腰'가 '허리예 뻐디다'로 번역된다. 그리고 '墮惡道'가 '惡道애 뻐러디다'로 번역된다. 따라서 '뻐디다'와 '뻐러디다'의 동의성은 명백히 입증된다.

(12) a. 師ㅅ 허리예 뻐딘 돌해 사겨쇼딕(師墜腰石鐫호딕)〈壇經序 23a〉

(12) b. 이 偈를 브터 닷고면 惡道애 뻐러듀믈 免호고(依此偈修호면 免墮惡道호고)〈壇經上 18b〉

　　　c. 이 偈를 브터 닷고면 惡道애 뻐러듀믈 免호리(23a)라 호시니라(依此偈修호면 免墮惡道호리라 호시니라)〈壇經上 23b〉

<13> 떨다 對 뮈우다

두 동작동사가 [振] 즉 '떨치다, 들날리다'의 뜻을 가지고 동의 관계
에 있다는 것은 다음 예문들에서 잘 확인된다. 원문 중 '振祖宗'이 '祖
宗을 떠다'로 번역된다. 그리고 '大振'이 'ᄀ장 뮈우다'로 번역된다. 따
라서 '떨다'와 '뮈우다'의 동의성은 명백히 입증된다.

(13) a. 代代예 흘러 通行ᄒ야 祖宗을 떠놋다(代代流通振祖宗)〈勸
　　　共 12a〉
　　b. 代代예 흘러 通ᄒ야 祖師ㅅ 宗旨를 떠다 호ᄆᆞ〈勸共 12b〉

(13) c. 玄風을 ᄀ장 뮈(5b)우니(玄風을 大振ᄒ니)〈壇經序 6a〉

<14> 덜다 對 앗다

두 동작동사가 [除] 즉 '덜다, 제거하다'의 뜻을 가지고 동의 관계
에 있다는 것은 다음 예문들에서 잘 확인된다. 원문 중 '除灾障'이 '灾
障을 덜다'로 번역되고 '除熱'이 '더운 것 앗다'로 번역된다. 따라서 '덜
다'와 '앗다'의 동의성은 명백히 입증된다.

(14) a. 녜 耶輪ㅣ 難을 여희여 灾障을 더니라(昔日耶輪免難除灾
　　　障)〈勸供 42b〉
　　b. 머그닌 주으리며 목ᄆᆞᆯ로ᄆᆞᆯ 덜오(食者除飢渴)〈施食 31a〉
　　c. 諸佛이 큰 慈悲로 제 妄想을 덜에 ᄒ샤(諸佛大慈悲 令其除

妄想) 〈施食 44a〉

　d. 萬劫엣 아득호믈 덜오(除萬劫之昏蒙) 〈勸供 24b〉

(14) e. 더운 것 아소맨 甘露를 저쥬미시니(除熱斟甘露) 〈勸供
　　　 19b〉

<15> 딕희다 對 디킈다

　두 동작동사가 [守] 즉 '지키다'의 뜻을 가지고 동의 관계에 있다는
것은 다음 예문들에서 잘 확인된다. 원문 중 '守塔'이 '塔 딕희다'로 번
역되고 '守網'이 '그믈 디킈다'로 번역된다. 따라서 '딕희다'와 '디킈다'
의 동의성은 명백히 입증된다.

　(15) a. 眞身은 塔 딕흰 즁의 保護ㅣ 드외야(眞身은 爲守塔僧의 保
　　　　 護ᄒ야) 〈壇經下 90a〉

　(15) b. 獵人이 샹녜 그믈 디킈에 ᄒ야든(獵人이 常令守網커든) 〈壇
　　　　 經上 40a〉
　　　 c. 디킈여 住호ᄆ 眞精이 아니로소이다(守住ᄂ 匪眞精이로소
　　　　 이다) 〈壇經中 76b〉

<16> 든니다 對 녀다

　두 동작동사가 [行] 즉 '다니다'의 뜻을 가지고 동의 관계에 있다는

것은 다음 예문들에서 잘 확인된다. 원문 중 '行由'가 '돈니던 根源'으로 번역된다. 그리고 '南行'이 '南으로 녀다'로 번역되고 '闇行'이 '어드운 딕녀다'로 번역된다. 따라서 '돈니다'와 '녀다'의 동의성은 명백히 입증된다.

(16) a. 惠能의 돈니던 根源과 法 得혼 일 쯔들 쏘 드르라(且聽惠能의 行由와 得法事意ᄒ라) 〈壇經上 3a〉

(16) b. 能이 祖 여희습고 발 드딕여 南으로 녀(能이 辭違祖已ᄒ고 發足南行ᄒ야) 〈壇經上 34b〉

   c. 어드운 딕 녀 道를 보디 몯ᄒ리라(闇行不見道ㅣ리라) 〈壇經上 80b〉

<17> 둧다 對 ᄉ랑ᄒ다

두 동작동사가 [愛] 즉 '사랑하다'의 뜻을 가지고 동의 관계에 있다는 것은 다음 예문들에서 잘 확인된다. 원문 중 '愛尾'가 '쏘리 둧다'로 번역된다. 그리고 '犛牛'의 자석에서 '쇼리 ᄉ랑ᄒ다'가 발견된다. 따라서 '둧다'와 'ᄉ랑ᄒ다'의 동의성은 명백히 입증된다.

(17) a. 엇뎨 犛牛의 쏘리 듯솜과 다ᄅ리오(何異犛牛의 愛尾리오) 〈壇經中 64b〉

   b. 塵境을 貪ᄒ야 둧亽(貪愛塵境ᄒ야) 〈壇經中 62a〉

   c. 弟子ㅣ 므리 난겻 둧亽며 믜요믈 니ᄅ완더니(徒侶ㅣ 競起愛

憎ᄒ더니)〈壇經下 14b〉

   d. 미움과 ᄃᆞᆼ옴과ᄅᆞᆯ ᄆᆞᄉᆞ매 걸이디 아니하면(憎愛不關心ᄒ면)
     〈壇經上 81b〉

(17) e. 犛牛ᄂᆞᆫ 南夷옛 즘싱이니 ᄭᅩ리 ᄉᆞ랑호매 ᄀᆞ리쪄 因ᄒ야 生ᄋᆞᆯ
     ᄒ야ᄇᆞ리ᄂᆞ라〈壇經中 64b〉

<18> 맡다 對 듣다

  두 동작동사가 [聞] 즉 '냄새 맡다'의 뜻을 가지고 동의 관계에 있다
는 것은 다음 예문들에서 잘 확인된다. 원문 중 '聞香'이 '옷곳호ᄆᆞᆯ 맡
다'로 번역되고 '聞此信香'이 '이 信香을 듣다'로 번역된다. 따라서 '맡
다'와 '듣다'의 동의성은 명백히 입증된다.

(18) a. 하늘해 닫ᄂᆞᆫ 고히ᅀᅡ 처엄 옷고호ᄆᆞᆯ 맡고(撩天鼻孔始聞香)
     〈勸供 49b〉
   b. 三寶ㅅ 큰 慈悲로 이 信香ᄋᆞᆯ 드르시고 法會에 오쇼셔(三寶
     大慈悲聞此信香臨法會)〈勸供 23a〉

<19> 먹다 對 마시다

  두 동작동사가 [飮] 즉 '먹다, 마시다'의 뜻을 가지고 동의 관계에 있
다는 것은 다음 예문들에서 잘 확인된다. 원문 중 '飮酒'가 '수을 먹다'
로 번역된다. 그리고 '掬水而飮'이 '므를 우희여 마시다'로 번역된다.

따라서 두 동작동사 '먹다'와 '마시다'의 동의성은 명백히 입증된다. 두 동작동사는 [+액체성]의 '수을'과 '믈'을 목적어로 취한다.

　(19) a. 第五條 佛戒는 수을 먹디 말라 ㅎ샤미니이다(第五條佛戒不
　　　　　飮酒)〈施食 26b〉
　　　 b. 므를 우희여 마시니(掬水而飮ㅎ니)〈壇經中 18b〉

<20> 먹다 對 좌시다

　두 동작동사가 [飮] 즉 '먹다, 마시다'의 뜻을 가지고 동의 관계에 있다는 것은 다음 예문들에서 잘 확인된다. 원문 중 '飮酒'가 '수을 먹다'로 번역된다. 그리고 '飮乳'가 '졋 좌시다'로 번역된다. 따라서 '먹다'와 '마시다'의 동의성은 명백히 입증된다. '좌시다'는 '먹다'의 [+존칭]이다.

　(20) a. 第五條 佛戒는 수을 먹디 말라 ㅎ샤미니이다(第五條佛戒不
　　　　　飮酒)〈施食 26b〉
　　　 b. 師ㅣ 졋 아니 좌시고(師不飮乳ㅎ시고)〈壇經序 11a〉

<21> 모르다 對 어리다

　두 동작동사가 [迷] 즉 '모르다'의 뜻을 가지고 동의 관계에 있다는 것은 다음 예문들에서 잘 확인된다. 원문 중 '自性…迷'가 '제 性을 모르다'로도 번역되고 '自性을 어리다'로도 번역된다. 그리고 '迷悟'가

'몰롬과 아롬'으로도 번역되고 '어룜과 아롬'으로도 번역된다. 따라서 '모ᄅᆞ다'와 '어리다'의 동의성은 명백히 입증된다.

(21) a. 제 性을 ᄒᆞ다가 모ᄅᆞ면(自性을 若迷ᄒᆞ면) 〈壇經上 10a〉
b. ᄆᆞᅀᆞᆷ을 모ᄅᆞ면 法草ㅣ 옮기고(心迷ᄒᆞ면 法草ㅣ 轉이오) 〈壇經中 65b〉
c. 眞을 모ᄅᆞ고 妄ᄋᆞᆯ 조ᄎᆞ며(迷眞逐妄) 〈施食 35a〉
d. 經 ᄠᅳ디 分明커ᄂᆞᆯ 네 몰라 背反ᄒᆞᄂᆞ니(經意分明커ᄂᆞᆯ 汝自迷背ᄒᆞᄂᆞ니) 〈壇經中 68a〉
e. 몰라 드르면 여러 劫을 다내오(迷聞ᄒᆞ면 經累劫이오) 〈壇經上 82b〉
f. 몰롬과 아로미 ᄒᆞᆫ가지 아니라(迷悟不同ᄒᆞ야) 〈壇經上 66b〉
g. 오직 몰롬과 아롬괘 사ᄅᆞᄆᆡ게 이시며(只爲迷悟ㅣ 在人ᄒᆞ며) 〈壇經中 65a〉

(21) h. 自性을 샹녜 어리ᄂᆞ니(自性을 常迷니) 〈壇經下 9b〉
i. 오직 어룜과 아롬괘 ᄒᆞᆫ가지 아니로ᄆᆞᆯ(48b) 브터(只緣迷悟ㅣ 不同ᄒᆞ야) 〈壇經上 49b〉

<22> 뫼호다 對 모도다

두 동작동사가 [集]과 [蘊] 즉 '모ᄋᆞ다'의 뜻을 가지고 동의 관계에 있다는 것은 다음 예문들에서 잘 확인된다. 원문 중 '集諸名德'이 '여러 名德을 뫼호다'로 번역되고 '集徒衆'이 '徒衆을 모도다'로 번역된다. 그리고 '蘊'의 자석이 '뫼호다'와 '모도다'이다. 따라서 '뫼호다'와 '모도다'의 동의성은 명백히 입증된다.

(22) a. 여러 名德을 뫼화(集諸名德ᄒ야) 〈壇經序 12a〉

　　 b. 宗이…四衆을 너비 뫼화(宗이…普會四衆ᄒ야) 〈壇經序 11b〉

　　 c. 蘊은 뫼호ᄂᆞᆫ 쁘디니라 〈壇經中 93a〉

(22) d. 徒衆을 모도아 니ᄅᆞ샤ᄃᆡ(集徒衆曰ᄒ샤ᄃᆡ) 〈壇經下 54a〉

　　 e. 세 法을 모도아(三法聚) 〈勸供 13a〉

　　 f. 蘊은 모도다 ᄒᆞᆫ 쁘디라 〈壇經上 45a〉

<23> 뮈다 對 금즈기다

　두 동작동사가 [動] 즉 '움직이다'의 뜻을 가지고 동의 관계에 있다는 것은 다음 예문들에서 잘 확인된다. 원문 중 '坐不動'이 '안자 뮈디 아니ᄒ다'로 번역되고 '吹不動'이 '부러도 금즈기디 아니ᄒ다'로 번역된다. 따라서 '뮈다'와 '금즈기다'의 동의성은 명백히 입증된다.

(23) a. 안자 뮈디 아니ᄒ며 妄을 ᄆᆞᅀᆞ매 니ᄅᆞ왇디 아니호미(坐不動 ᄒ며 妄不起心이) 〈壇經中 4b〉

　　 b. ᄒ다가 안자 뮈디 아니호미 올타 니ᄅᆞ면(若言坐不動이 是라 ᄒ면) 〈壇經中 5b〉

　　 c. 뮈디 아니ᄒ며 니디 아니ᄒ야(不動不起ᄒ야) 〈壇經中 6a〉

d. 안해 自性이 뮈디 아니홈 보미 일후미 禪ㅣ라(內見自性不動
이 名爲禪이라) 〈壇經中 14b〉

e. 龍이 能히 뮈디 몯거늘(龍不能動커늘) 〈壇經序 23a〉

f. 뉘 뮈디 아니호믈 아ᄂ뇨(誰知非動고) 〈壇經中 101b〉

g. ᄇᄅ미 부러 幡이 뮈어늘 ᄒ 즁은 닐오ᄃᆡ ᄇᄅ미 뮈ᄂ다 코
(有風吹幡動커늘 一僧 云호ᄃᆡ 風動이라 코) 〈壇經上 41a〉

h. 能이 나ᅀᅡ 닐오ᄃᆡ(41a)…仁(41a)者의 ᄆᅀᆞ미 뮈ᄂ니라 ᄒ
니(能이 進曰호ᄃᆡ…仁者의 心動이라 ᄒ니) 〈壇經上 41b〉

(23) i. 여듧 가짓 ᄇᄅ미 부러도 금(43a)즈기디 아니ᄒ고(八風吹
不動) 〈勸供 43a〉

〈24〉 딩글다 對 셰다

두 동작동사가 [建] 즉 '세우다'의 뜻을 가지고 동의 관계에 있다는
것은 다음 예문들에서 잘 확인된다. 원문 중 '建一梵刹'이 'ᄒ 梵刹을
딩글다'로 번역되고 '建梵宇'가 '梵宇를 셰다'로 번역된다. 따라서 '딩
글다'와 '셰다'의 동의성은 명백히 입증된다.

(24) a. 可히 이 山이 ᄒ 梵刹을 딩ᄀᆞ롤디니(可於此山이 建一梵刹이
니) 〈壇經序 20a〉

b. 녯 터헤 梵宇를 다시 셰어(遂於故基예 重建梵宇ᄒ야) 〈壇經
中 51a〉

<25> 딩굴다 對 짓다

두 동작동사가 [造] 즉 '만들다'의 뜻을 가지고 동의 관계에 있다는 것은 다음 예문들에서 잘 확인된다. 원문 중 '造塔'이 '塔 딩굴다'로 번역되고 '造出天廚供'이 '天廚엣 供養을 지서 내다'로 번역된다. 따라서 '딩굴다'와 '짓다'의 동의성은 명백히 입증된다.

(25) a. 塔 딩ᄀᆞᆯ실 제 幸혀 ᄇ라ᅀᆞ온ᄃᆞᆫ 머믈워 두쇼셔(造塔ᄒ실제 幸望存留ᄒ쇼셔) 〈壇經序 17a〉

(25) b. 食味酥酪이 天廚엣 供養을 지서 내니(食味酥酪造出天廚供) 〈勸供 52b〉

    c. 모든 惡을 짓디 아니ᄒ며(不造諸惡ᄒ며) 〈壇經中 21b〉

<26> 받다 對 맏다

두 동작동사가 [受沾] 즉 '받다'의 뜻을 가지고 동의 관계에 있다는 것은 다음 예문들에서 잘 확인된다. 원문 중 '受沾法食'이 '法食을 받다'로 번역된다. 그리고 '受沾法供'이 '法 供養을 맏다'로 번역된다. 따라서 '받다'와 '맏다'의 동의성은 명백히 입증된다.

(26) a. 이 밤 이 ᄢᅴ 法食을 바ᄃ쇼셔(是夜今時食受沾法食) 〈施食 13之2a〉

    b. 法 供養을 맏ᄌ오쇼셔(受沾法食) 〈施食 10b〉

<27> 부르다 對 펴다

두 동작동사가 [演] 즉 '자세하게 설명하다'의 뜻을 가지고 동의 관계에 있다는 것은 다음 예문들에서 잘 확인된다. 원문 중 '演說十二因緣法'이 '十二因緣法을 불어 니르다'로 번역되고 '開演上乘'이 '上乘을 여러 펴다'로 번역된다. 따라서 '부르다'와 '펴다'의 동의성은 명백히 입증된다.

(27) a. 十二因緣法을 불어 니르샤(演說十二因緣法) 〈施食 35b〉
    b. 金口로 불어 니르샨 말ᄉᆞᄆᆞᆯ 一心으로 ᄌᆞ셔히 드르쇼셔(專心諦聽演金言) 〈施食 15a〉

(27) c. 肉身菩薩이 이 나모 아래 上乘을 여러 펴(有肉身菩薩이 於此 樹下애 開演上乘ᄒᆞ야) 〈壇經序 14a〉
    d. 반ᄃᆞ기 우 업슨 法寶를 이에 펴 化ᄒᆞ리니(當有無上法寶를 於此애 演化ᄒᆞ리니) 〈壇經序 20a〉
    e. 五祖ㅣ 黃梅縣 東禪院에 化를 펴샤ᄆᆞᆫ(五祖ㅣ 演化於黃梅縣之東禪院은) 〈壇經序 24a〉

<28> 븥다 對 드듸다

두 동작동사가 [因] 즉 '의거하다'의 뜻을 가지고 동의 관계에 있다는 것은 다음 예문들에서 잘 확인된다. 원문 중 '因此'가 '이를 븥다'로도 번역되고 '이를 드듸다'로도 번역된다. 따라서 '븥다'와 '드듸다'의 동의성은 명백히 입증된다.

(28) a. 三世如來 이룰 브트샤아 成佛ᄒ실ᄉᆡ(三世如來因此成佛故)
〈施食 32a〉

b. 十方菩薩이 이룰 드듸여아 ᄆᆞᅀᆞᄆᆞᆯ 불기시며(十方菩薩因此
明心)〈施食 32a〉

<29> 심기다 對 맛디다

두 동작동사가 [授] 즉 '주다, 맡기다'의 뜻을 가지고 동의 관계에 있
다는 것은 다음 예문들에서 잘 확인된다. 원문 중 '指授'가 'ᄀᆞᄅ쳐 심
기다'로도 번역되고 'ᄀᆞᄅ쳐 맛디다'로도 번역된다. '傳授'가 '傳ᄒ야
심기다'로 번역되고 '敎授'가 'ᄀᆞᄅ쳐 맛디다'로 번역된다. 그리고 '授
無相懺悔'가 '無相懺悔를 심기다'로 번역된다. 따라서 '심기다'와 '맛
디다'의 동의성은 명백히 입증된다.

(29) a. 薛簡이 師의 ᄀᆞᄅ쳐 심기샨 如來ㅅ 知見을 傳ᄒ야ᄂᆞᆯ(薛簡이
傳師指授如來知見ᄒ야ᄂᆞᆯ)〈壇經下 40a〉

b. 뉘게 傳ᄒ야 심기시니잇가(誰人의게 傳授ㅣ잇가)〈壇經上
35b〉

c. 버거 無相懺悔를 심교리라(次授無相懺悔호리라)〈壇經中
20a〉

d. 無相懺悔를 심겨(授無相懺悔ᄒ야)〈壇經中 23a〉

e. ᄯᅩ 善知識과로 無相三歸依戒를 심교리라(更與善知識으로

授無相三歸依戒호리라)〈壇經中 31b〉

  f. 具足戒를 심기ᄉᆞ오니(授具足戒ᄒᆞᄉᆞ오니)〈壇經序 12a〉

(29) g. 宗이 ᄯᅩ 무로ᄃᆡ 黃梅 付囑은 엇뎨 ᄀᆞᄅ쳐 맛디시더니잇고
     (宗이 復問曰호ᄃᆡ 黃梅付囑은 如何指授ㅣ 잇고)〈壇經上
     42b〉

  h. ᄀᆞᄅ쳐 맛됴ᄆᆞᆫ 곧 업거니와(指授ᄂᆞᆫ 卽無커니와)〈壇經上
     42b〉

  i. 밧짓 善知識이 비록 ᄀᆞᄅ쳐 맛됴미 이셔도(外善知識이 雖有
     敎授ᄒᆞ야도)〈壇經上 73a〉

<30> ᄉᆞ랑ᄒᆞ다 對 싱각ᄒᆞ다

두 동작동사가 [憶念]과 [憶] 즉 '생각하다'의 뜻을 가지고 동의 관
계에 있다는 것은 다음 예문들에서 잘 확인된다. 원문 중 '憶念…記'가
'記를 ᄉᆞ랑ᄒᆞ다'로 번역되고 '憶師之言'이 '師ㅅ 말ᄉᆞ믈 싱각ᄒᆞ다'로 번
역된다. 따라서 'ᄉᆞ랑ᄒᆞ다'와 '싱각ᄒᆞ다'의 동의성은 명백히 입증된다.

(30) a. 門人이 머리 아ᅀᅮ리라 ᄒᆞ샨 記를 ᄉᆞ랑ᄒᆞ야(門人이 憶念取首
     之記ᄒᆞ야)〈壇經下 83b〉

  b. 홀론 師ㅅ 말ᄉᆞ믈 싱각ᄒᆞ야(一日에 憶師之言ᄒᆞ야)〈壇經下
     17a〉

<31> ᄉᆞ랑ᄒᆞ다 對 혜다

두 동작동사가 [思惟] 즉 '생각하다'의 뜻을 가지고 동의 관계에 있다는 것은 다음 예문들에서 잘 확인된다. 원문 중 '神秀思惟'가 '神秀 ᅵ ᄉᆞ랑ᄒᆞ다'로 번역된다. 그리고 '秀…思惟'가 '秀ᅵ 혜다'로 번역된다. 따라서 'ᄉᆞ랑ᄒᆞ다'와 '혜다'의 동의성은 명백히 입증된다.

(31) a. 神秀ᅵ ᄉᆞ랑ᄒᆞ듸(神秀ᅵ 思惟ᄒᆞ듸)〈壇經上 12b〉

    b. 秀ᅵ ᄉᆞ랑ᄒᆞ듸(秀ᅵ 乃思惟ᄒᆞ듸)〈壇經上 15a〉

(31) c. 秀ᅵ 혜요듸(秀ᅵ 復思惟ᄒᆞ듸)〈壇經上 16b〉

<32> ᄉᆞ랑ᄒᆞ다 對 혜아리다

두 동작동사가 [思]와 [思量] 즉 '생각하다'의 뜻을 가지고 동의 관계에 있다는 것은 다음 예문들에서 잘 확인된다. 원문 중 '思前境'이 '前境을 ᄉᆞ랑ᄒᆞ다'로 번역되고 '思境'이 '境을 혜아리다'로 번역된다. 그리고 '思量惡事'가 '惡事를 ᄉᆞ랑ᄒᆞ다'로 번역되고 '起思量'이 '혜아료믈 니르왇다'로 번역된다. 따라서 'ᄉᆞ랑ᄒᆞ다'와 '혜아리다'의 동의성은 명백히 입증된다.

(32) a. 害로 가포믈 ᄉᆞ랑티 아니ᄒᆞ미니 念念 中에 前境을 ᄉᆞ랑티 마로(8)리니(不思酬害니 念念之中에 不思前境ᄒᆞ리니)〈壇經中 9a〉

b. 善을 ᄉᆞ랑티 아니ᄒᆞ며 惡을 ᄉᆞ랑티 아(37a)니ᄒᆞ고(不思善
ᄒᆞ며 不思惡ᄒᆞ며) 〈壇經中 37b〉

c. 善을 ᄉᆞ랑티 아니ᄒᆞ며 惡을 ᄉᆞ랑티 아니ᄒᆞ야(不思善ᄒᆞ며 不
思惡ᄒᆞ며) 〈壇經中 22a〉

d. ᄒᆞ다가 萬法을 ᄉᆞ랑티 아니ᄒᆞ면(若不思萬法ᄒᆞ면) 〈壇經中
41b〉

e. ᄒᆞ다가 오직 온갓 거슬 ᄉᆞ랑티 아니ᄒᆞ야 念이(10a) 다아 덜
면(若只百物을 不思ᄒᆞ야 念盡除却ᄒᆞ면) 〈壇經中 10b〉

f. 알ᄑᆞᆯ 向ᄒᆞ야 ᄉᆞ랑티 말라(莫思向前ᄒᆞ라) 〈壇經中 43a〉

g. 道 ᄇᆡ홀 사ᄅᆞᄆᆞᆫ ᄉᆞ랑ᄒᆞ라(學道者ᄂᆞᆫ 思之ᄒᆞ라) 〈壇經中
10b〉

h. 一念이나 ᄉᆞ랑ᄒᆞ면 일후미 變化ㅣ니 惡事ᄅᆞᆯ ᄉᆞ랑ᄒᆞ면 化ᄒᆞ
야 地獄이 ᄃᆞ외오 善事ᄅᆞᆯ ᄉᆞ랑ᄒᆞ면 化ᄒᆞ야 天堂이 ᄃᆞ외오
(一念思量ᄒᆞ면 名爲變化ㅣ니 思量惡事ᄒᆞ면 化爲地獄이오
思量善事ᄒᆞ면 化爲天堂이오) 〈壇經中 41b〉

i. 一切 惡事ᄅᆞᆯ ᄉᆞ랑ᄒᆞ면 곧 惡行이 나고 一切 善事ᄅᆞᆯ ᄉᆞ랑ᄒᆞ
면 곧 善行이 나ᄂᆞ니(思量一切惡事ᄒᆞ면 卽生惡行ᄒᆞ고 思量
一切善事ᄒᆞ면 卽生善行ᄒᆞᄂᆞ니) 〈壇經中 38a〉

j. 오직 一切 善惡을 다 ᄉᆞ랑티 말면(一切善惡을 都莫思量ᄒᆞ
면) 〈壇經下 38b〉

(32) k. 오직 境을 보아 境 혜아료미 곧 亂ᄒᆞᄆᆞ니(只爲見境ᄒᆞ야 思
境卽亂이니) 〈壇經中 15a〉

l. ᄆᆞᅀᆞ매 혜아료미 편안티 몯ᄒᆞ미(神思ㅣ 不安ᄒᆞ미) 〈壇經上

21b〉

m.젼혀 혜아룜 업소믈(百無所思호믈)〈壇經上 54a〉

n. ᄒ다가 혜아료믈 니르와ᄃ면(若起思量ᄒ면)〈壇經下 43b〉

o. 혜아리면 곧 ᄡᅮ매 맛디 몯ᄒ니라(思量ᄒ면 卽不中用이니
라)〈壇經上 10b〉

<33> 아니ᄒ다 對 말다

두 동작동사가 [不] 즉 '아니하다, 말다'의 뜻을 가지고 동의 관계에
있다는 것은 다음 예문들에서 잘 확인된다. 원문 중 '不復起'가 '다시
니ᄅ왇디 아니ᄒ다'로도 번역되고 '다시 니ᄅ왇디 말다'로도 번역된
다. 그리고 '不肯信'이 '즐겨 信티 아니ᄒ다'로 번역되고 '不被'가 '닙디
말다'로 번역된다. 따라서 '아니ᄒ다'와 '말다'의 동의성은 명백히 입
증된다.

(33) a. 永히 다시 니(23)ᄅ왇디 아니ᄒ야지이다(永不復起ᄒ야지
이다)〈壇經中 24a〉

b. 永히 다시 니ᄅ왇디 아니홀 시(永不復起홀 시)〈壇經中
25b〉

c. 이 理를 ᄒ다가 즐겨 信티 아니홀 사름은(此理를 若不肯信
者는)〈壇經中 68b〉

d. 다 永히 긋고 다시 짓디 아니홀 시(悉皆永斷ᄒ고 更不復作
홀 시)〈壇經中 26a〉

(33) e. 永히 다시 니ᄅ왇디 마라지이다(永不復起ᄒ야지이다) 〈壇
經中 24b〉

f. 永히 다시 니ᄅ왇디 마라지이다 ᄒ라(永不復起ᄒ야지이다
ᄒ라)〈壇經中 25a〉

g. 念念에 嫉妬의 믈드로믈 닙디 마오(念念에 不被嫉妬染ᄒ
고)〈壇經中 24b〉

h. 念念에 ᄒ가냥ᄒ야 소교미 믈드로믈 닙디 마오(念念에 不被
憍誑染ᄒ고)〈壇經中 24b〉

<34> 어긔다 對 그릇다

두 동작동사가 [違] 즉 '어긔다, 그르치다'의 뜻을 가지고 동의 관계
에 있다는 것은 다음 예문들에서 잘 확인된다. 원문 중 '違背'가 '어긔
여 背叛ᄒ다'로 번역된다. 그리고 '不違本願'이 '本來ㅅ 誓願을 그릇디
말다'로 번역된다. 따라서 '어긔다'와 '그릇다'의 동의성은 명백히 입
증된다.

(34) a. 道와 어긔여 背叛ᄒᄂ니라(與道로 違背ᄒᄂ니라)〈壇經中
18b〉

b. 本(25b)來ㅅ 誓願을 그릇디 마ᄅ샤 有情을 어엿비 너기샤
(不違本願哀憫有情)〈勸共 26a〉

<35> 열다 對 및다

두 동작동사가 [結] 즉 '열매가 맺히다'의 뜻을 가지고 동의 관계에 있다는 것은 다음 예문들에서 잘 확인된다. 원문 중 '結果'가 '여름 열다'로 번역된다. 그리고 '心花結'이 '心花ㅣ 및다'로 번역된다. 따라서 '열다'와 '및다'의 동의성은 명백히 입증된다.

(35) a. 여름 여로미 自然 일리라(結果ㅣ 自然成이리라) 〈壇經下 60b〉

(35) b. 心花ㅣ 미즐 제 自然히 이도다(心花結處自然成) 〈勸共 47b〉

　　 c. 心花ㅣ 미즐 제 自然히 이다 호문 〈勸共 47b〉

<36> 저숩다 對 절ㅎ숩다

두 동작동사가 [禮] 즉 '절하다'의 뜻을 가지고 동의 관계에 있다는 것은 다음 예문들에서 잘 확인된다. 원문 중 '禮請'이 '저숩와 請ㅎ숩다'로도 번역되고 '절ㅎ숩고 請ㅎ숩다'로도 번역된다. '禮辭'가 '저숩와 여희숩다'로도 번역되고 '절ㅎ고 여희다'로도 번역된다. 그리고 '禮敬'이 '저숩와 恭敬ㅎ다'로 번역되고 '信禮'가 '信ㅎ숩와 저숩다'로 번역된다. 따라서 '저숩다'와 '절ㅎ숩다'의 동의성은 명백히 입증된다.

(36) a. 十方애 샹녜 겨신 ᅳ(34a)切 佛陁耶衆을 ᅳ心으로 저숩와

請ᄒᆞᆸ노니(一心禮請…十方常住一切佛陁耶衆) 〈勸供 34b〉

b. 陞이 後에 저ᅀᆞ와 여희ᄉᆞᆸ고(陞이 後에 禮辭ᄒᆞ고) 〈壇經中 107a〉

c. 門人으로 香 퓌우고 저ᅀᆞ와 恭敬ᄒᆞ야(令門人으로 炷香禮敬ᄒᆞ야) 〈壇經上 18b〉

d. 佛陁耶 兩足尊끠 至心으로 信ᄒᆞᅀᆞ와 저ᄉᆞᆸ노이다(至心信禮 佛 陁耶兩足尊) 〈勸供 16a〉

e. 十方과 三世옛 虛空界예 다ᄋᆞ신 一切 尊法을 恭敬(6b)ᄒᆞᅀᆞ와 저ᄉᆞᆸ노이다(敬禮十方三世盡虛空界一切尊法) 〈勸供 7a〉

f. 네 가 보아 저ᅀᆞ오라(汝去瞻禮ᄒᆞ라) 〈壇經中 109b〉

g. 와 祖師를 저ᅀᆞ오ᄃᆡ(來禮祖師호ᄃᆡ) 〈壇經上 54b〉

h. 머리 와 師를 저ᅀᆞ오ᄆᆞᆫ(遠來禮師ᄂᆞᆫ) 〈壇經上 6b〉

(36) i. 眞實ㅅ 精誠으로 절ᄒᆞᄉᆞᆸ고 請ᄒᆞᅀᆞ와(虔誠禮請) 〈勸供 33b〉

j. 明이 절ᄒᆞ고 여희니라(明이 禮辭ᄒᆞ니라) 〈壇經上 39a〉

<37> 조히오다 對 조히 ᄒᆞ다

동작동사 '조히오다'와 동작동사구 '조히 ᄒᆞ다'가 [淨] 즉 '깨끗하게 하다'의 뜻을 가지고 동의 관계에 있다는 것은 다음 예문들에서 잘 확인된다. 원문 중 '淨其心'이 '그 ᄆᆞᅀᆞᆷ을 조히오다'로 번역되고 '淨本心'이 '本心을 조히오다'로 번역된다. 그리고 '淨心'이 'ᄆᆞᅀᆞᆷ물 조히 ᄒᆞ다'로 번역된다. 따라서 '조히오다'와 '조히 ᄒᆞ다'의 동의성은 명백히 입증된다. '조히오다'는 상태동사 '좋다'의 短形 使動이다.

(37) a. 念念에 그 ᄆᆞᅀᆞᆷ을 제 조히와(念念自淨其心ᄒᆞ야) 〈壇經中
　　　19b〉

　　b. 悟人은 제(91b) ᄆᆞᅀᆞᆷ을 조히오ᄂᆞ니(悟人은 自淨其心ᄒᆞᄂᆞ
　　　니) 〈壇經上 92a〉

　　c. 오직 本心을 조히와(但淨本心ᄒᆞ야) 〈壇經上 74b〉

　　d. 各各 ᄆᆞᅀᆞᆷ 조히와 듣고(各令淨心ᄒᆞ야 聞了ᄒᆞ고) 〈壇經上
　　　47b〉

(37) e. 다 ᄆᆞᅀᆞ믈 조히 ᄒᆞ야(總淨心ᄒᆞ야) 〈壇經上 2b〉

<38> 지픠다 對 몯다

　두 동작동사가 [集] 즉 '모이다'의 뜻을 가지고 동의 관계에 있다는
것은 다음 예문들에서 잘 확인된다. 원문 중 '雲集'이 '구룸 지픠다'로
번역된다. 그리고 '佛聖…集'이 '부텨와 聖人왜 몯다'로 번역된다. 따
라서 '지픠다'와 '몯다'의 동의성은 명백히 입증된다.

(38) a. 四方이 구룸 지픠ᄃᆞᆺ ᄒᆞ야 다 이 法 受홀 사ᄅᆞ미니(四方이 雲
　　　集ᄒᆞ야 普是受法者ㅣ니) 〈壇經中 99b〉

(38) b. 念에 應ᄒᆞ샤 河沙애 ᄀᆞᄃᆞ기 모ᄃᆞ시ᄂᆞ니(應念而河沙遍集)
　　　〈勸共 33a〉

　　c. ᄀᆞᆺ 업슨 부텨와 聖人왜 다 오샤 모ᄃᆞ쇼셔(無邊佛聖咸來集)
　　　〈施食 4a〉

<39> 처디다 對 츳듣다

두 동작동사가 [滴] 즉 '방울져 떨어지다'의 뜻을 가지고 동의 관계
에 있다는 것은 다음 예문들에서 잘 확인된다. 원문 중 '一滴'이 '흔 번
처디다'로도 번역되고 '흔 번 츳듣다'로도 번역된다. 처디다'의 주어는
'甘露水'이고 '츳듣다'의 주어는 '甘露'이다. 따라서 '처디다'와 '츳듣
다'의 동의성은 명백히 입증된다.

(39) a. 甘露水(27a)] …玉龍ㅅ 싴맷 므리니 흔 번 처디닐 가져 년
즈시 쓰리ᅀᅩ오니(甘露水…玉龍泉試將一滴輕輕洒)〈勸共
27b〉

b. 能히 흔 번 처딘 므리 十方애 쓰리에 ᄒᆞ시ᄂᆞ니(能令一滴灑
十方)〈施食 1a〉

(39) c. 이 므리…甘露] 드외ᄂᆞ니 흔 번 츳드러 ᄀᆞᆺ ᄂᆞ로매 十方이
다 좋ᄂᆞ니(是水也…爲甘露一滴纔飛十方俱潔)〈勸共 24b〉

<40> 튿다 對 받다

두 동작동사가 [承] 즉 '받다'의 뜻을 가지고 동의 관계에 있다는 것
은 다음 예문들에서 잘 확인된다. 원문 중 '承佛力'이 '佛力을 튿다'로
번역된다. 그리고 '承三寶力'이 '三寶ㅅ 히믈 받다'로 번역된다. 따라
서 '튿다'와 '받다'의 동의성은 명백히 입증된다.

(40) a. 願ㅎ〮슨온든 佛力을 〮투샤 道場애 호〭〮뼈 ᄂᆞ리샤(願承佛力同降
道場) 〈施食 13之2a〉

b. 願흔든 三寶ㅅ 히믜 加持호ᄆᆞᆯ 투샤(願承三寶力加持) 〈施食
12a〉

(40) c. 三寶ㅅ 히믈 바ᄃᆞ샤 道場애 모샤(承三寶力來詣道場) 〈施食
10b〉

<41> 헐다 對 헤티다

두 동작동사가 [打破]과 [破] 즉 '깨다, 부수다'의 뜻을 가지고 동의
관계에 있다는 것은 다음 예문들에서 잘 확인된다. 원문 중 '打破五蘊
煩惱塵勞'가 '五蘊 煩惱 塵勞를 헐다'로 번역되고 '打破愚癡迷妄衆生'
이 '愚癡迷妄 衆生을 헤티다'로 번역된다. 그리고 '煩惱破'가 '煩惱를
헐다'로 번역된다. 따라서 '헐다'와 '헤티다'의 동의성은 명백히 입증
된다.

(41) a. 五蘊 煩惱 塵勞를 허ㅎ〮니(打破五蘊煩惱塵勞ㅎᄂᆞ니) 〈壇經
上60a〉

b. 煩惱를 더러 헐며(打除煩惱破ㅎ며) 〈壇經上81b〉

c. 듣글 헐오 經卷을 내야(破塵出經卷) 〈施食 43a〉

(41) d. 般若智를 브려 愚癡迷妄 衆生을 헤텨(使般若智ㅎ야 打破愚
癡迷妄衆生ㅎ야) 〈壇經中 29a〉

<42> 혜다 對 혜아리다

두 동작동사가 [思惟] 즉 '생각하다'의 뜻을 가지고 동의 관계에 있다는 것은 다음 예문들에서 잘 확인된다. 원문 중 '思惟'가 '혜다'로도 번역되고 '혜아리다'로도 번역된다. 따라서 '혜다'와 '혜아리다'의 동의성은 명백히 입증된다.

(42) a. 秀ㅣ 혜요딕(秀ㅣ 復思惟ᄒᆞ딕)〈壇經上 16b〉

　　 b. 흔두 나롤 혜아려(一兩日을 思惟ᄒᆞ야)〈壇經上 20b〉

1. 2. 音韻 交替型

音韻의 交替를 보여 주는 동작동사들이 동의 관계를 가질 수 있다. 이 경우가 음운 교체형이다.

동의 관계가 모음 교체를 보여 주는 동작동사들 사이에 성립된다. 모음 교체에는 음모음과 양모음 간의 교체가 있고 음모음간의 교체가 있다.

음모음과 양모음 간의 교체에는 '으~ᄋ'의 교체가 있다. '으~ᄋ'의 교체를 보여 주는 동작동사에는 [說] 즉 '이르다, 말하다'의 뜻을 가진 '니르다'와 '니ᄅᆞ다' 그리고 [起] 즉 '일으키다'의 뜻을 가진 '니르왇다'와 '니ᄅᆞ왇다'가 있다.

음모음간의 교체에는 '우~으'의 교체가 있다. '우~으'의 교체를 보여 주는 동작동사에는 [振] 즉 '흔들다'의 뜻을 가진 '후늘다'와 '흐늘다'가 있다.

<1> 니르다 對 니ᄅ다

두 동작동사가 [說] 즉 '이르다, 말하다'의 뜻을 가지고 동의 관계에 있다는 것은 다음 예문들에서 잘 확인된다. 원문 중 '說一乘'이 '一乘을 니르다'로 번역되고 '方便說'이 '方便으로 니ᄅ다'로 번역된다. 따라서 두 동작동사 '니르다'와 '니ᄅ다'의 동의성은 명백히 입증된다. 두 동작동사는 제2 음절에서 모음 '으~ᄋ'의 교체를 보여 준다.

(1) a. 이런 ᄃ로 一乘을 니르ᄂ니(是故說一乘) 〈施食 41b〉

(1) b. 導師ㅣ 方便으로 니ᄅᄂ니라(導師方便說) 〈施食 42b〉
　　 c. 도라와 날 爲ᄒ야 니ᄅ라(還爲吾說ᄒ라) 〈壇經下 3b〉
　　 d. 모로매 ᄲᆞ리 니ᄅ디 말라(不須速說ᄒ라) 〈壇經中 97b〉
　　 e. 對答호ᄃᆡ 니ᄅ디 아니ᄒ면 곧 올ᄒ미오 니ᄅ면 올티 아니ᄒ니이다(對答호ᄃᆡ 未說ᄒ면 卽是오 設了ᄒ면 不是니이다) 〈壇經下 5a〉

<2> 니르왇다 對 니ᄅ왇다

두 동작동사가 [起] 즉 '일으키다'의 뜻을 가지고 동의 관계에 있다는 것은 다음 예문들에서 잘 확인된다. 원문 중 '起念'이 '念을 니르왇다'로도 번역되고 '念을 니ᄅ왇다'로도 번역된다. '起邪見'이 '邪見을 니르왇다'로 번역되고 '起正見'이 '正見을 니ᄅ왇다'로 번역된다. 그리고 '起誑妄'이 '誑妄을 니르왇다'로 번역되고 '妄…起'가 '妄을 니ᄅ완다'로 번역된다. 따라서 두 동작동사 '니르왇다'와 '니ᄅ왇다'의 동의 성은 명백히 입증된다. 두 동작동사는 제2 음절에서 모음 '으~ᄋ'의 교체를 보여 준다.

(2) a. 眞如 自性이 念을 니르왇논 디라(眞如ᄂ 自性起念이라) 〈壇 經中 13a〉

b. 眞如ㅣ 性이 이실ᄉㅣ 그럴ᄉㅣ 念을 니르왇ᄂ니(眞如ㅣ 有性 홀ᄉㅣ 所以起念ᄒᄂ니) 〈壇經中 13a〉

c. 念上애 곧 邪見을 니르와ᄃ니(念上애 便起邪見ᄒ니) 〈壇經 中 11b〉

d. 凡과 聖괏 見을 니르왇디 아니ᄒ며(不起凡聖見ᄒ며) 〈壇經 中 93a〉

e. 誑妄(61b)을 니르왇디 아니ᄒᆞ야(不起誑妄ᄒᆞ야) 〈壇經中 62a〉

f. 쓰논 ᄆᆞᅀᆞᆷ 니르왇디 아니ᄒ며(而不起用想ᄒ며) 〈壇經中 93a〉

(2) g. 眞如自性이 念을 니ᄅ(13a)와둘ᄉㅣ(眞如自性이 起念홀ᄉㅣ) 〈壇經中 13a〉

h. 心念을 니ᄅ왇디 아니호ᄆㅣ 일호ᄆㅣ 坐ㅣ라(心念不起ㅣ 名爲 坐ㅣ오) 〈壇經中 14b〉

i. 正見을 샹녜 니ᄅ와다(常起正見ᄒᆞ야) 〈壇經中 67a〉

j. 안자 뮈디 아니ᄒ며 妄을 ᄆᆞᅀᆞ매 니ᄅ왇디 아니호ᄆㅣ(坐不 動ᄒ며 妄不起心이) 〈壇經中 4b〉

k. ᄆᆞᅀᆞᆷ 니르와다 淨에 着ᄒᆞ면 도ᄅᆞ혀 조ᄒᆞᆫ 妄이 나리니(起心
    着淨ᄒᆞ면 却性淨妄ᄒᆞ리니) 〈壇經中 17b〉

l. 念念에 惡을 니르와다(念念에 起惡ᄒᆞ야) 〈壇經中 42a〉

<3> 후늘다 對 흐늘다

두 동작동사가 [振] 즉 '흔들다'의 뜻을 가지고 동의 관계에 있다는
것은 다음 예문들에서 잘 확인된다. 원문 중 '振鈴'이 '搖鈴을 후늘다'
로 번역되고 '振錫'이 '막대를 흐늘다'로 번역된다. 따라서 두 동작동
사 '후늘다'와 '흐늘다'의 동의성은 명백히 입증된다. 두 동작동사는
첫 음절에서 모음 '우~으'의 교체를 보여 준다.

(3) a. 이 搖鈴을 후느러 블러 請ᄒᆞᅀᆞ오ᄆᆞᆯ 펴ᅀᆞᆸ노니(以此振鈴伸召
       請) 〈施食 4a〉

   b. 이 搖鈴을 후느러 블러 請ᄒᆞᅀᆞ오ᄆᆞᆯ 펴ᅀᆞᆸ노니(以此振鈴伸召
       請) 〈施食 7a〉

(3) c. 師ㅣ 막대를 흐느러 ᄯᅡ해 고ᄌᆞ시니(師ㅣ 振錫卓地ᄒᆞ시니)
       〈壇經中 108b〉

   d. 覺이…막대 흐늘오 션대(覺이…振錫而立ᄒᆞᆫ대) 〈壇經中
       100b〉

1. 3. 音韻 脫落型과 音韻 添加型

어떤 동작동사가 그것 중의 한 音韻의 脫落에 의해 생긴 동작동사
와 동의 관계를 가질 수 있다. 이 경우가 음운 탈락형이다. 음운 탈락
에는 母音 탈락과 子音 탈락이 있다.

모음 탈락에는 모음 'ㅇ'의 탈락이 있다. 모음 'ㅇ'의 탈락에는 [興]
즉 '일으키다'의 뜻을 가진 '니ᄅ완다'와 '닐완다'가 있다.

자음 탈락에는 'ㄹ' 탈락이 있다. 자음 'ㄹ' 탈락을 보여주는 동작동
사에는 [至] 즉 '이르다, 도달하다'의 뜻을 가진 '니를다'와 '니르다'가
있다.

어떤 동작동사가 그것 중에 한 음운이 첨가되어 만들어진 동작동사
와 동의 관계를 가질 수 있다. 이 경우가 음운 첨가형이다.

음운 첨가에는 半母音 [y]의 첨가가 있다. 반모음 [y]의 첨가에는
[壞] 즉 '무너지다, 파괴되다'의 뜻을 가진 'ᄒᆞ야디다'와 '히야디다'가
있다.

<1> 니ᄅ완다 對 닐완다

두 동작동사가 [興] 즉 '일으키다'의 뜻을 가지고 동의 관계에 있다
는 것은 다음 예문들에서 잘 확인된다. 원문 중 '興化'가 '教化를 니ᄅ
완다'로 번역된다. 그리고 '出興⋯供養雲'이 '供養雲을 내야 닐완다'로
번역된다. 따라서 '니ᄅ완다'와 '닐완다'의 동의형은 명백히 입증된다.
동작동사 '닐완다'는 '니ᄅ완다'의 제2 음절의 모음 'ㅇ'가 탈락된 것이
다.

(1) a. 호ᄢ 教化를 니ᄅ와다(同時興化ᄒ야) 〈壇經下 67a〉

   b. 이 ᄀᆮᄒᆫ 供養雲을 내야 닐와다(出興如斯供養雲) 〈勸供 56a〉

<2> 니를다 對 니르다

두 동작동사가 [至] 즉 '이르다, 도달하다'의 뜻을 가지고 동의 관계에 있다는 것은 다음 예문들에서 잘 확인된다. 원문 중 '至佛地'가 '佛地예 니를다'로 번역되고 '至佛地位'가 '佛地位예 니르다'로 번역된다. 그리고 '至寶林'이 '寶林에 니를다'로 번역되고 '至地'가 'ᄯᅡ해 니르다'로 번역된다. 따라서 '니를다'와 '니르다'의 동의성은 명백히 입증된다. 동작동사 '니르다'는 '니를다'의 제2 음절의 어말자음 'ㄹ'이 탈락된 것이다.

(2) a. 호 번 아로매 곧 佛地예 니를리라(一悟애 即至佛地리라)
      〈壇經上 73b〉

   b. 大師ㅣ 寶林에 니를어시(1a)ᄂᆞᆯ(大師ㅣ 至寶林커시ᄂᆞᆯ) 〈壇
      經上 1b〉

   c. 大師ㅣ 五年에 비르서 ᄆᆞᄎᆞ매 曹溪예 니르르샤(大師ㅣ 始於
      五年ᄒ샤 終至曹溪ᄒ샤) 〈壇經序 5a〉

   d. 菩提達磨애 니르러(至菩提達磨ᄒ야) 〈壇經序 3b〉

   e. 邪ㅣ 오면 煩惱ㅣ 니를오(邪來옌 煩惱ㅣ 至오) 〈壇經上
      79a〉

   f. 天堂이 곧 니를오(天堂이 便至오) 〈壇經上 98a〉

(2) g. 無念法 아ᄂᆞ닌 佛地位예 니르ᄂᆞ니라(悟無念法者ᄂᆞᆫ 至佛地
位ᄒᆞᄂᆞ니라)〈壇經上 75b〉

h. 머리 ᄯᅡ해 니르디 아니커늘(頭不至地커늘)〈壇經中 54b〉

i. 머리 엇뎨 ᄯᅡ해 니르디 아니ᄒᆞᄂᆞ뇨(頭奚不至地오)〈壇經中
56a〉

j. 經을 念ᄒᆞ야 譬喩品에 니른대(念經ᄒᆞ야 至譬喩品ᄒᆞᆫ대)〈壇
經中 59a〉

<3> ᄒᆞ야디다 對 ᄒᆡ야디다

두 동작동사가 [壞] 즉 '무너지다, 파괴되다'의 뜻을 가지고 동의 관
계에 있다는 것은 다음 예문들에서 잘 확인된다. 원문 중 '卽壞'가 '곧
ᄒᆞ야디다'로 번역된다. 그리고 '身心壞'가 '몸과 ᄆᆞ슴괘 ᄒᆞ야디다'로
번역된다. 따라서 'ᄒᆞ야디다'와 'ᄒᆡ야디다'의 동의성은 명백히 입증된
다. 동작동사 'ᄒᆡ야디다'는 'ᄒᆞ야디다'의 첫 음절에 반모음 [y]가 첨가
된 것이다.

(3) a. 眼耳와 色聲이 그 ᄢᅴ 곧 ᄒᆞ야디리라(眼耳色聲이 當時卽壞리
라)〈壇經中 13a〉

b. 性이 가면 몸과 ᄆᆞ슴괘 ᄒᆡ야디ᄂᆞ니(性이 去ᄒᆞ면 身心이 壞
ᄒᆞᄂᆞ니)〈壇經上 96b〉

1. 4. 派生型

基語인 동작동사가 파생된 동작동사와 동의 관계를 가질 수 있다. 이 경우가 파생형이다.

파생된 동작동사들 간의 동의 관계를 보여 주는 것에는 [淨] 즉 '깨끗하게 하다'의 뜻을 가진 '조히오다'와 '조케 ᄒ다'가 있다.

<1> 조히오다 對 조케 ᄒ다

동작동사 '조히오다'와 동사동사구 '조케 ᄒ다'가 [淨] 즉 '깨끗하게 하다'의 뜻을 가지고 동의 관계에 있다는 것은 다음 예문들에서 잘 확인된다. 원문 중 '淨其心'이 '그 ᄆ움을 조히오다'로 번역되고 '淨其意'가 '뜨들 조히오다'로 번역된다. 그리고 '淨食'이 '供養을 조케 ᄒ다'로 번역되고 '淨法界가' '法界를 조케 ᄒ다'로 번역된다. 따라서 '조히오다'와 '조케 ᄒ다'의 동의성은 명백히 입증된다. '조히오다'는 상태동사 '좋다'의 短形 使動이고, '조케 ᄒ다'는 상태동사 '좋다'의 長形 使動이다.

(1) a. 念念에 그 ᄆ숨을 제 조히와(念念自淨其心ᄒ야) 〈壇經中 19b〉

b. 悟人은 제(91b) ᄆ숨을 조히오ᄂ니(悟人은 自淨其心ᄒᄂ 니) 〈壇經上 92a〉

c. 오직 本心을 조히와(但淨本心ᄒ야) 〈壇經上 74b〉

d. 제 뜨들 조히오미(自淨其意ㅣ) 〈壇經下 7b〉

(1) e. 供養을 조케 ᄒᆞᄂᆞᆫ 眞言이라(淨食眞言)〈勸供 2b〉

    f. 法界를 조케 ᄒᆞᄂᆞᆫ 眞言이라(淨法界眞言)〈勸供 1a〉

    g. 三千大千世界를 너비 조케 ᄒᆞ시놋다(普淨三千大千)〈勸供 27b〉

2. 狀態動詞간의 同義

상태동사간의 동의에는 [醜] 즉 '추하다'의 뜻을 가진 '골없다'와 '궂다'를 비롯하여 [惡] 즉 '나쁘다'의 뜻을 가진 '궂다'와 모딜다, [滿] 즉 '가득하다, 차다'의 뜻을 가진 'ᄀᆞ독ᄒᆞ다'와 'ᄎᆞ다', [等] 즉 '같다, 동일하다'의 뜻을 가진 '궃다'와 'ᄀᆞᆮᄒᆞ다', [染] 즉 '더럽다'의 뜻을 가진 '더럽다'와 '덙다', [芬芳]과 [香] 즉 '향기롭다'의 뜻을 가진 '옷곳ᄒᆞ다'와 '곳답다' 그리고 [多]와 [衆] 즉 '많다'의 뜻을 가진 '하다'와 '만ᄒᆞ다'가 있다.

<1> 골없다 對 궂다

두 상태동사가 [醜] 즉 '추(醜)하다'의 뜻을 가지고 동의 관계에 있다는 것은 다음 예문들에서 잘 확인된다. 원문 중 '醜陋'가 '골업스며 더럽다'로 번역되고 '好陋'가 '됴홈과 구줌'으로 번역된다. 따라서 '골없다'와 '궂다'의 동의성은 명백히 입증된다.

(1) a. 골업스며 더러운 몸 여희오(離醜陋形)〈施食 20a〉

    b. 世間앳 善과 惡과 됴홈과 구줌과…欺弄ᄒᆞ며 ᄃᆞ톨 제 니르니

(於世間善惡好陋와…乃至…欺爭之時) 〈壇經中 8b〉

<2> 궂다 對 모딜다

두 상태동사가 [惡] 즉 '나쁘다'의 뜻을 가지고 동의 관계에 있다는
것은 다음 예문들에서 잘 확인된다. 원문 중 '說他人好惡'이 'ᄂᆞ민 됴
홈 구줌 니ᄅᆞ다'로 번역되고 '無惡'이 모디롬 없다'로 번역된다. 따라
서 '궂다'와 모딜다'의 동의성은 명백히 입증된다.

(2) a. ᄂᆞ민 됴홈 구줌 니ᄅᆞ디 아니홀 시(不說他人好惡홀시) 〈壇經
     中 41a〉

   b. 믄득 뎌 사ᄅᆞ미 올ᄒᆞ며 외며 길며 뎌르며 됴ᄒᆞ며 구주믈 니
     ᄅᆞᄂᆞ니(便說他人의 是非長短好惡ᄒᆞᄂᆞ니) 〈壇經中 18b〉

   c. ᄂᆞ민 올ᄒᆞ며 외며 됴ᄒᆞ며 구주믈 보디 아니ᄒᆞ노라(不見他人
     是非好惡ᄒᆞ노라) 〈壇經下 26a〉

(2) d. 외욤 업스며 모디롬 업스며(無非ᄒᆞ며 無惡ᄒᆞ며) 〈壇經中
     21a〉

   e. ᄯᅩ 모딘 무리 ᄎᆞ자 ᄯᅩ초미 ᄃᆞ외야(又爲惡黨의 尋逐ᄒᆞ야)
     〈壇經中 51b〉

   f. 모딘 사ᄅᆞ미 이셔 너를 害홀가 저허(恐有惡人이 害汝ᄒᆞ야)
     〈壇經上 9b〉

   g. 西方ㅅ 사ᄅᆞ미 ᄆᆞᅀᆞᆷ 모디롬 ᄀᆞᆮᄒᆞ니(如西方人의 心惡ᄒᆞ니)
     〈壇經上 100a〉

h. 다 모딘 ᄆᆞᅀᆞᆷ 니ᄅᆞ와다(咸起惡心ᄒᆞ야) 〈壇經下 30a〉

<3> ᄀᆞ득ᄒᆞ다 對 ᄎᆞ다

두 상태동사가 [滿] 즉 '가득하다, 차다'의 뜻을 가지고 동의 관계에 있다는 것은 다음 예문들에서 잘 확인된다. 원문 중 '滿室'이 '지븨 ᄀᆞ 득ᄒᆞ다'로 번역되고 '志願滿'이 '쁘뎃 願이 ᄎᆞ다'로 번역된다. 따라서 'ᄀᆞ득ᄒᆞ다'와 'ᄎᆞ다'의 동의성은 명백히 입증된다.

(3) a. 果香이 지븨 ᄀᆞ득ᄒᆞ더니(果香이 滿室ᄒᆞ더니) 〈壇經序 10a〉
b. 됴ᄒᆞᆫ 내 즉재 펴 十方에 ᄀᆞ득ᄒᆞ시니(芬氳卽遍滿十方) 〈勸洪 42b〉
c. 法身이 百億界예 ᄀᆞ득ᄒᆞ시니(法身遍滿百億界) 〈施食 11a〉
d. 이 加持ᄒᆞ샨 바비 十方애 ᄀᆞ득ᄒᆞ야(比加持食普遍滿十方) 〈施食 31a〉

(3) e. 내 쁘뎃 願이(7b) ᄎᆞ리라(斯余의 志願이 滿矣리라) 〈壇經序 8a〉

<4> ᄀᆞᆲ다 對 ᄀᆞᇀᄒᆞ다

두 상태동사가 [等] 즉 '같다, 동일하다'의 뜻을 가지고 동의 관계에 있다는 것은 다음 예문들에서 잘 확인된다. 원문 중 '等佛'이 '부텨와 ᄀᆞᆲ다'로 번역되고 '與普賢等'이 '普賢과 ᄀᆞᇀᄒᆞ다'로 번역된다. 따라서

'굷다'와 '곧ᄒ다'의 동의성은 명백히 입증된다.

(4) a. 내 모미 부텨와 ᄀᆯ오리라(自身等佛ᄒ리라) 〈壇經上 59a〉

　　b. 定慧 굷디 몯거니와(定慧ㅣ 不等커니와) 〈壇經中 2b〉

　　c. 定과 慧왜 곧 ᄀᆯ오리니(定慧ㅣ 卽等이리니) 〈壇經中 2b〉

　　d. 定과 慧왜 ᄀᆯ오면(定慧等等ᄒ면) 〈壇經中 53b〉

　　e. 흔 큰 經卷이 量이 三千界(42b)와 ᄀᆯ오ᄃᆡ(有一大經卷 量卷 三千界) 〈施食 43a〉

(4) f. 功德이 圓滿ᄒ야 普賢과 곧ᄒ며 諸佛와 곧ᄒ리니(圓滿功德 ᄒ야 與普賢等ᄒ며 與諸佛等ᄒ리니) 〈壇經序 7a〉

<5> 더럽다 對 덞다

　두 상태동사가 [染] 즉 '더럽다'의 뜻을 가지고 동의 관계에 있다는 것은 다음 예문들에서 잘 확인된다. 원문 중 '不染'이 '더럽디 아니ᄒ다'로 번역되고 '無染'이 '덞욤 없다'로 번역된다. 따라서 '더럽다'와 '덞다'의 동의성은 명백히 입증된다.

(5) a. 一切예 더(83)럽디 아니ᄒ야(一切不染ᄒ야) 〈壇經中 83b〉

　　b. 菡萏紅蓮이 더러움 조ᄒ미 同ᄒ니(菡萏紅蓮同染淨) 〈勸洪 14b〉

　　c. ᄆᆞᄎᆞᆷ내 더러운 일후미 업스리로소이다(終亡染汙名이로소 이다) 〈壇經中 76b〉

(5) d. 무슨 性이 덜몸 업슨 둘 ᄉᄆᆺ 아라(了知心性無染) 〈施食 31a〉

   e. 菡萏紅蓮同染淨이라 호ᄆᆫ…이 淸淨ᄒᆫ 무ᅀᆞ미 世間애 이쇼ᄃᆡ 덦디 아니호ᄆᆯ 가ᄌᆞᆯ비니(14a)라 〈勸洪 14b〉

<6> 옷곳ᄒᆞ다 對 곳답다

두 상태동사가 [芬芳]과 [香] 즉 '향기롭다'의 뜻을 가지고 동의 관계에 있다는 것은 다음 예문들에서 잘 확인된다. 원문 중 '聞香'이 '옷곳호ᄆᆯ 맡다'로 번역되고 '體芬芳'이 '體ㅣ 옷곳ᄒᆞ다'로 번역된다. 그리고 '香美'가 '곳답고 둏다'로 번역된다. 따라서 '옷곳ᄒᆞ다'와 '곳답다'의 동의성은 명백히 입증된다.

(6) a. 하ᄂᆞᆯ해 닫는 고히ᅀᅡ 처엄 옷곳호ᄆᆯ 맏고(撩天鼻孔始聞香) 〈勸供 49b〉

   b. 芍藥金 여의는 體(13b)ㅣ 옷곳ᄒᆞ도다(芍藥金蕊體芬芳) 〈勸供 14a〉

   c. 샹녜 옷곳ᄒᆞ시ᄂᆞ니(常氣馥) 〈勸供 11a〉

(6) d. 므를 우희여 마시니 곳답고 됴하 奇異커ᄂᆞᆯ(掬水而飮ᄒᆞ니 香美異之커ᄂᆞᆯ) 〈壇經序 18b〉

   e. 甘露甁中엣 法水ㅣ 곳다오시니(甘露甁中法水香) 〈勸供 26b〉

<7> 하다 對 만ᄒ다

두 상태동사가 [多]와 [衆] 즉 '많다'의 뜻을 가지고 동의 관계에 있다는 것은 다음 예문들에서 잘 확인된다. 원문 중 '多智'가 '智慧 하다'로 번역되고 '如此者衆'이 '이 ᄀᆞ톤 사ᄅᆞ미 하다'로 번역된다. 그리고 '成就滋味多'가 '滋味 이로미 만ᄒ다'로 번역된다. 따라서 '하다'와 '만ᄒ다'의 동의성은 명백히 입증된다.

(7) a. 너는 聰明ᄒ고 智慧 하니(汝는 聰明多智ᄒ니) 〈壇經下 3b〉

  b. 壇經이 後人의 節略이 너무 하(壇經이 爲後人의 節略이 太多ᄒ야) 〈壇經序 7a〉

  c. 自性이 變化ㅣ 甚히 하니(自性變化ㅣ 甚多ᄒ니) 〈壇經中 42a〉

  d. 이 ᄀᆞ톤 사ᄅᆞ미 하(如此者ㅣ 衆ᄒ야) 〈壇經中 6a〉

(7) e. 芬菲ᄒᆞᆫ 옷곳ᄒᆞᆫ 香이 滋味 이로미 만ᄒ니(氛鼻熏香成就滋味多) 〈勸供 48b〉

제3절 副詞類에서의 同義

　고유어의 副詞類에서 발견되는 동의 관계에는 相異型이 있다. 상이형은 서로 다른 型式을 가진 두 부사가 동의 관계를 가지는 경우이다.

　고유어의 부사류에서 확인되는 상이형에는 [大] 즉 '크게'의 뜻을 가진 'ᄀ장'과 '키'를 비롯하여 [更]과 [重] 즉 '다시'의 뜻을 가진 '다시'와 'ᄂ외야', [更], [重] 및 [復] 즉 '다시'의 뜻을 가진 '다시'와 '쏘', [遞] 즉 '번갈아, 교대로'의 뜻을 가진 '뎐톄로'와 'ᄀ라', [還]과 [却] 즉 '도리어, 반대로'의 뜻을 가진 '도르혀'와 '도로', [共] 즉 '함께, 같이'의 뜻을 가진 '모다'와 'ᄒᆞᆫ가지로', [須] 즉 '모름지기, 반드시'의 뜻을 가진 '모딖'와 '모로매', [必] 즉 '반드시'의 뜻을 가진 '모딖'와 '반두기', [終]과 [究竟] 즉 '마침내, 끝끝내'의 뜻을 가진 'ᄆᆞ춤내'와 '내종내', [曾] 즉 '이전에, 일찍'의 뜻을 가진 '아릭'와 '일즉', [且] 즉 '또'의 뜻을 가진 '아직'과 '쏘', [何]와 [如何] 즉 '어찌'의 뜻을 가진 '엇뎨'와 '므슴', [孤] 즉 '홀로, 외따로'의 뜻을 가진 '외루이'와 'ᄒᆞ오ᅀᅡ', [自] 즉 '스스로'의 뜻을 가진 '제'와 '자내', [已] 즉 '벌써'의 뜻을 가진 'ᄒᆞ마'와 '불셔', [同] 즉 '함께, 다 같이'의 뜻을 가진 'ᄒᆞᆫ가지로'와 'ᄒᆞᆫ쁴' 그리고

[偕] 즉 '함께, 다 같이'의 뜻을 가진 'ㅎ·ㅄ'와 'ㅎㆍㄷ'가 있다.

<1> ㄱ장 對 키

두 부사가 [大] 즉 '크게'의 뜻을 가지고 동의 관계에 있다는 것은 다음 예문들에서 잘 확인된다. 원문 중 '大振'이 'ㄱ장 뮈우다'로 번역된다. '大闡'이 '키 불기다'로 번역되고 '大開'가 '키 열다'로 번역된다. '大難'이 'ㄱ장 어렵다'로 번역되고 '大悠悠'가 'ㄱ장 悠悠ㅎ다'로 번역된다. 그리고 '大利'가 '키 놀갑다'로 번역된다. 따라서 'ㄱ장'과 '키'의 동의성은 명백히 입증된다.

(1) a. 玄風을 ㄱ장 뮈우니(玄風을 大振ㅎ니)〈壇經序 6a〉

　　b. ㄱ장 어려우며 ㄱ장 어렵도다(大難大難이로다)〈壇經上 13b〉

　　c. 이 見을 짓디 아니ㅎ면 ㄱ장 悠悠ㅎ리라[悠悠ㄴ 멀 시라] (不作此見ㅎ면 大悠悠ㅎ리라)〈壇經下 79a〉

　　d. ㅄ 구루미 힛 ㄴ출 ㄱ리오미 ㄱ장 곧고(大似浮雲이 遮日面ㅎ고)〈壇經中 81a〉

(1) e. 禪宗을 키 불기니라(大闡禪宗ㅎ니라)〈壇經中 97b〉

　　f. 方便ㅅ 길흘 키 여르시니(大開方便路)〈勸供 17b〉

　　g. 大(100b)德은 어느 方을 브터 오관ㄷㅣ 키 我慢을 내ㄴ뇨(大德은 自何方而來완대 生大我慢고)〈壇經中 101a〉

　　h. 志道(93b)ㅣ 偈롤 듣줍고 키 아라(志道ㅣ 聞偈ㅎ고 大悟ㅎ

야) 〈壇經中 94a〉

i. 惠明이 言下애 키 아라(惠明이 言下애 大悟ᄒ야) 〈壇經上 37b〉

j. 佛法이 너를 브터 키 行ᄒ리라(佛法이 由汝大行ᄒ리라) 〈壇經上 33b〉

k. 이 獦獠ㅣ 根性이 키 눌캅도다(這獦獠ㅣ 根性이 大利로다) 〈壇經上 8a〉

<2> 다시 對 ᄂᆞ외야

두 부사가 [更]과 [重] 즉 '다시'의 뜻을 가지고 동의 관계에 있다는 것은 다음 예문들에서 잘 확인된다. 원문 중 '更作'이 '다시 짓다'로 번역되고 '更不作'이 'ᄂᆞ외야 짓디 말다'로 번역된다. '更無'가 '다시 없다'로도 번역되고 'ᄂᆞ외야 없다'로도 번역된다. 그리고 '重建'이 '다시 셰다'로 번역되고 '重申'이 '다시 펴다'로 번역된다. 따라서 '다시'와 'ᄂᆞ외야'의 동의성은 명백히 입증된다.

(2) a. 다시 ᄒᆞᆫ 偈를 지어(更作一偈ᄒ야) 〈壇經上 20b〉

　　b. 엇뎨 다시 무르리오(何更問耶ㅣ리오) 〈壇經中 74b〉

　　c. ᄒᆞ다가 다시 나ᄂᆞ니라 ᄒᆞ린댄(若聽更生인댄) 〈壇經中 87b〉

　　d. 다시 다른 부텨 업스니(更無別佛이니) 〈壇經中 62a〉

　　e. 梵宇를 다시 셰여(重建梵宇ᄒ야) 〈壇經中 51a〉

　　f. 激切을 다시 펴ᅀᆞ오며(重申激切) 〈勸供 33b〉

(2) g. 느외야 아비랏 무슴 짓디 말며(更不作父想ᄒᆞ며)〈壇經中
70b〉

　　 h. 느외야 邪魔外道를 歸依티 마오(更不歸依邪魔外道ᄒᆞ고)
〈壇經中 32a〉

　　 i. 느외야 生滅이 어루 滅홈 업소미(更無生滅可滅이)〈壇經中
90a〉

<3> 다시 對 쏘

　두 부사가 [更], [重] 및 [復] 즉 '다시'의 뜻을 가지고 동의 관계에
있다는 것은 다음 예문들에서 잘 확인된다. '更言'이 '다시 니르다'로
번역되고 '更爲'가 '다시 爲ᄒᆞ다'로 번역되고 '更勸'이 '쏘 勸ᄒᆞ다'로 번
역된다. '更無'가 '다시 없다'로도 번역되고 '쏘 없다'로도 번역된다.
'重建'이 '다시 셰다'로 번역되고 '重成'이 '쏘 일우다'로 번역된다. 그
리고 '復曰'이 '다시 니르다'로 번역되고 '復爲'가 '쏘 爲ᄒᆞ다'로 번역된
다. 따라서 '다시'와 '쏘'의 동의성은 명백히 입증된다.

(3) a. 엇뎨 ᄒᆞ믈며 다시…永히 나디 아니케 호몰 니르리오(何況更
言…令永不生이리오)〈壇經中 90b〉

　　 b. 弟子돌히 다시 아모 靈駕 爲ᄒᆞ슨와(弟子某等更爲某靈駕)〈
〈施食 32a〉

　　 c. 和尙이 큰 慈悲로 다시 爲ᄒᆞ야 ᄀᆞ르쳐 뵈쇼셔(和尙이 大慈
로 更爲敎示ᄒᆞ쇼셔)〈壇經下 7a〉

　　 d. 다시 다른 부텨 업스니(更無別佛이니)〈壇經中 62a〉

e. 梵宇를 다시 셰여(重建梵宇ᄒ야)〈壇經中 51a〉

f. 大師ㅣ …다시 衆ᄃ려 니ᄅ샤ᄃㅣ(大師ㅣ …復告衆曰ᄒ샤ᄃㅣ)
〈壇經上 3a〉

(3) g. ᄯᅩ ᄂᆞ물 勸ᄒ면(更勸他人ᄒ면)〈壇經中 10b〉

h. ᄯᅩ 거리쎠(41a) ᄀᄅᆷ 업스리니(更無滯礙ᄒ리니)〈壇經中
41b〉

i. ᄯᅩ 五分法王ㅅ 모물 일웻도다(重成五分法王身)〈勸供 41b〉

j. 弟子돌히 ᄯᅩ 아모 靈駕 爲ᄒ(22a)ᅀᅡ와(弟子某等復爲某靈駕)
〈施食 22b〉

k. 弟子돌히 ᄯᅩ 아모 靈駕 爲ᄒᅀᅡ와(弟子某等復爲某靈駕)〈施
食 25a〉

<4> 뎐톄로 對 ᄀ라

부사 '뎐톄로'와 부사어 'ᄀ라'가 [遞] 즉 '번갈아, 교대로'의 뜻을 가
지고 동의 관계에 있다는 것은 다음 예문들에서 잘 확인된다. 원문 중
'遞相傳'이 '뎐톄로 서르 傳ᄒ다'로 번역된다. 그리고 '遞代'가 '代를 ᄀ
라'로 번역된다. 따라서 '뎐톄로'와 'ᄀ라'의 동의성은 명백히 입증된
다. 'ᄀ라'는 동작동사 'ᄀᆯ다'의 부사형이다.

(4) a. 西天ㅅ 부텨와 祖師왜 뎐톄로 서르 傳ᄒ야(西天佛祖遞相
傳)〈勸供 43b〉

b. 너희돌혼 後롤 向ᄒ야 代롤 ᄀ라 流轉ᄒ야(汝等은 向後ᄒ야

遞代流轉ᄒ야)〈壇經下 71b〉

<5> 도르혀 對 도로

두 부사가 [還]과 [却] 즉 '도리어, 반대로'의 뜻을 가지고 동의 관계
에 있다는 것은 다음 예문들에서 잘 확인된다. 원문 중 '還得本心'이
'도르혀 本心을 得ᄒ다'로도 번역되고 '도로 本心을 得ᄒ다'로도 번역
된다. '還成'이 '도르혀 일우다'로 번역되고 '還在'가 '도르혀 잇다'로 번
역된다. '還生'이 '도로 나다'로 번역되고 '還歸'가 '도로 가다'로 번역
된다. 그리고 '却立'이 '도르혀 셰다'로 번역되고 '却生'이 '도르혀 나다'
로 번역되고 '却來'가 '도로 오다'로 번역된다. 따라서 '도르혀'와 '도
로'의 동의성은 명백히 입증된다.

(5) a. 淨名經에 니ᄅ샤ᄃᆡ 卽時예 豁然ᄒ면 도르혀 本心을 得ᄒ리
    라 ᄒ시니(淨名經에 云ᄒ샤ᄃᆡ 卽時예 豁然ᄒ면 還得本心이
    라 ᄒ시니)〈壇經上 70a〉

  b. 도르혀 智 업소믈 일우리라(還成無智리라)〈壇經中 74b〉

  c. 罪는 도르혀 이시리라(罪還在ᄒ리라)〈壇經中 46b〉

  d. 도르혀 제 애ᄃᆞ느니(還自懊ᄒᄂᆞ니)〈壇經上 80b〉

  e. 法이 도르혀 조티 아니ᄒ도소이다(法還不淨이로소이다)
    〈壇經下 10b〉

  f. 도르혀 太虛에 번게 남 ᄀᆞᆮᄒ니(還如太虛에 生閃電이니라)
    〈壇經中 81a〉

  g. 도르혀 조ᄒᆫ 相을 셰여(却立淨相ᄒ야)〈壇經中 18a〉

h. 도르혀 조호미 미요물 닙ᄂᆞ니라(却被淨縛이니라) 〈壇經中 18a〉

i. 도르혀 我法을 더어(却增我法ᄒᆞ야) 〈壇經中 3a〉

j. 도르혀 조ᄒᆞᆫ ᄠᅳ디 나리니(却生淨妄ᄒᆞ리니) 〈壇經中 17b〉

k. 마리 도르혀 ᄠᅴ이 이ᄂᆞ니(言却成妄ᄒᆞᄂᆞ니) 〈壇經中 34a〉

(5) l. 卽時예 豁然ᄒᆞ면 도로 本心을 得ᄒᆞ리라 ᄒᆞ시며(卽時예 豁然 ᄒᆞ면 還得本心이라 ᄒᆞ시며) 〈壇經中 16a〉

m. 有情이 와 ᄡᅵ 디면 因地예 果ㅣ 도로 나고(有情來下種ᄒᆞ면 因地예 果還生ᄒᆞ고) 〈壇經上 30a〉

n. 理예 어울면 도로 一에 가ᄂᆞ니(合理還歸一이니) 〈壇經上 79a〉

o. 도로 와 서르 무르라(却來相問ᄒᆞ라) 〈壇經上 103a〉

<6> 모다 對 ᄒᆞᆫ가지로

두 부사가 [共] 즉 '함께, 같이'의 뜻을 가지고 동의 관계에 있다는 것은 다음 예문들에서 잘 확인된다. 원문 중 '共成'이 '모다 일우다'로 번역되고 '共推'가 '모다 推尋ᄒᆞ다'로 번역된다. 그리고 '共圓'이 'ᄒᆞᆫ가 지로 圓滿ᄒᆞ다'로 번역된다. 따라서 '모다'와 'ᄒᆞᆫ가지로'의 동의성은 명 백히 입증된다.

(6) a. 다 모다 佛道ᄅᆞᆯ 일워지이다(皆共成佛道) 〈勸供 58a〉

b. 현마 네 다 ᄉᆞ랑ᄒᆞ야 모다 推尋ᄒᆞ야도(饒伊ㅣ 盡思共推ᄒᆞ야

도) 〈壇經中 68b〉

c. 다 ᄉ랑ᄒ야 모다 혜아려도(皆盡思共度量ᄒ야도) 〈壇經中 66b〉

(6) d. 普薩果와 ᄒᆞᆫ가지로 圓滿ᄒ도다(共圓菩薩果) 〈勸供 47b〉

<7> 모디 對 모로매

두 부사가 [須] 즉 '모름지기, 반드시'의 뜻을 가지고 동의 관계에 있다는 것은 다음 예문들에서 잘 확인된다. 원문 중 '須度'가 '모디 濟度ᄒ다'로 번역되고 '須…去'가 '모디 가다'로 번역된다. 그리고 '須作'이 '모로매 짓다'로 번역되고 '須見'이 모로매 보다'로 번역되고 '須…說'이 '모로매 니ᄅ다'로 번역된다. 따라서 '모디'와 '모로매'의 동의성은 명백히 입증된다.

(7) a. 몬져 모디 나ᄅᆞᆯ 濟度ᄒ라(先須度吾ᄒ라) 〈壇經上 25b〉
  b. 各各 모디 自性을 제 濟度홀 시 이 일후미 眞實ㅅ 濟度ㅣ 라(各須自性自度홀 시 是名眞度ㅣ 라) 〈壇經中 29a〉
  c. 無上菩提ᄂᆞᆫ 모디 言下애 제 本心을 알며(無上菩提ᄂᆞᆫ 須得言下애 識自本心ᄒ며) 〈壇經上 20a〉
  d. 네 모디 ᄲᆞᆯ리 가라(汝須速去ᄒ라) 〈壇經上 31b〉

(7) e. 내 모(12b)로매 偈 지서(我須作偈ᄒ야) 〈壇經上 13a〉
  f. 言下애 모로매 보리니(言下애 須見ᄒ오리니) 〈壇經上 11a〉

g. 반ᄃ기 네 ᄆᅀᆞ매 두고 모로매 ᄲᆞᆯ리 니ᄅᆞ디 말라(應在汝心ᄒ고 不須速設ᄒ라) 〈壇經中 97b〉

h. 곧 모로매 너비 비호며 해(22a) 드러(卽須廣學多聞ᄒ야) 〈壇經中 22b〉

i. 모로매 加持 變化ᄅᆞᆯ 븓ᄌᆞ오릴ᄉᆡ(須仗加持之變化) 〈勸供 38a〉

j. 各各 모로매 ᄆᅀᆞᆷ을 ᄡᅥ 正(27a)히 드르라(各須用心正聽ᄒ라) 〈壇經中 27b〉

k. 모로매 제 見性ᄒ야 샹녜 正法을 行호미 이 일후미 眞實ㅅ 비호미라(須自見性ᄒ야 常行正法이 是名眞學이라) 〈壇經中 30b〉

l. 各各 모로매 自心三寶ᄅᆞᆯ 歸依ᄒ야(各須歸依自心三寶ᄒ야) 〈壇經中 35a〉

m. 샹녜 모로매 ᄆᅀᆞᆷ을 ᄂᆞᆺ가이 ᄒ야(常須下心ᄒ야) 〈壇經中 41a〉

n. 이ᄅᆞᆯ 모로매 ᄆᅀᆞ매 行ᄒ고(此須心行이오) 〈壇經上 50b〉

o. 모로매 ᄀ(32a)장 信ᄒ쇼셔(切須諦信) 〈施食 32a〉

<8> 모ᄃᆡ 對 반ᄃ기

두 부사가 [必] 즉 '반드시'의 뜻을 가지고 동의 관계에 있다는 것은 다음 예문들에서 잘 확인된다. 원문 중 '必藉'가 '모ᄃᆡ 븥다'로 번역된다. 그리고 '必生智慧'가 '반ᄃ기 智慧 나다'로 번역되고 '必有'가 '반ᄃ기 잇다'로 번역된다. 따라서 '모ᄃᆡ'와 '반ᄃ기'의 동의성은 명백히 입증된다.

(8) a. 모디 四方애 조호몰 브트시논 견ᄎ로(必藉四方之淸淨故)
〈勸供 24b〉

(8) b. 허므롤 고티면 반ᄃ기 知慧 나고(改過ᄒ면 必生智慧오) 〈壇
經上 102a〉

c. 반ᄃ기 됴흔 ᄯᅡ히 잇ᄂ니(必有勝地ᄒ니) 〈壇經序 19a〉

d. 반ᄃ기 흔 物이 잇도소니(必有一物ᄒ도소니) 〈壇經中 55a〉

e. 귀예 거스닌 반(101b)ᄃ기 이 忠言이니(逆耳ᄂ 必是忠言이
니) 〈壇經上 102a〉

f. 반ᄃ기 뎨사 得ᄒ리(12a)라(必是他得이라) 〈壇經上 12b〉

<9> ᄆᄎᆞᆷ내 對 내죵내

두 부사가 [終]과 [究竟] 즉 '마침내, 끝끝내'의 뜻을 가지고 동의 관
계에 있다는 것은 다음 예문들에서 잘 확인된다. 원문 중 '終…得'이
'ᄆᄎᆞᆷ내 得ᄒ다'로도 번역되고 '내죵내 得ᄒ다'로도 번역된다. '終亡'이
'ᄆᄎᆞᆷ내 없다'로 번역된다. 그리고 '究竟無'가 '내죵내 없다'로 번역된
다. 따라서 'ᄆᄎᆞᆷ내'와 '내죵내'의 동의성은 명백히 입증된다.

(9) a. ᄆᄎᆞᆷ내 法을 得디 몯홀디라(終不得法이라) 〈壇經上 13b〉

b. ᄆᄎᆞᆷ내 더러운 일후미 업스리로소이다(終亡染汗名이로소이
다) 〈壇經中 76b〉

c. 무ᄎ내(40a) 숨디 몯ᄒ리로다 코(不可終避이로다 코)〈壇經
上 40b〉

(9) d. 내죵내 어루 得디 몯ᄃᆺ ᄒ니(終不可得ᄃᆺ ᄒ니)〈壇經上 55b〉
   e. 내죵내 利益 업스리라(究竟無益ᄒ리라)〈壇經上 77a〉

<10> 아릐 對 일즉

두 부사가 [曾] 즉 '이전에, 일찍'의 뜻을 가지고 동의 관계에 있다는
것은 다음 예문들에서 잘 확인된다. 원문 중 '曾與'가 '아릐 받ᄌᆸ다'로
번역되고 '曾祝'이 '아릐 빌다'로 번역된다. 그리고 '曾作'이 '일즉 ᄒ다'
로 번역된다. 따라서 '아릐'와 '일즉'의 동의성은 명백히 입증된다.

(10) a. 아릐 如來ㅅ 眞金體ㅅ 바를 받ᄌᆞ오니라(曾與如來襯足眞金
     體)〈勸供 46b〉
    b. 아릐 萬年 天子ㅅ 목수믈 비ᅀᆞᆸ고(曾祝萬年天子壽)〈勸供
     41b〉
    c. 老母ㅣ 아릐 가져(老母曾將)〈勸供 52b〉
    d. 아릐 잇던 惡業 愚迷 橋誑 嫉妬 等 罪를(從前所有惡業愚迷
     橋誑嫉妬等罪를)〈壇經中 25b〉

(10) e. 네 일즉 므스 일 ᄒ다가 온다(汝ㅣ 曾作什麽來오)〈壇經中
     95a〉
    f. 德異ᄂᆫ 져머신 제 일즉 녯 本을 보(7a)고(德異ᄂᆫ 幼年에 嘗

見古本ᄒ고) 〈壇經序 7b〉

<11> 아직 對 ᄯᅩ

두 부사가 [且] 즉 'ᄯᅩ'의 뜻을 가지고 동의 관계에 있다는 것은 다음 예문들에서 잘 확인된다. 원문 중 '且去'가 '아직 가다'로 번역되고 '且散'이 '아직 各散ᄒ다'로 번역된다. 그리고 '且不'이 'ᄯᅩ 아니다'로 번역된다. 따라서 '아직'과 'ᄯᅩ'의 동의성은 명백히 입증된다.

(11) a. 네 아직 가(汝ㅣ 且去ᄒ야) 〈壇經上 20b〉

   b. 衆人은 아직 各散ᄒ라(衆人은 且散ᄒ라) 〈壇經上 103a〉

(11) c. 이리 닐오ᄆᆞᆫ ᄯᅩ 이 惠能의 濟度호미 아니라(恁麼道ᄂᆞᆫ 且不是 惠能의 度ㅣ라) 〈壇經中 28b〉

<12> 엇뎨 對 므슴

두 부사가 [何]와 [如何] 즉 '어찌'의 뜻을 가지고 동의 관계에 있다는 것은 다음 예문들에서 잘 확인된다. 원문 중 '有何'가 '엇뎨…잇다'로 번역되고 '如何知'가 '엇뎨…알다'로 번역된다. 그리고 '何煩作'이 '므슴 어즈러이 짓다'로 번역된다. 따라서 '엇뎨'와 '므슴'의 동의성은 명백히 입증된다.

(12) a. 佛性은 엇뎨 달오미 이시리잇고(佛性은 有何差別이리잇고)

〈壇經上 7b〉

　　b. 和尙이 엇뎨 내 心中 見解의 기프며 녀투믈 아르시리오(和
　　　 尙이 如何知我의 心中見解深淺이리오) 〈壇經上 13a〉

(12) c. 모든 사르미…닐오딕 우리둘히 이 後에 秀師룰 依止호리어
　　　 니 므슴 어즈러이 偈룰 지스리오(諸人이…咸言호딕 我等이
　　　 已後에 依止秀師ㅣ어니 何煩作偈리오) 〈壇經上 12b〉

<13> 외르이 對 호오아

　두 부사가 [孤] 즉 '홀로, 외따로'의 뜻을 가지고 동의 관계에 있다는
것은 다음 예문들에서 잘 확인된다. 원문 중 '孤貧'이 '외르이 가난ᄒ
다'로 번역되고 '孤遺'가 '호오아 살다'로 번역된다. 따라서 '외르이'와
'호오아'의 동의성은 명백히 입증된다.

(13) a. 외르이 가난ᄒ닐 어엿비 너교미(21b) 일후미 慧香이오(矜
　　　 恤孤貧이 名慧香이오) 〈壇經中 22a〉
　　b. 늘근 어미 호오아 사라(老母ㅣ 孤遺ᄒ야) 〈壇經上 3b〉

<14> 제 對 자내

　두 부사가 [自] 즉 '스스로'의 뜻을 가지고 동의 관계에 있다는 것은
다음 예문들에서 잘 확인된다. 원문 중 '自知', '自悟' 및 '自識'이 '제 알
다'로 번역된다. '自見'이 '제 보다'로 번역되고 '自…動'이 '제 뮈다'로

번역된다. 그리고 '自執'이 '자내…잡다'로 번역되고 '自生'이 '자내…
내다'로 번역되고 '自搖'가 '자내 젓다'로 번역된다. 따라서 '제'와 '자
내'의 동의성은 명백히 입증된다.

(14) a. 사르미 믈 마셔 추며 더우믈 제 아둧 ᄒᆞ도소이다(如人이 飮
        水ᄒᆞ야 冷暖自知로소이다)〈壇經上 38a〉

     b. 能히 제 아디 몯ᄒᆞᄂᆞ니(不能自悟ᄒᆞᄂᆞ니)〈壇經上 48b〉

     c. 本心을 제 알며 本性을 제 보면(自識本心ᄒᆞ며 自見本性ᄒᆞ
        면)〈壇經中 7b〉

     d. 念마다 제 보아(念念自見ᄒᆞ야)〈壇經上 20b〉

     e. 제 迷惑ᄒᆞ야 보디 몯ᄒᆞ야셔(自迷不見ᄒᆞ야셔)〈壇經中 10b〉

     f. 닐오ᄃᆡ 本來 제 뮈요미 아니어니 엇뎨 샐로미 이시리잇고
        (曰호ᄃᆡ 本自非動이어니 豈有速耶ㅣ리잇고)〈壇經中 101b〉

     g. 諸法이 本來브터 샹녜 제 寂(41a)滅ᄒᆞᆫ 相이니(諸法從本來
        常自寂滅相)〈施食 41b〉

(14) h. 자내 블 잡고(自執燈ᄒᆞ고)〈壇經上 15b〉

     i. 닐오ᄃᆡ 仁者ㅣ 자내 分別을 내시ᄂᆞ니이다(曰仁者ㅣ 自生分
        別이니이다)〈壇經中 101b〉

     j. 五祖ㅣ 빗 자바 자내 저ᅀᅳ신대(五祖ㅣ 把艣自搖ᄒᆞ신대)〈壇
        經上 33a〉

<15> ㅎ마 對 ㅂㄹ셔

두 부사가 [已] 즉 '벌써'의 뜻을 가지고 동의 관계에 있다는 것은 다음 예문들에서 잘 확인된다. 원문 중 '已覺悟'가 'ㅎ마 알다'로 번역되고 '已知'가 'ㅂㄹ셔 알다'로 번역된다. '已證'이 'ㅎ마 證ㅎ다'로 번역되고 '已留'가 'ㅎ마 留ㅎ다'로 번역되고 '已具'가 'ㅎ마 ㄱ춫다'로 번역된다. 그리고 '已熟'이 'ㅂㄹ셔 닉다'로 번역된다. 따라서 'ㅎ마'와 'ㅂㄹ셔'의 동의성은 명백히 입증된다.

(15) a. 잇논 惡業 愚迷 橋詶 嫉妬 等 罪를 이제 ㅎ마 아라(所有惡業 愚迷橋詶嫉妬等罪를 今已覺悟ㅎ야)〈壇經中 26a〉

　　 b. 이제 ㅎ마 아로몰 得ㅎ니(今已得悟ㅎ니)〈壇經上 33b〉

　　 c. 三明을 ㅎ마 證ㅎ시며(三明已證)〈施食 5之1 b〉

　　 d. 제 너교ᄃᆡ ㅎ마 三受ㄹㄹ 得호라 ㅎ고(自謂已得正受호라 ㅎ고)〈壇經中 103a〉

　　 e. 頓敎法門을 이제 ㅎ마 留ㅎ노니(頓敎法門을 今已留ㅎ노니)〈壇經下 79a〉

　　 f. ㅎ마 디나몰 어루 得이 몯ㅎ리니(已過ㄹㄹ 不可得이니)〈壇經中 43a〉

　　 g. 데 ㅎ마 이 부톄라 知見이 ㅎ마 ㄱ줏거니(彼旣是佛이라 已具知見이어니)〈壇經中 62a〉

　　 h. 우희 오숩논 加持ㄹㄹ ㅎ마 몯ᄌᆞ와(上來加持已訖)〈勸供 40a〉

(15) i. 祖ㅣ ㅂㄹ셔 神秀ㅣ 門에 드디 몯ㅎ며 제 性 보디 몯호몰 아ᄅᆞ

시고(祖ㅣ 已知神秀ㅣ 入門不得ᄒᆞ며 不見自性ᄒᆞ시고) 〈壇
經上 17a〉

j. 福地예 시믈 제 볼셔 니겟고(福地栽時今已熟) 〈勸供 47b〉

<16> 흔가지로 對 흔끠

두 부사가 [同] 즉 '함께, 다 같이'의 뜻을 가지고 동의 관계에 있다
는 것은 다음 예문들에서 잘 확인된다. 원문 중 '同種'이 '흔가지로 시
므다'로 번역되고 '同師'가 '흔가지로 스승ᄒᆞ다'로 번역되고 '同入'이
'흔가지로 들다'로 번역된다. 그리고 '同降'이 '흔끠 ᄂᆞ리다'로 번역되
고 '同策來'가 '策과 흔끠 오다'로 번역된다. 따라서 '흔가지로'와 '흔끠'
의 동의성은 명백히 입증된다.

(16) a. 善根을 흔가지로 심거(同種善根ᄒᆞ야) 〈壇經上 47a〉

　　 b. 내 너와 黃梅를 흔가지로 스승ᄒᆞ니(吾與汝로 同師黃梅ᄒᆞ니)
　　　 〈壇經上 38a〉

　　 c. 너비 흔가지로 供養ᄒᆞ쇼셔(普同供養) 〈施食 5之 2a〉

　　 d. 生滅 업슨 ᄃᆡ 흔가지로 드러(同入無生) 〈勸供 62a〉

　　 e. 나도 ᄯᅩ 이를 외와 來生緣을 ᄆᆡ자 佛地예 흔가지로 나믈 求ᄒᆞ
　　　 노니(我ㅣ 亦要誦此ᄒᆞ야 結來世緣ᄒᆞ야 同生佛地ᄒᆞ노니) 〈壇
　　　 經上 23b〉

　　 f. 刺史ㅣ …官僚士庶와 흔가지로 恭敬ᄒᆞᅀᆞ와 다시 저ᅀᆞᆸ고(刺
　　　 史ㅣ …同官僚士庶와 肅容再拜ᄒᆞᅀᆞᆸ고) 〈壇經上 84b〉

(16) g. 願호ᄉᆞ온ᄃᆞᆫ 佛力을 ᄐᆞ샤 道場애 ᄒᆞᄢᅴ 누리샤(願承佛力同降
道場)〈施食 9a〉〈施食 13之 2a〉

h. 覺이 곧 策과 ᄒᆞᄢᅴ 와 뵈ᅌᅥᆸ고(覺이 遂同策來參ᄒᆞᅌᅡᆸ고)〈壇經
中 100b〉

<17> ᄒᆞᄢᅴ 對 ᄒᆞᄃᆡ

두 부사가 [偕] 즉 '함께, 다 같이'의 뜻을 가지고 동의 관계에 있다
는 것은 다음 예문들에서 잘 확인된다. 원문 중 '偕行'이 'ᄒᆞᄢᅴ 가다'로
도 번역되고 'ᄒᆞᄃᆡ 行ᄒᆞ다'로도 번역된다. 따라서 'ᄒᆞᄢᅴ'와 'ᄒᆞᄃᆡ'의 동
의성은 명백히 입증된다.

(17) a. ᄒᆞ다가 가면 ᄒᆞᄢᅴ 가리라(若去則與偕行호리라)〈壇經中
99b〉

b. 곧 날와 ᄒᆞᄃᆡ 行ᄒᆞ라(則與吾偕行ᄒᆞ라)〈壇經中 55a〉

제4절 冠形詞類에서의 同義

고유어의 관형사류에서 확인되는 동의 관계는 크게 둘로 나누어 고찰할 수 있다. 첫째는 관형사간의 동의이고 둘째는 관형사와 관형어 간의 동의이다.

4.1. 冠形詞간의 同義

고유어의 관형사간에 성립되는 동의에는 [餘] 즉 '다른 남은'의 뜻을 가진 '녀느'와 '녀나믄', [何] 즉 '무슨, 어떤'의 뜻을 가진 '므슴'과 '엇던', [何]와 [什麼] 즉 '무슨'의 뜻을 가진 '므슷'과 '므스', [何] 즉 '어느, 어떤'의 뜻을 가진 '어느'와 '엇던' 그리고 [諸] 즉 '여러'의 뜻을 가진 '여러'와 '모든'이 있다.

<1> 녀느 對 녀나믄

두 관형사가 [餘] 즉 '다른 남은'의 뜻을 가지고 동의 관계에 있다는 것은 다음 예문들에서 잘 확인된다. 원문 중 '餘物'이 '녀느 것'으로 번역되고 '餘乘'이 '녀나믄 乘'으로 번역된다. 따라서 '녀느'와 '녀나믄'의 동의성은 명백히 입증된다.

(1) a. 녀느 것 求티 아니ᄒ노이다(不求餘物ᄒ노이다) 〈壇經上 6b〉
    b. 녀나믄 乘이 둘 세히 업스며(無有餘乘이 若二若三ᄒ며) 〈壇經中 69a〉

<2> 므슴 對 엇던

두 관형사가 [何] 즉 '무슨, 어떤'의 뜻을 가지고 동의 관계에 있다는 것은 다음 예문들에서 잘 확인된다. 원문 중 '何階級'이 '므슴 階級'으로도 번역되고 '엇던 階級'으로도 번역된다. '何經'이 '므슴 經'으로 번역되고 '何益'이 '므슴 利益'으로 번역된다. 그리고 '何偈'가 '엇던 偈'로 번역되고 '何法'이 '엇던 法'으로 번역된다. 따라서 '므슴'과 '엇던'의 동의성은 명백히 입증된다.

(2) a. 닐오ᄃ 聖諦를 오히려 ᄒ디 아니커니 므슴 階級이 이시리잇고(曰호ᄃ 聖諦를 尙不爲커니 何階級之有ㅣ리잇고) 〈壇經中 95a〉
    b. 客은 므슴 經을 외오ᄂ뇨(客誦何經고) 〈壇經中 4b〉
    c. 므슴 利益이리오(何益이리오) 〈壇經中 100b〉〈壇經下 5b〉
    d. 므슴 利益이 이시리오(有何所益이리오) 〈壇經上 12a〉
    e. 經이 므슴 허므리 이시며(經有何過ㅣ며) 〈壇經中 65a〉

f. 므슴 樂(87b)이 이시리잇고(何樂之有ㅣ리잇고) 〈壇經中 88a〉

g. 므슴 所長이 이시리오(有何所長이리오) 〈壇經下 3a〉

(2) h. 師ㅣ 니르샤ᄃᆡ 엇던 階級에 디리오(師曰ᄒᆞ샤ᄃᆡ 落何階級이 리오) 〈壇經中 95a〉

i. 외오ᄂᆞ닌 엇던 偈오(誦者ᄂᆞᆫ 何偈오) 〈壇經上 22a〉

j. 和尚은 엇던 法으로 사ᄅᆞᆷ ᄀᆞᄅᆞ치시ᄂᆞ니잇고(和尚은 以何法 으로 誨人ᄒᆞ시ᄂᆞ니잇고) 〈壇經下 7b〉

k. 엇던 功德이 이시리잇고(有何功德이잇고) 〈壇經上 85b〉

l. 다시 엇던 道ᄅᆞᆯ 닷ᄀᆞ료 ᄒᆞ고(更修何道ㅣ리오 ᄒᆞ고) 〈壇經上 15b〉

m.뎨 엇던 言句ㅣ 잇더뇨(彼有何言句ᄒᆞ더뇨) 〈壇經中 78b〉

n. 虛空은 얼구리 업거니 엇던 相貌ㅣ 이시리잇고(許公은 無刑 커니 有何相貌ㅣ리잇고) 〈壇經中 79a〉

o. 엇던 次第 이시리오(有何次第리오) 〈壇經中 13b〉

<3> 므슷 對 므스

두 관형사가 [何]와 [什麽] 즉 '무슨'의 뜻을 가지고 동의 관계에 있 다는 것은 다음 예문들에서 잘 확인된다. 원문 중 '求何事'가 '므슷 일 求ᄒᆞ다'로 번역된다. '作什麽'가 '므슷 일 ᄒᆞ다'로도 번역되고 '므스 일 ᄒᆞ다'로도 번역된다. 그리고 '念何物'이 '므슷 거슬 念ᄒᆞ다'로 번역되고 '求何物'이 '므스 거슬 求ᄒᆞ다'로 번역된다. 따라서 '므슷'과 '므스'의 동의성은 명백히 입증된다.

(3) a. 므슷 이룰 비호더뇨(蘊習何事耶오)〈壇經中 55a〉

    b. 師ㅣ 무르샤듸(77a)…므슷 이룰 求ᄒ려 ᄒᄂ다(師ㅣ 問曰ᄒ
       샤듸…欲求何事아)〈壇經中 77b〉

    c. 上人ᄋ 므슷 이룰 ᄒᄂ다(上人ᄋ 攻何事業ᄒᄂ다)〈壇經中
       109b〉

    d. 和尙ᄋ 므슷 이룰 ᄒ라 ᄒ시ᄂ니잇고(和尙ᄋ 敎作何務ㅣ 잇
       고)〈壇經上 8a〉

    e. 네 이에셔 므슷 일 ᄒᄂ다(汝ㅣ 在此ᄒ야 作什麽오)〈壇經中
       103a〉

    f. 無ᄂ 므슷 이리 업스며 念ᄋ 므슷 거슬 念ᄒ료(無者ᄂ 無何
       事ㅣ며 念者ᄂ 念何物오)〈壇經中 12b〉

(3) g. 네 일즉 므스 일 ᄒ다가 온다(汝ㅣ 曾作什麽來오)〈壇經中
       95a〉

    h. 能ᄃ려 무르샤듸 너ᄂ 어느 方 사ᄅ미 므스 거슬 求ᄒ려
       ᄒᄂ(6a)다(問能曰ᄒ샤듸 汝ᄂ 何方人이 欲求何物아)〈壇經
       上 6b〉

    i. 므스 것이 因緣고(何者ㅣ 因緣고)〈壇經中 59b〉

    j. 므스 거시 이리 오뇨(什麽物이 恁麽來오)〈壇經中 96b〉

<4> 어느 對 엇던

두 관형사가 [何] 즉 '어느, 어떤'의 뜻을 가지고 동의 관계에 있다는 것은 다음 예문들에서 잘 확인된다. 원문 중 '何佛'이 '어느 부텨'로 번역되고 '何身'이 '어느 몸'으로 번역되고 '何處'가 '어느 곧'으로 번역된다. 그리고 '何相貌'가 '엇던 相貌'로 번역되고 '何法'이 '엇던 法'으로 번역되고 '何功德'이 '엇던 功德'으로 번역된다. 따라서 '어느'와 '엇던'의 동의성은 명백히 입증된다.

(4) a. 어느 부톄 곧 와 마자 請ᄒᆞ료(何佛이 卽來迎請이리오) 〈壇經上 94a〉

   b. 어느 모미 寂滅커든 어느 모미 樂을 受ᄒᆞ리잇고(何身이 寂滅커든 何身이 受樂이잇고) 〈壇經中 86a〉

   c. 西方ㅅ 사ᄅᆞ(92a)ᄆᆞᆫ…어느 나라해 나믈 求ᄒᆞ리오(西方人은 …求生何國이리오) 〈壇經上 92b〉

   d. 부톄 어느 고대 잇ᄂᆞ뇨(佛在何處오) 〈壇經中 34a〉

   e. 어느 고대 드트리 무드리오(何處에 惹塵埃리오) 〈壇經上 26a〉

   f. 大(100b)德은 어느 方을 브터 오관ᄃᆡ 키 我慢을 내ᄂᆞ뇨(大德은 自何方而來완ᄃᆡ 生大我慢고) 〈壇經中 101a〉

   g. 能ᄃᆞ려 무르샤ᄃᆡ 너는 어느 方 사ᄅᆞ미 므스거슬 求ᄒᆞ려 ᄒᆞ는(6a)다(問能曰ᄒᆞ샤ᄃᆡ 汝는 何方人이 欲求何物아) 〈壇經上 6b〉

(4) h. 虛空은 얼구리 업거니 엇던 相貌ㅣ 이시리잇고(虛空은 無形
　　커니 有何相貌ㅣ잇고)〈壇經中 79a〉

i. 和尙은 엇던 法으로 사름 ㄱ르치시ᄂᆞ니잇고(和尙은 以何法
　　으로 誨人ᄒ시ᄂᆞ니잇고)〈壇經下 7b〉

j. 엇던 功德이 이시리잇고(有何功德이잇고)〈壇經上 85b〉

k. 다시 엇던 道를 닷ㄱ료 ᄒ고(更修何道ㅣ리오 ᄒ고)〈壇經上
　　15b〉

l. 師ㅣ 니르샤ᄃᆡ 엇던 階級에 디리오(師曰ᄒ샤ᄃᆡ 落何階級이
　　리오)〈壇經中 95a〉

m.외오ᄂᆞᆫ 엇던 偈오(誦者ᄂᆞᆫ 何偈오)〈壇經上 22a〉

n. 뎨 엇던 言句ㅣ 잇더뇨(彼有何言句ᄒ더뇨)〈壇經中 78b〉

<5> 여러 對 모든

　두 관형사가 [諸] 즉 '여러'의 뜻을 가지고 동의 관계에 있다는 것은
다음 예문들에서 잘 확인된다. 원문 중 '諸衆生'이 '여러 衆生'으로도
번역되고 '모든 衆生'으로도 번역된다. '諸公'이 '여러 公'으로 번역되
고 '諸人'이 '모든 사름'으로 번역된다. 그리고 '諸惡業'이 '여러 惡業'으
로 번역되고 '諸惡'이 '모든 惡'으로 번역된다. 따라서 '여러'와 '모든'의
동의성은 명백히 입증된다.

(5) a. 너비 一切옛 여러 衆生ᄋᆞᆯ 뾔야(普熏一切諸衆生)〈勸供 61b〉

b. 臨濟와 潙仰과 曹洞과 雲門과 法眼괏 여러 公이(乃有臨濟와
　　潙仰과 曹洞과 雲門과 法眼괏 諸公이)〈壇經序 6a〉

c. 여러 勝士와 ᄒᆞᆫ가지로 受用ᄒᆞ노니(與諸勝士와 同一受用ᄒᆞ
노니) 〈壇經序 7b〉

d. 여러 惡業이(諸惡業) 〈施食 30a〉

e. 둘흘 닷가 여러 物을 여희여지이다(雙修離諸物ᄒᆞ야지이다)
〈壇經中 54a〉

f. 여러 法에 念念에 住티 아니ᄒᆞ면(於諸法上에 念念에 不住ᄒᆞ
면) 〈壇經中 9a〉

(5) g. 그 性이 本來 淸淨ᄒᆞ닐 모ᄃᆞᆫ 衆生ᄋᆞᆯ 여러 뵈시니(其性本淸
淨 開示諸衆生) 〈施食 44b〉

h. 너(3a)희 모ᄃᆞᆫ 사ᄅᆞᆷ은(汝等諸人은) 〈壇經下 3b〉

i. 모ᄃᆞᆫ 三乘엣 사ᄅᆞ미(諸三乘人이) 〈壇經中 68a〉

j. 모ᄃᆞᆫ 惡을 짓디 아니ᄒᆞ며(不造諸惡ᄒᆞ며) 〈壇經中 21b〉

k. 모ᄃᆞᆫ ᄆᆞᆺ 됴ᄒᆞᆫ 微妙ᄒᆞᆫ 花蔓과(諸最勝妙花蔓) 〈勸供 54b〉

l. 모ᄃᆞᆫ 法相을 여희오(離諸法相ᄒᆞ고) 〈壇經中 47a〉

4. 2. 冠形詞와 冠形語 간의 同義

고유어의 관형사와 관형어 사이에 성립되는 동의에는 [他] 즉 '다
른'의 뜻을 가진 '녀느'와 '다ᄅᆞᆫ' 그리고 [諸]와 [衆] 즉 '여러, 많은'의
뜻을 가진 '모ᄃᆞᆫ'과 'ᄒᆞᆫ'이 있다.

<1> 녀느 對 다른

관형사 '녀느'와 상태동사 '다르다'의 관형사형 '다른'이 [他] 즉 '다른'의 뜻을 가지고 동의 관계에 있다는 것은 다음 예문들에서 잘 확인된다. 원문 중 '他本'이 '녀느 本'으로도 번역되고 '다른 本'으로도 번역된다. 따라서 '녀느'와 '다른'의 동의성은 명백히 입증된다.

(1) a. 녀느 本애 시혹 師ㅣ 咸享中에ᅀᅡ 黃梅예 가시다 호미 외니라(他本에 或作師ㅣ 咸享中에ᅀᅡ 至黃梅者ㅣ 非니라)〈壇經序 24b〉

b. 녀느 부텨 歸依호몰 니루디 아니ᄒᆞ니(不言歸依他佛ᄒᆞ니)〈壇經中 35a〉

(1) c. 다른 本애 先天 二年이라 호미 외니라(他本애 作先天二年者ㅣ 非니라)〈壇經下 53b〉

d. 다시 다른 부텨 업스니(更無別佛이니)〈壇經中 62a〉

<2> 모든 對 한

관형사 '모든'과 상태동사 '하다'의 관형사형 '한'이 [諸]와 [衆] 즉 '여러, 많은'의 뜻을 가지고 동의 관계에 있다는 것은 다음 예문들에서 잘 확인된다. 원문 중 '諸鬼神'이 '모든 鬼神'으로 번역되고 '諸…人'이 '모든…사룸'으로 번역된다. '諸餓鬼'가 '한 餓鬼'로 번역된다. 그리고 '衆惡'이 '모든 惡'으로 번역되고 '衆僧'이 '한 중'으로 번역된다. 따라서 '모둔'과 '한'의 동의성은 명백히 입증된다.

(2) a. 一切 官員의 물와 모둔 鬼神돌콰(一切官曺諸鬼神等)〈施食 8之 2b〉

　　b. 모둔 二乘 求ᄒᆞ는 사룸은(諸求二乘人은)〈壇經中 91b〉

　　c. 모둔 二乘엣 사ᄅᆞ미(諸三乘人이)〈壇經中 68a〉

　　d. 이 모둔 衆돌히 各各 ᄭᅮᇫ와(是諸衆等各各胡跪)〈勸供 59b〉

　　e. 모둔 못 됴ᄒᆞᆫ 微妙ᄒᆞᆫ 花蔓과(諸最勝妙花蔓)〈勸供 54b〉

　　f. 모둔 法相을 여희오(離諸法相ᄒᆞ고)〈壇經中 47a〉

　　g. 모둔 惡을 짓디 아니ᄒᆞ며(不造諸惡ᄒᆞ며)〈壇經中 21b〉

　　h. 모둔 惡이 들에욤 업스리라(衆惡이 無喧ᄒᆞ리라)〈壇經上 101b〉

　　i. 밧긔 나ᄐᆞᆫ 모둔 色象과(外現衆色象과)〈壇經中 93a〉

(2) j. 한 餓鬼 물와(諸餓鬼衆)〈施食 13之1 b〉

　　k. 한 즁이 禮數(55b)ᄒᆞ고(衆僧이 作禮ᄒᆞ고)〈壇經下 56a〉

제3장

固有語와 漢字語 간의 同義

제1절 名詞類에서의 同義

固有語와 漢字語 간의 同義는 크게 넷으로 나누어 고찰할 수 있다. 첫째는 固有語가 單一語인 경우이고 둘째는 固有語가 合成名詞와 名詞句인 경우이고 셋째는 固有語가 派生名詞인 경우이고 넷째는 固有語가 名詞形인 경우이다.

1. 固有語가 單一語인 경우

固有語가 單一語인 경우에는 [中] 즉 '가운데'의 뜻을 가진 '가온딕'와 '中'을 비롯하여 [物] 즉 '것, 물건'의 뜻을 가진 '것'과 '物', [獦獠] 즉 '北人이 南人을 경멸하여 이르는 말'이란 뜻을 가진 '겸워시'와 '獦獠', [花] 즉 '꽃'의 뜻을 가진 '곳'과 '花', [耳] 즉 '귀'의 뜻을 가진 '귀'와 '耳', [時] 즉 '때, 시절'의 뜻을 가진 'ᄢᅴ'와 '時節', [一] 즉 '낱낱, 하나 하나'의 뜻을 가진 '낫낫'과 '一', [土] 즉 '땅, 곳'의 뜻을 가진 '싸ㅎ'와 '土', [梵刹] 즉 '절, 佛教 寺院'의 뜻을 가진 '뎔'과 '梵刹', [寶坊] 즉 '절'의 뜻을 가진 '뎔'과 '寶坊', [寺] 즉 '절'의 뜻을 가진 '뎔'과

'寺', [志] 즉 '뜻'의 뜻을 가진 '뜯'과 '志', [月] 즉 '달'의 뜻을 가진 '둘'
과 '月', [等] 즉 '들, 等'의 뜻을 가진 '둘ㅎ'과 '等', [身] 즉 '몸'의 뜻을
가진 '몸'과 '身', [山] 즉 '메, 山'의 뜻을 가진 '뫼ㅎ'와 '山', [衆] 즉 '무
리'의 뜻을 가진 '물'과 '衆', [宗] 즉 '으뜸, 근본'의 뜻을 가진 '무른'
와 '宗', [聚落] 즉 '마을'의 뜻을 가진 '무술ㅎ'과 '聚落', [佛] 즉 '부처'
의 뜻을 가진 '부텨'와 '佛', [師] 즉 '스승'의 뜻을 가진 '스승'과 '師',
[相] 즉 '모습'의 뜻을 가진 '양즈'와 '相', [衣] 즉 '옷'의 뜻을 가진 '옷'
과 '衣', [宗趣] 즉 '근본'의 뜻을 가진 '웃듬'과 '宗趣', [事業] 즉 '일, 사
업'의 뜻을 가진 '일'과 '事業', [時] 즉 '때, 적'의 뜻을 가진 '적'과 '時',
[僧] 즉 '중'의 뜻을 가진 '즁'과 '僧', [初] 즉 '처음'의 뜻을 가진 '처엄'
과 '初', [日] 즉 '해'의 뜻을 가진 '히'와 '日' 그리고 [行] 즉 '행실, 행
위'의 뜻을 가진 '힝덕'과 '行'이 있다.

<1> 가온디 對 中

고유어 '가온디'와 한자어 '中'이 [中] 즉 '가운데'의 뜻을 가지고 동
의 관계에 있다는 것은 다음 예문들에서 잘 확인된다. 원문 중 '池中'
이 '못 가온디'로 번역되고 '其人中'이 '그 사름 中'으로 번역된다. 따라
서 '가온디'와 '中'의 동의성은 명백히 입증된다.

(1) a. 七寶 못 가온딘 爲頭훈 비치 나탯고(七寶池中呈國色) 〈勸供
45a〉

b. 九品池ㅅ 가온디 菩提子ㅣ 드외야 나ᄂ니(九品池中化生菩
提子) 〈勸供 46b〉

c. 楊子江 가온딧 므리로다(楊子江心水) 〈勸供 50b〉

(1) d. 그 사롮 中에 어리니 이시며 어디니 이쇼몰 브트니(緣其人
中에 有愚ᄒ며 有智ᄒ니) 〈壇經上 68b〉

e. 煩惱 어드운 집 中에(煩惱暗宅中에) 〈壇經上 79a〉

f. 甘露瓶 中엣 法水ㅣ(甘露瓶中法水) 〈勸供 26b〉

g. 엇뎨 제 ᄆᆞᇝ 中(69b)을 브터 眞如本性을 모로기 보디 몯ᄒ
ᄂᆢ뇨(何不從自心中ᄒ야 頓見眞如本性고) 〈壇經上 70a〉

h. 三世諸佛이 다 中을 브터 나(三世諸佛이 皆從中出ᄒ야) 〈壇
經上 60a〉

i. 내 뎌 中에 가 저ᅀᆞᆸ고(我到彼中ᄒ야 禮拜ᄒ고) 〈壇經上 5a〉

<2> 것 對 物

고유어 '것'과 한자어 '物'이 [物] 즉 '것, 물건'의 뜻을 가지고 동의
관계에 있다는 것은 다음 예문들에서 잘 확인된다. 원문 중 '一物'이
'흔 것'으로도 번역되고 '흔 物'로도 번역된다. 그리고 '餘物'이 '녀느
것'으로 번역되고 '諸物'이 '여러 物'로 번역된다. 따라서 '것'과 '物'의
동의성은 명백히 입증된다.

(2) a. 本來 흔 것도 업거니(本來無一物커니) 〈壇經上 26a〉

b. 쟔간도 흔 것도 어루(7a) 봄 업소미(了無一物可見이) 〈壇經
中 79b〉

c. 흔 것도 어루 아롬 업소미(無一物可知ㅣ) 〈壇經中 79b〉

제3장 固有語와 漢字語 간의 同義 **117**

d. 흔 거시라 닐어 믈似ᄒ야도(說似一物이라 ᄒ야도) 〈壇經中 96b〉

e. 녀느 것 求티 아니ᄒ노이다(不求餘物ᄒ노이다) 〈壇經上 6b〉

f. ᄒ다가 온 가짓 거슬 ᄉ랑티 아니ᄒ야(若百物을 不思ᄒ야) 〈壇經上 75a〉

g. ᄒ다가 오직 온갖 거슬 ᄉ랑티 아니ᄒ야 念이(10a) 다아 덜면(若只百物을 不思ᄒ야 念盡除却ᄒ면) 〈壇經中 10b〉

h. 無情흔 것과 흔가지리니 (同於無情之物이리니) 〈壇經中 87b〉

i. 念은 므슷 거슬 念ᄒ료(念者ᄂ 念何物오) 〈壇經中 12b〉

(2) j. 반ᄃ기 흔 物이 잇도소니(必有一物ᄒ도소니) 〈壇經中 55a〉

k. 둘흘 닷가 여러 物을 여희여지이다(雙修離諸物ᄒ야지이다) 〈壇經中 54a〉

l. 光을 섯거 物을 接對호ᄃ|(和光接物호ᄃ|) 〈壇經中 22b〉

m. 사ᄅ믈 侵勞ᄒ며 物을 害ᄒ야(侵人害物ᄒ야) 〈壇經中 63a〉

n. 物(76a)을 應ᄒ야(應物ᄒ야) 〈壇經中 76b〉

<3> 것위ᄉ| 對 獦獠

고유어 '것위ᄉ|'와 한자어 '獦獠'가 [獦獠] 즉 '北人이 南人을 경멸하여 이르는 말'이란 뜻을 가지고 동의 관계에 있다는 것은 다음 예문들에서 잘 확인된다. 원문 중 '這獦獠'가 '이 獦獠'로 번역되고 '獦獠身'이

'獦獠이 몸'으로 번역된다. 그리고 '獦獠'의 자석이 '것워싀'이다. 따라서 '것워싀'와 '獦獠'의 동의성은 명백히 입증된다.

(3) a. 獦獠ᄂᆞᆫ 것워싀라 〈壇經上 7b〉

(3) b. 이 獦獠ㅣ 根性이 키 늘캅도다(這獦獠ㅣ 根性이 大利로다) 〈壇經上 8a〉
   c. 童子ㅣ 닐오ᄃᆡ 너 獦獠ᄂᆞᆫ 아디 몯ᄒᆞᆺ다(童子ㅣ 言호ᄃᆡ ᄶᆞ 這獦獠ᄂᆞᆫ 不知로다) 〈壇經上 22a〉
   d. 네(6b)⋯ ᄯᅩ 이 獦獠ㅣ 어시니(汝⋯是獦獠ㅣ 어시니) 〈壇經上 7a〉
   e. 獦獠이 모미 和尙과 ᄀᆞᆮ디 아니ᄒᆞ나(獦獠身이 與和尙과 不同ᄒᆞ나) 〈壇經上 7b〉
   f. 別駕ㅣ 닐오ᄃᆡ 獦獠여 네 ᄯᅩ 偈 지스린댄 그 이리 希有ᄒᆞ다 (別駕ㅣ 言호ᄃᆡ 獦獠여 汝亦作偈ㄴ댄 其事ㅣ 希有ᄒᆞ다) 〈壇經上 25a〉

<4> 곶 對 花

고유어 '곶'과 한자어 '花'가 [花] 즉 '꽃'의 뜻을 가지고 동의 관계에 있다는 것은 다음 예문들에서 잘 확인된다. 원문 중 '仙花'가 '仙間ㅅ 곶'으로 번역되고 '花情'이 '고지 情'으로 번역된다. 그리고 '花菓'가 '花와 菓'로 번역된다. 따라서 '곶'과 '花'의 동의성은 명백히 입증된다.

(4) a. 仙間ㅅ 고ᄌ로 供養ᄒᆞᆸ노니(仙花供養) 〈勸供 4a〉

　　b. 흔 고재 다ᄉᆞᆺ 니피 퍼(一花애 開五葉ᄒᆞ야) 〈壇經下 60b〉

　　c. 눈 ᄀᆞᆮ흔 고지 ᄂᆞᆺ다(雪花飛) 〈勸供 49b〉

　　d. 고지 情을 모로기 알면 菩提ㅅ 여르미 제 일리라(頓悟花情 已ᄒᆞ면 菩提果ㅣ 自成이리라) 〈壇經下 63b〉

　　e. 幡과 곳괘 섯거 벌며 茶와 菓왜 서르 버료매 니르리(乃至幡 花互列茶果交陳) 〈勸供 40b〉

　　f. 世尊이…靈山會上애 고ᄌᆞᆯ 자ᄇᆞ샤(世尊이…拈花於靈山會上 ᄒᆞ샤) 〈壇經序 3b〉

(4) g. 花와 菓와 珎羞를 座ㅅ 알ᄑᆡ 버리ᅀᆞ오니(花菓珎羞列座前) 〈施食 15a〉

　　h. 花와 菓왜 同時ᄒᆞ물 니ᄅᆞ시고 〈勸供 47b〉

<5> 귀 對 耳

고유어 '귀'와 한자어 '耳'가 [耳] 즉 '귀'의 뜻을 가지고 동의 관계에 있다는 것은 다음 예문들에서 잘 확인된다. 원문 중 '逆耳'가 '귀에 거 슬다'로 번역되고 '眼耳'가 '眼과 耳'로 번역된다. 따라서 '귀'와 '耳'의 동의성은 명백히 입증된다.

(5) a. 귀예 거스닌 반(101b)ᄃᆞ기 이 忠言이니(逆耳ᄂᆞᆫ 必是忠言이 니) 〈壇經上 102a〉

(5) b. 眼과 耳와 鼻와 舌왜 이 門이니(眼耳鼻舌이 是門이니) 〈壇
經上 96a〉

c. 眼과 耳와 鼻와 舌왜 能히 念ᄒ논 디 아니니라(非眼耳鼻舌
이 能念이니라) 〈壇經中 13a〉

<6> ᄢ 對 時節

고유어 'ᄢ'와 한자어 '時節'이 [時] 즉 '때, 시절'의 뜻을 가지고 동의
관계에 있다는 것은 다음 예문들에서 잘 확인된다. 원문 중 '今時'가
'이 ᄢ'로도 번역되고 '이 時節에'로도 번역된다. 그리고 '現前時'가 '알
픠 나톨 ᄢ'로 번역되고 '三際時'가 '三際ㅅ 時節'로 번역된다. 따라서
'ᄢ'와 '時節'의 동의성은 명백히 입증된다.

(6) a. 이 밤 이 ᄢ 法食을 바ᄃ쇼셔(是夜今時受沾法食) 〈施食 13
之2a〉

b. 알픠 나톨 ᄠᅳᆯ 當ᄒ야(當現前時ᄒ야) 〈壇經中 90a〉

c. 色身 滅홀 ᄢ(色身滅時예) 〈壇經中 86a〉

d. 오직 一切 사ᄅᆞᆷ 볼 ᄢ(但見一切人時에) 〈壇經中 18a〉

e. 定 아닌 ᄢ 업스리라(無不定時也ㅣ라) 〈壇經中 107a〉

f. 그 ᄢ 龍朔 元年 辛酉歲러라(時ㅣ 龍朔元年辛酉歲也ㅣ러
라) 〈壇經上 3b〉

(6) g. 오ᄂᆞᆲ 밤 이 時節에 ᄂᆞ려 오쇼셔(今夜今時來降赴) 〈施食 7b〉

h. 오ᄂᆞᆲ 밤 이 時節에 모도매 오샤(今夜今時來赴會) 〈施食

12a〉

    i. 바른 三際ㅅ 時節에 다ᄃᆞᄅᆞ시고(堅窮三際時)〈勸供 17a〉

〈7〉 낫낫 對 一一

고유어 '낫낫'과 한자어 '一一'이 [一一] 즉 '낱낱, 하나 하나'의 뜻을 가지고 동의 관계에 있다는 것은 다음 예문들에서 잘 확인된다. 원문 중 '一一塵'이 '낫낫 듣글'로 번역된다. 그리고 '一一法門'이 '一一 法門'으로 번역되고 '一一塵刹'이 '一一 塵刹'로 번역된다. 따라서 '낫낫'과 '一一'의 동의성은 명백히 입증된다.

    (7) a. 낫낫 듣그레셔 一切ㅅ 듣그를 내며(一一塵出一切塵)〈勸供 61a〉

       b. 낫낫 듣그레셔 一切ㅅ 法을 내야(一一塵出一切法)〈勸供 61a〉

    (7) c. 一一 法門에 無量妙義 ᄀᆞᄌᆞ며(一一法門에 具足無量妙義ᄒᆞ며)〈壇經序 6b〉

       d: 一一 塵刹애(5之1b) 一一 ᄀᆞ독ᄒ 시니(一一周遍一一塵刹)〈施食 5之2a〉

       e. 一一 塵刹애 一(8之2b)一 자바 겨시니(一一掌握一一塵刹)〈施食 9a〉

       f. 一一 一切 官僚眷屬(一一一切官僚眷屬)〈施食 8之2b〉

<8> 짜ㅎ 對 土

고유어 '짜ㅎ'와 한자어 '土'가 [土] 즉 '땅, 곳'의 뜻을 가지고 동의
관계에 있다는 것은 다음 예문들에서 잘 확인된다. 원문 '此土是爲初
祖'가 '이 짜해 이 初祖ㅣ 드외다'로 번역된다. 그리고 '初來此土'가 '이
土애 처섬 오다'로 번역된다. 따라서 '짜ㅎ'와 '土'의 동의성은 명백히
입증된다.

> (8) a. 二十八 菩提達磨尊子ㅣ이 짜해 이 初祖ㅣ 드외시고(二十八
>   菩提達磨尊者 此土是爲初祖) 〈壇經下 71a〉
>   b. 뎌 짯 菩提樹 흔 株를 가(5b)져(將彼土ㅅ 菩提樹一株ㅎ야)
>   〈壇經上 6a〉

> (8) c. 達磨大師(30b)ㅣ 이 土애 처섬 오시니(達磨大師ㅣ 初來此
>   土ㅎ시니) 〈壇經上 31a〉
>   d. 東으로 이 土(3b)애 오샤(東來此土ㅎ샤) 〈壇經序 4a〉
>   e. 내 本來 이 土애 오믄(吾本來玆土는) 〈壇經下 60b〉

<9> 뎔 對 梵刹

고유어 '뎔'과 한자어 '梵刹'이 [梵刹] 즉 '절, 佛敎寺院'의 뜻을 가
지고 동의 관계에 있다는 것은 다음 예문들에서 잘 확인된다. 원문 중
'一梵刹'이 '흔 梵刹'로 번역된다. 그리고 '梵刹'의 자석이 '뎔'이다. 따
라서 '뎔'과 '梵刹'의 동의성은 명백히 입증된다. '梵'은 범어 brahman

의 음역으로 '淸淨한 것'을 뜻하고 '剎'은 범어 kṣetra의 음역으로 '國土'를 뜻한다. 梵剎은 '淸淨한 國土'를 뜻하고 전의되어 '佛教寺院'을 뜻한다.

(9) a. 可히 이 山이 흔 梵剎을 밍ᄀ롤디니(可於此山이 建一梵剎이니)〈壇經序 20a〉

　　b. 本州ㅣ 梵剎을 復興ᄒᆞᆫ 事蹟은(本州復興梵剎事蹟은)〈壇經下 91a〉

(9) c. 梵剎은 뎔이라〈壇經序 20a〉

<10> 뎔 對 寶坊

고유어 '뎔'과 한자어 '寶坊'이 [寶坊] 즉 '절'의 뜻을 가지고 동의 관계에 있다는 것은 다음 예문들에서 잘 확인된다. 원문 중 '成寶坊'이 '寶坊을 일우다'로 번역되고 '爲寶坊'이 '寶坊을 삼다'로 번역된다. 그리고 '寶坊'의 자석이 '뎔'이다. 따라서 '뎔'과 '寶坊'의 동의성은 명백히 입증된다.

(10) a. 이윽고 寶坊을 일워늘(俄成寶坊이어늘)〈壇經中 51a〉

　　b. 나ᄆᆞᆫ 願ᄒᆞᆫ든 다 ᄇᆞ려 永히 寶坊을 사모하리이다(餘는 願盡捨ᄒᆞ야 永爲寶坊호리이다)〈壇經序 17a〉

(10) c. 寶坊(17a)은 뎔이라〈壇經序 17b〉

<11> 뎔 對 寺

고유어 '뎔'과 한자어 '寺'가 [寺] 즉 '절'의 뜻을 가지고 동의 관계에 있다는 것은 다음 예문들에서 잘 확인된다. 원문 중 '古寺'가 '녯 뎔'로 번역되고 '寺羅'가 '寺ㅣ 버믈다'로 번역된다. 그리고 '寺殿'이 '뎘 殿'으로 번역되고 '寺境'이 '寺ㅅ 境'으로 번역된다. 따라서 '뎔'과 '寺'의 동의성은 명백히 입증된다.

(11) a. 寶林 녯 뎌리(寶林古寺ㅣ) 〈壇經中 51a〉

　　 b. 그 뎌리(其寺ㅣ) 〈壇經上 4b〉

　　 c. 뎘 殿 알픠 못 흔 고디 이쇼딕(寺殿前에 有潭一所호딕) 〈壇經序 20b〉

　　 d. 韶州ㅣ 刺史를 勅ᄒ샤 뎘 지블 고텨 꾸미라 ᄒ시고(勅韶州刺史ᄒ샤 修飾寺宇ᄒ고) 〈壇經下 40b〉

　　 e. 이제 닐온 花果院이 뎘 門에 브트니(今日花果院이 禮籍寺門ᄒ니) 〈壇經序 18b〉

　　 f. 因ᄒ야 뎔 뒤헤 五里만 가(因至寺後五里許ᄒ야) 〈壇經中 108b〉

(11) g. 寺ㅣ 兵火애 버므러 因ᄒ야 일흐니(寺羅兵火ᄒ야 因失ᄒ니) 〈壇經序 23b〉

　　 h. 이제 寺ㅅ 境에 天王嶺이 잇ᄂᆞ니(今寺境에 有天王嶺ᄒ니) 〈壇經序 16b〉

　　 i. 寺를 後에 지소딕(寺를 後에 營建호딕) 〈壇經序 17b〉

<12> 뜯 對 志

고유어 '뜯'과 한자어 '志'가 [志] 즉 '뜻'의 뜻을 가지고 동의 관계에 있다는 것은 다음 예문들에서 잘 확인된다. 원문 중 '余志'가 '내 뜯'으로 번역되고 '奮志'가 '志를 니르완다'로 번역된다. 따라서 '뜯'과 '志'의 동의성은 명백히 입증된다.

(12) a. 내 뜨뎃 願이(7b) 추리라(斯余의 志願이 滿矣리라) 〈壇經序 8a〉

b. 弟子도 쏘(9b) 師ㅅ 뜯들 아라(弟子도 亦知師意ㅎ야) 〈壇經 上 10a〉

(12) c. 志를 니르와다 關애 다와다(奮志衝關ㅎ야) 〈壇經序 6a〉

<13> 둘 對 月

고유어 '둘'과 한자어 '月'이 [月] 즉 '달'의 뜻을 가지고 동의 관계에 있다는 것은 다음 예문들에서 잘 확인된다. 원문 중 '如月'이 '둘 곧ㅎ다'로 번역되고 '與月'이 '月와'로 번역된다. 따라서 '둘'과 '月'의 동의성은 명백히 입증된다.

(13) a. 智는 히 곧고 慧는 둘 곧ㅎ니(智는 如日ㅎ고 慧는 如月ㅎ니) 〈壇經中 39a〉

b. 日이 月와 對오(日與月對오) 〈壇經下 45a〉

<14> 들ᄒ 對 等

고유어 '들ᄒ'과 한자어 '等'이 [等] 즉 '들, 等'의 뜻을 가지고 동의 관계에 있다는 것은 다음 예문들에서 잘 확인된다. 원문 중 '惡業憍誑等'이 '惡業과 ᄒ가양ᄒ야 소곰 들ᄒ'로 번역된다. 그리고 '惡業愚迷憍誑嫉妬等'이 '惡業 愚迷 憍誑 嫉妬 等'으로 번역된다. 따라서 '들ᄒ'과 '等'의 동의성은 명백히 입증된다. '들ᄒ'과 '等'은 의존명사이다.

(14) a. 아리브터 잇논 惡業과 ᄒ가냥ᄒ야 소곰 들햇 罪를 다 懺悔ᄒ야(從前所有惡業憍誑等罪를 悉皆懺悔ᄒ야)〈壇經中 24b〉

(14) b. 잇논 惡業 嫉(24b)妬 等 罪를 다 懺悔ᄒ야(所有惡業嫉妬等罪를 悉皆懺悔ᄒ야)〈壇經中 25a〉

　　c. 아릐 잇던 惡業 愚迷 憍誑 嫉妬 等 罪를 다 懺ᄒ야 다아(從前所有惡業愚迷憍誑嫉妬等罪를 悉皆盡懺ᄒ야)〈壇經中 25b〉

　　d. 잇논 惡業 愚迷 憍誑 嫉妬 等 罪를 이제 ᄒ마 아라(所有惡業愚迷憍誑嫉妬等罪를 今已覺悟ᄒ야)〈壇經中 26a〉

<15> 몸 對 身

고유어 '몸'과 한자어 '身'이 [身] 즉 '몸'의 뜻을 가지고 동의 관계에 있다는 것은 다음 예문들에서 잘 확인된다. 원문 중 '有身無智'가 '모미 잇고 智 없다'로 번역되고 '有智'가 '身과 智'로 번역된다. 그리고 '我身'이 '내 몸'으로 번역되고 '自身'이 '제 身'으로 번역된다. 따라서

'몸'과 '身'의 동의성은 명백히 입증된다.

(15) a. 곧 일후미 모미 잇(72b)고 智 업소미라(卽名有身이오 無智
   라)〈壇經中 73a〉

   b. 이 일후미 智 잇고 몸 업소미라(此名이 有智오 無身也ㅣ라)
   〈壇經中 74b〉

   c. 다 내 모미 가 供養ᄒᆞᅀᆞ오믈 닷가(皆有我身修供養)〈勸供
   61b〉

   d. 어느 모미 寂滅커든 어느 모미 樂을 受ᄒᆞ리잇고(何身이 寂
   滅커든 何身이 受樂이잇고)〈壇經中 86a〉

   e. 몸과 ᄆᆞᅀᆞᆷ괘 히야디ᄂᆞ니(身心이 壞ᄒᆞᄂᆞ니)〈壇經上 96b〉

   f. 몸과 입과 ᄠᅳᆮ과로 지슨 됴티 아니ᄒᆞᆫ 業을(身口意作諸不善
   業)〈施食 29b〉

(15) g. 身과 智왜 노가 ᄀᆞ린 ᄃᆡ 업스면(身智ㅣ 融無礙ᄒᆞ면)〈壇經
   中 76a〉

   h. 제 身(37a) 中에 三身佛 이쇼믈 보디 몯ᄒᆞᄂᆞ니(不見自身中
   에 有三身佛ᄒᆞᄂᆞ니)〈壇經中 37b〉

   i. 五分香 ᄀᆞᆽ인 法王身을 일우도다〈勸供 42a〉

<16> 뫼ㅎ 對 山

고유어 '뫼ㅎ'와 한자어 '山'이 [山] 즉 '메, 山'의 뜻을 가지고 동
의 관계에 있다는 것은 다음 예문들에서 잘 확인된다. 원문 중 '前山'

이 '앒 묗'로 번역되고 '此山'이 '이 山'으로 번역된다. 그리고 '山林'
이 '뫼콰 수플'로 번역되고 '山勢'가 '山이 양ᄌᆞ'로 번역된다. 따라서
'묗'와 '山'의 동의성은 명백히 입증된다.

(16) a. 東山ᄋᆞᆫ 五祖 겨시던 뫼히라 〈壇經序 5a〉

　　 b. 師ㅣ 앒 뫼해 숨거시ᄂᆞᆯ(師乃遁干前山커시ᄂᆞᆯ) 〈壇經中 51b〉

　　 c. 뫼콰 수플와 人間과(山林人間) 〈施食 13之2a〉

(16) d. 可히 이 山이 ᄒᆞᆫ 梵刹을 밍ᄀᆞ롤디니(可於此山애 建一梵刹이
　　　　　 니) 〈壇經序 20a〉

　　 e. 能은(31b)…오래 이 山ㅅ 길흘 아디 몯ᄒᆞ노이다(能은…久
　　　　　 不知此山路ᄒᆞ노이다) 〈壇經上 32a〉

　　 f. 王·도치로 갓가 밍ᄀᆞ니 山이 양직 티와ᄃᆞᆫ 듯ᄒᆞ고(王·斧削成
　　　　　 山勢聳) 〈勸供 9b〉

　　 g. ᄇᆞᄅᆞ미 부처 山이 서르 텨도(風鼓山相擊ᄒᆞ야도) 〈壇經中
　　　　　 93b〉

　　 h. 게 사ᄂᆞᆫ 사ᄅᆞᆷ 憑茂ㅣ 山을 師ᄭᅴ 받ᄌᆞ와(有居人憑茂ㅣ 以山
　　　　　 施師ᄒᆞ야) 〈壇經序 24a〉

　　 i. 官僚와 山이 드러(與官僚와 入山ᄒᆞ야) 〈壇經上 1b〉

<17> 물 對 衆

고유어 '물'과 한자어 '衆'이 [衆] 즉 '무리'의 뜻을 가지고 동의 관계
에 있다는 것은 다음 예문들에서 잘 확인된다. 원문 중 '餓鬼衆'이 '餓

鬼 물'로 번역된다. 그리고 '趨衆'이 '쫏는 衆'으로 번역되고 '隨衆'이 '衆 좇다'로 번역된다. 따라서 '물'과 '衆'의 동의성은 명백히 입증된다.

(17) a. 한 餓鬼 물와(諸餓鬼衆) 〈施食 13之1b〉
b. 이 ᄀᆞᆮᄒᆞᆫ 等엣 무리 그지 업스시며 ᄀᆞᆺ 업스샤(如是等衆無量無邊) 〈施食 8之2b〉

(17) c. 쫏는 衆이 다 올히 너기니라(趨衆이 咸以爲然ᄒᆞ니라) 〈壇經上 39a〉
d. 明이…쫏는 衆ᄃᆞ려 닐오ᄃᆡ(明이…謂趨衆曰호ᄃᆡ) 〈壇經上 39a〉
e. 이 모든 衆돌히 各各 ᄭᅮᇫ아(是諸衆等各各胡跪) 〈勸供 59b〉
f. 衆이 疑心ᄒᆞ야(衆疑ᄒᆞ야) 〈壇經上 35b〉
g. 衆이 다 아니라(衆乃知焉ᄒᆞ니라) 〈壇經上 35b〉
h. 志誠이…衆 조차 參請호ᄃᆡ(志誠이…隨衆參請호ᄃᆡ) 〈壇經下 4b〉
i. 師ㅣ 니ᄅᆞ샤ᄃᆡ 네 스승은 엇뎨 衆을 뵈시ᄂᆞ뇨(師曰ᄒᆞ샤ᄃᆡ 汝師ᄂᆞᆫ 若爲示衆고) 〈壇經下 5a〉
j. 祖師ㅣ 衆ᄃᆞ려 니ᄅᆞ샤ᄃᆡ(祖師ㅣ 告衆曰ᄒᆞ샤ᄃᆡ) 〈壇經中 5a〉

<18> ᄆᆞᄅᆞ 對 宗

고유어 'ᄆᆞᄅᆞ'와 한자어 '宗'이 [宗] 즉 '으뜸, 근본'의 뜻을 가지고 동의 관계에 있다는 것은 다음 예문들에서 잘 확인된다. 원문 중 '宗趣'가 '물릐 뜯'으로 번역된다. 그리고 '爲宗'이 '宗을 삼다'와 '宗 삼다'로 번역된다. 따라서 'ᄆᆞᄅ'와 '宗'의 동의성은 명백히 입증된다.

(18) a. 五敎애 물릐 뜨들 一定ᄒᆞᅀᆞ오니(五敎定宗趣)〈勸供 19a〉

(18) b. 네 이 經을 念호ᄃᆡ 므스그로 宗을 삼ᄂᆞᆫ다(汝念此經호ᄃᆡ 以
    何爲宗ᄒᆞᄂᆞᆫ다)〈壇經中 58a〉
    c. 世예 나ᄆᆞ로 宗 사ᄆᆞ니(出世爲宗ᄒᆞ니)〈壇經中 59b〉
    d. 몬져 無念을 셰여 宗 삼고(先立無念ᄒᆞ야 爲宗ᄒᆞ고)〈壇經中
    8a〉
    e. 그럴ᄉᆡ 無念을 셰여 宗 삼ᄂᆞ니라(所以立無念ᄒᆞ야 爲宗이니
    라)〈壇經中 10b〉
    f. 엇뎨 無念을 셰여 宗 사ᄆᆞ뇨(云何立無念ᄒᆞ야 爲宗고)〈壇經
    中 11a〉

<19> ᄆᆞᅀᆞᆶ 對 聚落

고유어 'ᄆᆞᅀᆞᆶ'과 한자어 '聚落'이 [聚落] 즉 '마을'의 뜻을 가지고 동의 관계에 있다는 것은 다음 예문들에서 잘 확인된다. 원문 중 '城邑聚落'이 '城邑과 聚落'으로 번역된다. 그리고 '聚落'의 자석이 'ᄆᆞᅀᆞᆶ'이다. 따라서 'ᄆᆞᅀᆞᆶ'과 '聚落'의 동의성은 명백히 입증된다.

(19) a. 城邑과 聚落이 다 ᄠᅥ 흘로ᄃᆡ(城邑聚落이 悉皆漂流호ᄃᆡ)〈壇

經上 64a〉

b. 聚落은 모술히라〈壇經上 64a〉

<20> 부텨 對 佛

고유어 '부텨'와 한자어 '佛'이 [佛] 즉 '부처'의 뜻을 가지고 동의 관
계에 있다는 것은 다음 예문들에서 잘 확인된다. 원문 중 '佛祖'가 '부
텨와 祖師'로 번역되고 '佛心印'이 '부텻 心印'으로 번역되고 '成佛'이
'부텨 두외다'로 번역된다. 그리고 '佛猶覺'이 '佛은 覺이라'로 번역된
다. 따라서 '부텨'와 '佛'의 동의성은 명백히 입증된다.

(20) a. 西天ㅅ 부텨와 祖師왜 뎐톄로 서르 傳ᄒ샤(西天佛祖遞相
傳)〈勸供 43b〉

b. 眞實로 부텻 心印 傳ᄒᆯ 法主ㅣ리라 ᄒ니(眞傳佛心印之法
主也ㅣ리라 ᄒ니)〈壇經序 14a〉

c. 바ᄅ 부텨 두외요ᄆᆯ 알리라(直了成佛ᄒ리라)〈壇經上 3a〉

d. 부텻긔 내 歸依ᄒᄉ와(自歸依佛)〈勸供 57a〉

e. 弟子돌히 부텨씌 歸依ᄒᄉ오며(弟子某等歸依佛)〈施食 2b〉

f. 내 모미 부텨와 글오리라(自身等佛ᄒ리라)〈壇經上 59a〉

(20) g. 佛은 覺이니(佛은 猶覺也ㅣ니)〈壇經中 60b〉

h. 佛은 覺이오(佛者ᄂ 覺也ㅣ오)〈壇經中 33a〉

i. 能히 佛智를 測量티 몯호ᄆᆫ(不能測佛智者ᄂ)〈壇經中 68b〉

j. 佛이 爲衆生과 諸天과 ᄒ샤〈勸供 51b〉

<21> 스승 對 師

고유어 '스승'과 한자어 '師'가 [師] 즉 '스승'의 뜻을 가지고 동의 관계에 있다는 것은 다음 예문들에서 잘 확인된다. 원문 중 '爲人師'가 '사ᄅᆞ미 스승이 ᄃᆞ외다'로 번역되고 '爲一方師'가 '一方앳 師ㅣ ᄃᆞ외다'로 번역된다. 그리고 '汝師'가 '네 스승'으로 번역되고 '吾師'가 '우리 師'로 번역된다. 따라서 '스승'과 '師'의 동의성은 병백히 입증된다.

(21) a. 사ᄅᆞ미 스승이 ᄃᆞ외시니라 ᄒᆞ며(爲人師ㅣ라 ᄒᆞ며) 〈壇經序 24a〉

b. 내 네 스승이 學人ᄋᆞᆯ 戒定慧法으로 ᄀᆞᄅᆞ쳐 뵈ᄂᆞ다 듣노니 (吾聞汝師ㅣ 敎示學人戒定慧法ᄒᆞ노니) 〈壇經下 7a〉

c. 네 스승의 戒定慧ᄂᆞᆫ 小根智人ᄋᆞᆯ 勸ᄒᆞ고(汝師의 戒定慧ᄂᆞᆫ 勸 小根智人이오) 〈壇經下 11b〉

d. 仁者ㅣ 得法ᄒᆞᆫ 스승(98b)은 누고(仁者ㅣ 得法師ᄂᆞᆫ 誰오) 〈壇經中 99a〉

e. 모ᄅᆞᆯ 젠 스승이 건네시려니와(迷時옌 師度ㅣ 어시니와) 〈壇經上 33b〉

f. 스승 업시 제 아닌(無師自悟ᄂᆞᆫ) 〈壇經中 99a〉

g. 覺ᄋᆞᆯ 닐어 스승 삼고(稱覺爲師ᄒᆞ고) 〈壇經中 32a〉

h. 이제 行者ᄂᆞᆫ 곧 惠明의 스승이로소이다(今行者ᄂᆞᆫ 卽惠明의 師也ㅣ로소이다) 〈壇經上 38b〉

i. 하ᄂᆞᆯ콰 사ᄅᆞᆷ과ᄅᆞᆯ ᄀᆞᄅᆞ치시ᄂᆞᆫ 스승이시며(天人調御師) 〈勸供 16b〉

(21) j. 너희둘흔…各各 一方앳 師ㅣ 드외리니(汝等은…各爲一方
師ᄒ리니)〈壇經下 41b〉

k. 쏘 우리 師 五祖ㅣ 衣法을 親히 傳ᄒ시니(且吾師五祖ㅣ 親
傳衣法ᄒ시니)〈壇經下 3a〉

l. 師ㅅ 웃 字를 避ᄒ니라(避師ㅅ 上字ᄒ니라)〈壇經上 39a〉

<22> 양ᄌ 對 相

고유어 '양ᄌ'와 한자어 '相'이 [相] 즉 '모습'의 뜻을 가지고 동의 관
계에 있다는 것은 다음 예문들에서 잘 확인된다. 원문 중 '戒相'이 '戒
의 양ᄌ'로 번역되고 '寂滅相'이 '寂滅ᄒ 相'으로 번역된다. 따라서 '양
ᄌ'와 '相'의 동의성은 명백히 입증된다.

(22) a. 내 이제…戒의 양ᄌ를 사겨 솖노니(我今…釋其戒相)〈施食
25b〉

(22) b. 諸法이 本來브터 샹녜 제 寂(41a)滅ᄒ 相이니(諸法從本來
常自寂滅相)〈施食 41b〉

c. ᄆᅀᆞᆷ 性이 相 업슨 들 ᄉᆞᆺ 아라(了知心性無相)〈施食 39b〉

d. 體 여희오 法 니ᄅ면 일후미 相 닐오미라(離體說法이면 名
爲相說이라)〈壇經下 9b〉

<23> 옷 對 衣

고유어 '옷'과 한자어 '衣'가 [衣] 즉 '옷'의 뜻을 가지고 동의 관계에 있다는 것은 다음 예문들에서 잘 확인된다. 원문 중 '此衣表'가 '이 오 숙 表ᄒ다'로 번역되고 '衣爲'가 '衣ᄂ ᄃ외다'로 번역된다. 그리고 '付 衣法'이 '옷과 法과ᄅᆯ 브티다'로 번역되고 '付…衣法'이 '衣法을 맛디 다'로 번역된다. 따라서 '옷'과 '衣'의 동의성은 명백히 입증된다.

(23) a. 이 오순 信을 表ᄒ니(此衣ᄂ 表信ᄒ니) 〈壇經上 35a〉

　　 b. 이 오ᄉᆯ 傳ᄒ야 信體ᄅᆯ 사마(傳此衣ᄒ야 以爲信體ᄒ야) 〈壇 經上 31a〉

　　 c. ᄒ다가 이 오ᄉᆯ 傳ᄒ면 命이 ᄃ론 실 ᄀᆮᄒ리니(若傳此衣ᄒ 면 命如懸絲ᄒ리니) 〈壇經上 31b〉

　　 d. 오ᄉᆯ 傳ᄒ야 六代祖ㅣ ᄃ외야(傳衣ᄒ야 爲六代祖ᄒ야) 〈壇 經序 4b〉

　　 e. 오ᄉᆯ 바다 祖ᄅᆯ 니서(受衣紹祖ᄒ야) 〈壇經序 4a〉

　　 f. 옷과 法과ᄂ ᄒ마 南의 니거다(衣法은 已南矣어다) 〈壇經上 35b〉

　　 g. 옷과 法과ᄅᆯ(11a) 브티샤(付衣法ᄒ샤) 〈壇經序 11b〉

　　 h. 옷과 法과로 六祖ᄭ 맛디시고(以衣法으로 付六祖已ᄒ시고) 〈壇經序 24a〉

(23) i. 衣ᄂ ᄃᄐᆞᆯ 그티 ᄃ외니(衣爲爭端이니) 〈壇經上 31a〉

　　 j. 네게 衣法을 맛뎌(付汝衣法ᄒ야) 〈壇經上 10b〉

k. 五祖ㅅ 衣法을 傳受호미(傳受五祖衣法이) 〈壇經序 24a〉

<24> 읏듬 對 宗趣

고유어 '읏듬'과 한자어 '宗趣'가 [宗趣] 즉 '근본적 입장'의 뜻을 가지고 동의 관계에 있다는 것은 다음 예문들에서 잘 확인된다. 원문 중 '知宗趣'가 '읏드믈 알다'로도 번역되고 '宗趣롤 알다'로도 번역된다. 따라서 '읏듬'과 '宗趣'의 동의성은 명백히 입증된다.

(24) a. 學者ㅣ 읏드믈 아디 몯더니(學者ㅣ 莫知宗趣ᄒ더니) 〈壇經下 1b〉

b. 達이 닐오ᄃᆡ 學人은(58a)…엇뎨 宗趣롤 알리잇고(達이 曰ᄒᆞ오ᄃᆡ 學人은…豈知宗趣리잇고) 〈壇經中 58b〉

<25> 일 對 事業

고유어 '일'과 한자어 '事業'이 [事業] 즉 '일, 사업'의 뜻을 가지고 동의 관계에 있다는 것은 다음 예문들에서 잘 확인된다. 원문 중 '何事業'이 'ᄆᆞ슷 일'로 번역되고 '此事業'이 '이 事業'으로 번역된다. 따라서 '일'과 '事業'의 동의성은 명백히 입증된다.

(25) a. 上人은 ᄆᆞ슷 이룰 ᄒᆞᆫ다(上人은 攻何事業ᄒᆞᆫ다) 〈壇經中 109b〉

b. 衆生 利케 호ᄆᆞ로 일 사ᄆᆞ며(利生爲事業) 〈勸供 21a〉

(25) c. 네 이제 이 事業을 가지고 다 허므를 아디 몯ᄒᄂ니(汝今에
　　　負此事業ᄒ고 都不知過ᄒᄂ니) 〈壇經中 55a〉

<26> 적 對 時

　　고유어 '적'과 한자어 '時'가 [時] 즉 '때, 적'의 뜻을 가지고 동의 관
계에 있다는 것은 다음 예문들에서 잘 확인된다. 원문 중 '不念時'가
'念티 아닌 적'으로 번역된다. 그리고 '昔時'가 '녯 時'로 번역되고 '今
時'가 '이제 時'로 번역된다. 따라서 '적'과 '時'의 동의성은 명백히 입
증된다.

(26) a. 念티 아닌 저기 업스리라(無佛念時也ㅣ리라) 〈壇經中 70b〉

(26) b. 三車ᄂ 이 假ㅣ니 녯 時를 爲ᄒ 전치오(三車ᄂ 是假ㅣ니 爲
　　　昔時故이오) 〈壇經中 69a〉
　　c. 一乘은 이 實이니 이(69a)제 時를 爲ᄒ 젼치니(一乘은 是實
　　　이니 爲今時故ㅣ니) 〈壇經中 69b〉

<27> 즁 對 僧

　　고유어 '즁'과 한자어 '僧'이 [僧] 즉 '중'의 뜻을 가지고 동의 관계에
있다는 것은 다음 예문들에서 잘 확인된다. 원문 중 '一僧云'이 'ᄒ 즁
은 니ᄅ다'로 번역되고 '僧云'은 '僧이 니ᄅ다'로 번역된다. 그리고 '供
僧'이 '즁 이받다'로 번역되고 '勸僧俗'이 '僧과 俗을 勸ᄒ다'로 번역된

다. 따라서 '즁'과 '僧'의 동의성은 명백히 입증된다.

(27) a. 흔 즁은 닐오듸 부르미 뮈ᄂᆞ다 코(一僧은 云호듸 風動이라
　　　 코)〈壇經上 41a〉

　　 b. 흔 즁이 師의 묻ᄌᆞ오듸 黃梅ㅅ ᄠᅳ든 엇던 사ᄅᆞ미 得ᄒᆞ니잇
　　　 고(一僧이 問師云호듸 黃梅意旨ᄂᆞᆫ 甚魔人이 得이잇고)〈壇
　　　 經中 108a〉

　　 c. 흔 즁이 俗姓이 陳이오 일후믄 惠明이오(一僧이 俗姓은 陳
　　　 이오 名은 惠明이오)〈壇經上 35a〉

　　 d. 한 즁이 禮數(55b)ᄒᆞ고(衆僧이 作禮ᄒᆞ고)〈壇經下 56a〉

　　 e. 두 奇異흔 즁이 나아 뵈오(有二異僧이 造謁ᄒᆞ고)〈壇經序
　　　 10a〉

　　 f. 네 이 後에 可히 經(71a) 念ᄒᆞᄂᆞᆫ 즁이라 일훔홀디니라(汝ㅣ
　　　 今後에 方可名念經僧ㅣ니라)〈壇經中 71b〉

　　 g. 즁 法達은(僧法達은)〈壇經中 54a〉

　　 h. 내 一生애 뎔 지ᅀᆞ며 즁 이바ᄃᆞ며(朕이 一生애 造寺ᄒᆞ며 供
　　　 僧ᄒᆞ며)〈壇經上 85b〉

　　 i. 眞身은 塔 딕흰 즁의 保護ㅣ ᄃᆞ외야(眞身은 爲守塔僧의 保
　　　 護ᄒᆞ야)〈壇經下 90a〉

(27) j. 僧이 닐오듸 和尙은 得ᄒᆞ시니잇가 몯ᄒᆞ시니잇가(僧이 云호
　　　 듸 和尙은 還得否ㅣ잇가)〈壇經中 108b〉

　　 k. 僧이 닐오듸(僧이 曰호듸)〈壇經序 10a〉

　　 l. 弟子ㅣ 샹녜 僧과 俗괘…西方의 남 願ᄒᆞᄂᆞ닐 보ᅀᆞᆸ노니(弟子

ㅣ 常見僧俗이…願生西ᄒ노니) 〈壇經上 90b〉

m.大師ㅣ 샹녜 僧과 俗ᄋᆞᆯ 勸ᄒ샤ᄃᆡ(大師ㅣ 常勸僧俗ᄒ샤ᄃᆡ)
   〈壇經上 5b〉

n. 弟子ᄃᆞᆯᄒᆡ…僧ᄭᅴ 歸依ᄒᄉᆞᆸ노니(弟子某等…歸依僧) 〈施食
   2b〉

o. 僧ᄭᅴ 내 歸依ᄒᄉᆞ와(自歸依僧) 〈勸供 57b〉

<28> 처엄 對 初

고유어 '처엄'과 한자어 '初'가 [初] 즉 '처음'의 뜻을 가지고 동의 관
계에 있다는 것은 다음 예문들에서 잘 확인된다. 원문 중 '當初'가 '처
ᅥ믈 當ᄒ다'로 번역되고 '初中後'가 '初와 中과 後'로 번역된다. 따라
서 '처엄'과 '初'의 동의성은 명백히 입증된다.

(28) a. 成道ᄒ신 처ᅥ믈 當ᄒ야(成道當初) 〈勸供 52b〉

   b. 初와 中과 後ᄂᆞᆫ 善으로 펴시도다(初中後ᄂᆞᆫ 善揚이로다) 〈壇
      經中 71a〉

<29> 히 對 日

고유어 '히'와 한자어 '日'이 [日] 즉 '해'의 뜻을 가지고 동의 관계에
있다는 것은 다음 예문들에서 잘 확인된다. 원문 중 '如日'이 '히 ᄀᆞᆮᄒ
다'로 번역되고 '日'이 '日'로 번역된다. 따라서 '히'와 '日'의 동의성은

명백히 입증된다.

(29) a. 智는 히 곧고 慧는 둘 곧ᄒᆞ니(智는 如日ᄒᆞ고 慧는 如月ᄒᆞ니)
〈壇經中 39a〉

b. 日이 月와 對오(日與月對오)〈壇經下 45a〉

<30> 힝뎍 對 行

고유어 '힝뎍'과 한자어 '行'이 [行] 즉 '행실, 행위'의 뜻을 가지고 동의 관계에 있다는 것은 다음 예문들에서 잘 확인된다. 원문 중 '修行'이 '힝뎍 닦다'로 번역되고 '觀行'이 '行ᄋᆞᆯ 觀ᄒᆞ다'로 번역된다. 따라서 '힝뎍'과 '行'의 동의성은 명백히 입증된다.

(30) a. 조차 順ᄒᆞ야 힝뎍 닷고미(隨順修行)〈施食 39a〉〈施食 39b〉
〈施食 40a〉

b. 조차 順ᄒᆞ야 힝뎍 닷고미 檀波羅蜜이오(隨順修行檀波羅蜜)
〈施食 38b〉

c. 조차 順(40a)ᄒᆞ야 힝뎍 닷고미 禪波羅蜜이오(隨順修行禪波羅蜜)〈施食 40b〉

d. 조차 順ᄒᆞ야 힝(40b)뎍 닷고미 慧波羅蜜이이다(隨順修行慧波羅蜜)〈施食 41a〉

(30) e. 觀行偈讚 : 行ᄋᆞᆯ 觀ᄒᆞ논 偈라〈施食 41a〉

2. 固有語가 合成名詞와 名詞句인 경우

固有語가 合成名詞와 名詞句인 경우에는 [一衆] 즉 '여러 사람'의 뜻을 가진 '모든 사람'과 '一衆'을 비롯하여 [宗趣] 즉 '근본의 뜻, 근본적 입장'의 뜻을 가진 '믈릿 쁜'과 '宗趣', [獵人] 즉 '사냥하는 사람'의 뜻을 가진 '山行ᄒᆞᄂᆞᆫ 사ᄅᆞᆷ'과 '獵人', [靈駕] 즉 '신령의 수레'의 뜻을 가진 '神靈 술위'와 '靈駕', [上下] 즉 '아래 위'의 뜻을 가진 '아라우ᄒᆞ'와 '上下', [小身] 즉 '작은 몸'의 뜻을 가진 '져근 몸'과 '小身' 그리고 [銀浪] 즉 '흰 물결, 은빛으로 빛나는 물결'의 뜻을 가진 '힌 믌결'과 '銀浪'이 있다.

<1> 모든 사ᄅᆞᆷ 對 一衆

고유어 '모든 사ᄅᆞᆷ'과 한자어 '一衆'이 [一衆] 즉 '여러 사람'의 뜻을 가지고 동의 관계에 있다는 것은 다음 예문들에서 잘 확인된다. 원문 중 '一衆'이 '모든 사람'으로도 번역되고 '一衆'으로도 번역된다. 따라서 '모든 사람'과 '一衆'의 동의성은 명백히 입증된다.

(1) a. 모든 사ᄅᆞ미 놀라니라(一衆이 駭然ᄒᆞ니라) 〈壇經上 41b〉
b. 一衆이 法 듣ᄌᆞᆸ고 여러 아디 아니ᄒᆞ리 업서 歡喜ᄒᆞ야 奉行 ᄒᆞ니라(一衆이 聞法ᄒᆞᅀᆸ고 歡喜奉行ᄒᆞ니라) 〈壇經中 48b〉

<2> 몰릭 뜯 對 宗趣

고유어 '몰릭 뜯'과 한자어 '宗趣'가 [宗趣] 즉 '근본의 뜻, 근본적 입장'의 뜻을 가지고 동의 관계에 있다는 것은 다음 예문들에서 잘 확인된다. 원문 중 '定宗趣'가 '몰릭 뜯들 一定ᄒ다'로 번역된다. 그리고 '知宗趣'가 '宗趣롤 알다'로 번역된다. 따라서 '몰릭 뜯'과 '宗趣'의 동의성은 명백히 입증된다. 고유어 '몰릭 뜯'은 명사구로 명사 'ᄆᆞᄅ'[宗]와 '뜯'[趣]의 결합이다.

  (2) a. 五敎애 몰릭 뜨들 一定ᄒᆞᅀᆞ오니(五敎定宗趣) 〈勸供 19a〉
      b. 達이 닐오ᄃᆡ(58a)…엇뎨 宗趣롤 알리잇고(達이 曰ᄒᆞ오ᄃᆡ…븝 知宗趣리잇고) 〈壇經中 58b〉

<3> 山行ᄒᆞᄂᆞᆫ 사ᄅᆞᆷ 對 獵人

고유어 '山行ᄒᆞᄂᆞᆫ 사ᄅᆞᆷ'과 한자어 '獵人'이 [獵人] 즉 '사냥하는 사람'의 뜻을 가지고 동의 관계에 있다는 것은 다음 예문들에서 잘 확인된다. 원문 중 '獵人隊'가 '山行ᄒᆞᄂᆞᆫ 사ᄅᆞᄆᆡ 물'로 번역되고 '獵人'이 '獵人'으로 번역된다. 따라서 '山行ᄒᆞᄂᆞᆫ 사ᄅᆞᆷ'과 '獵人'의 동의성은 명백히 입증된다. '山行ᄒᆞᄂᆞᆫ 사람'의 '山行'이 한자어이지만 '山行ᄒᆞᄂᆞᆫ 사ᄅᆞᆷ'을 이 저서에서는 고유어로 다루었다.

  (3) a. 山行ᄒᆞᄂᆞᆫ 사ᄅᆞᄆᆡ(39b) 무레 열다ᄉᆞᆺ 히롤 디내요니(獵人隊 中에 凡經一十五載ᄒᆞ니) 〈壇經上 40a〉

b. 그 쁴 獵人과 맛당호믈 조차 法 니르다니 獵人이 샹녜 그믈 디킈에 ㅎ야둔(時與獵人으로 隨宜說法ㅎ다니 獵人이 常令 守網커든) 〈壇經上 40a〉

<4> 神靈 술위 對 靈駕

고유어 '神靈 술위'와 한자어 '靈駕'가 [靈駕] 즉 '신령의 수레'의 뜻을 가지고 동의 관계에 있다는 것은 다음 예문들에서 잘 확인된다. 원문 중 '某靈駕'가 '아모 靈駕'로 번역된다. 그리고 '靈駕'의 자석이 '神靈 술위'이다. 따라서 '神靈 술위'와 '靈駕'의 동의성은 명백히 입증된다. '神靈 술위'는 명사구로 한자어 '神靈'[靈]과 고유어 명사 '술위'[駕]의 결합이지만 이 저서에서는 고유어로 다루었다.

(4) a. 願혼둔 아모 靈駕와 法界亡魂이 앗기며 貪혼 ᄆᅀᆞ믈 허러 ᄇᆞ리고(願某靈駕法界亡魂破除慳貪) 〈施食 19a〉

b. 아모 靈駕와 法界亡魂을 받ᄌᆞ와 爲ᄒᆞᅀᆞᆸ노니(奉爲某靈駕法界亡魂) 〈施食 12a〉

c. 오ᄂᆞᆳ 바미 아모 靈駕를 爲ᄒᆞᅀᆞᆸ노니(今宵奉爲某靈駕) 〈施食 10b〉

d. 弟子둘히 ᄯᅩ 아모 靈駕 爲ᄒᆞᅀᅡ와 부텻 五戒를 受ᄒᆞ시게 ᄒᆞᅀᆞᆸ노니(弟子某等復爲某靈駕受佛五戒) 〈施食 25a〉

(4) e. 靈駕ᄂᆞᆫ 神靈 술위라 혼 마리니 바ᄅᆞ 몯 솔와 튼샨 술위를 술오니라 〈施食 10b〉

<5> 아라우ㅎ 對 上下

고유어 '아라우ㅎ'와 한자어 '上下'가 [上下] 즉 '아래 위'의 뜻을 가지고 동의 관계에 있다는 것은 다음 예문들에서 잘 확인된다. 원문 중 '上下俱明'이 '아라우히 다 붉다'로 번역되고 '上下相憐'이 '上下ㅣ 서르 둣다'로 번역된다. 따라서 '아라우ㅎ'와 '上下'의 동의성은 명백히 입증된다. 고유어 '아라우ㅎ'는 명사 '아라'[下]와 명사 '우ㅎ'[上]의 合成이다.

> (5) a. 믄득 ㅂ룸 부러 구루미 흐루믈 맛나면 아(38a)라우히 다 볼
> 가(忽遇風吹雲散ㅎ면 上下ㅣ 俱明ㅎ야) 〈壇經中 38b〉
> b. 恩ㅎ면 父母룰 親히 養ㅎ고 義ㅎ면 上下ㅣ 서르 둣고(恩卽
> 親養父母ㅣ오 義則上下ㅣ 相憐이오) 〈壇經下 117b〉

<6> 져근 몸 對 小身

고유어 '져근 몸'과 한자어 '小身'이 [小身] 즉 '작은 몸'의 뜻을 가지고 동의 관계에 있다는 것은 다음 예문들에서 잘 확인된다. 원문 중 '現小身'이 '져근 몸 나토다'로도 번역되고 '小身 나토다'로도 번역된다. 따라서 '져근 몸'과 '小身'의 동의성은 명백히 입증된다. 고유어 '져근 몸'은 상태동사 '젹다' [小]의 관형사형 '져근'과 명사 '몸' [身]의 결합이다.

> (6) a. 네 오직 能히 큰 몸 나토고 能히 져근 몸 나토디 몯ㅎ놋다

(你ㅣ只能現大身ᄒ고 不能現小身ᄒ놋다)〈壇經序 21a〉

b. 그 龍이…쏘 小身 나토아(其龍이…復現小身ᄒ야)〈壇經序
22b〉

<7> 힌 믌결 對 銀浪

고유어 '힌 믌결'과 한자어 '銀浪'이 [銀浪] 즉 '흰 물결, 은빛으로 빛
나는 물결'의 뜻을 가지고 동의 관계에 있다는 것은 다음 예문들에서
잘 확인된다. 원문 중 '銀浪'이 '힌 믌결'로도 번역되고 '銀浪'으로도 번
역된다. 따라서 '힌 믌결'과 '銀浪'의 동의성은 명백히 입증된다. 고유
어 '힌 믌결'은 상태동사 '히다' [白]의 관형사형 '힌'과 합성명사 '믌결'
[浪]의 결합이다.

(7) a. 프른 玉瓶 中엔 힌 믌겨리 ᄂ솟고(碧玉瓶中銀浪湧)〈勸供
49b〉

b. 瓶中에 銀浪이 湧호ᄆ 茶 글논 양지오 〈勸供 49b〉

3. 固有語가 派生名詞인 경우

固有語가 派生名詞인 경우에는 [果] 즉 '열매'의 뜻을 가진 '여름'과
'果實'이 있다.

<1> 여름 對 果實

고유어 '여름'과 한자어 '果實'이 [果] 즉 '열매'의 뜻을 가지고 동의 관계에 있다는 것은 다음 예문들에서 잘 확인된다. 원문 중 '結果'가 '여름 열다'로 번역된다. 그리고 '茶果'가 '茶와 果實'로 번역된다. 따라서 '여름'과 '果實'의 동의성은 명백히 입증된다.

(1) a. 여름 여로미 自然 일리라(結果ㅣ 自然成이리라) 〈壇經下 60b〉

   b. 고지 情을 모로기 알면 菩提ㅅ 여르미 제 일리라(頓悟花情 已ᄒᆞ면 菩提果ㅣ 自成이리라) 〈壇經下 63b〉

(1) c. 各各 香花와 燈과 茶와 果實와를 자바(各執香花燈茶果) 〈勸供 53b〉 〈勸供 54a〉

4. 固有語가 名詞形인 경우

固有語가 名詞形인 경우에는 [差別] 즉 '다름, 차별'의 뜻을 가진 '달옴'과 '差別'을 비롯하여 [惡] 즉 '나쁨, 惡'의 뜻을 가진 '모디롬'과 '惡' 그리고 [淨] 즉 '깨끗함'의 뜻을 가진 '조홈'과 '淨'이 있다.

<1> 달옴 對 差別

고유어 '달옴'과 한자어 '差別'이 [差別] 즉 '다름, 차별'의 뜻을 가지고 동의 관계에 있다는 것은 다음 예문들에서 잘 확인된다. 원문 중 '無差別'이 '달옴 없다'로도 번역되고 '差別 없다'로도 번역된다. 따라

서 '달옴'과 '差別'의 동의성은 명백히 입증된다. 고유어 '달옴'은 상태
동사 '다ᄅ다'의 명사형으로 '달- + -옴'으로 분석될 수 있다.

   (1) a. 大智ㅅ 사ᄅ과 ᄯ 달옴 업소ᄃ(與大智人으로 更無差別ᄒ
       ᄃ)〈壇經上 66a〉
     b. 곧 差別 업스니(卽無差別ᄒ니)〈壇經中 7b〉

<2> 모디롬 對 惡

  고유어 '모디롬'과 한자어 '惡'이 [惡] 즉 '나쁨, 惡'의 뜻을 가지고 동
의 관계에 있다는 것은 다음 예문들에서 잘 확인된다. 원문 중 '無惡'
이 '모디롬 없다'로도 번역되고 '惡 없다'로도 번역된다. 따라서 '모디
롬'과 '惡'의 동의성은 명백히 입증된다. 고유어 '모디롬'은 상태동사
'모딜다'의 명사형으로 '모딜- +-옴'으로 분석될 수 있다.

   (2) a. 외욤 업스며 모디롬 업스며(無非ᄒ며 無惡ᄒ며)〈壇經中
       21a〉

   (2) b. 善 업스며 惡 업스며(無善無惡ᄒ며)〈壇經上 51a〉
     c. 世間앳 善과 惡과 됴홈과 구줌과(於世間善惡好醜와)〈壇經
      中 8b〉
     d. ᄒ다가 一切ㅅ 사ᄅ미 惡과 善과를 보고(若見一切人의 惡之
      與善ᄒ고)〈壇經上 53b〉
     e. 善을 ᄉ랑티 아니ᄒ며 惡을 ᄉ랑티 아니하야(不思善ᄒ며 不

思惡ᄒᆞ야) 〈壇經中 22a〉

<3> 조홈 對 淨

고유어 '조홈'과 한자어 '淨'이 [淨] 즉 '깨끗함'의 뜻을 가지고 동의 관계에 있다는 것은 다음 예문들에서 잘 확인된다. 원문 중 '着淨'이 '조호매 着ᄒᆞ다'로도 번역되고 '淨에 着ᄒᆞ다'로도 번역된다. 그리고 '淨縛'이 '조호미 ᄆᆡ욤'으로 번역되고 '淨無'가 '淨이 없다'로 번역된다. 따라서 '조홈'과 '淨'의 동의성은 명백히 입증된다. 고유어 '조홈'은 상태동사 '좋다'의 명사형으로 '좋- + -옴'으로 분석될 수 있다.

(3) a. ᄒᆞ다가 ᄆᆞᅀᆞ매 着ᄒᆞ며 조호매 着ᄒᆞ면(若着心着淨ᄒᆞ면) 〈壇經中 18b〉

b. ᄯᅩ 조호매 着디 아니ᄒᆞ며(亦不着淨ᄒᆞ며) 〈壇經中 16b〉

c. 이 見 짓ᄂᆞ닌 제 本性을 ᄀᆞ리와 도ᄅᆞ혀 조호미 ᄆᆡ요ᄆᆞᆯ 닙ᄂᆞ니라(作此見者ᄂᆞᆫ 障自本性ᄒᆞ야 却被淨縛이니라) 〈壇經中 18a〉

(3) d. ᄆᆞᅀᆞᆷ 니ᄅᆞ와다 淨에 着ᄒᆞ면 도ᄅᆞ혀 조ᄒᆞᆫ 妄이 나리니(起心着淨ᄒᆞ면 却生淨妄ᄒᆞ리니) 〈壇經中 17b〉

e. ᄒᆞ다가 淨에 着다 니ᄅᆞ면(若言着淨ᄒᆞ면) 〈壇經中 17b〉

f. 淨이 얼구리 업거늘(淨無形相커늘) 〈壇經中 18a〉

제2절. 動詞類에서의 同義

동사류에서 확인되는 고유어와 한자어 간의 동의에는 動作動詞간의 同義와 狀態動詞간의 同義가 있다.

1. 動作動詞간의 同義

동작동사에서 확인되는 고유어와 한자어 간의 동의에서 고유어가 動作動詞일 수도 있고 合成動作動詞와 動作動詞句일 수도 있다.

1. 1. 固有語가 動作動詞인 경우

동작동사에서 확인되는 고유어와 한자어 간의 동의에서 고유어가 動作動詞인 경우에는 [行] 즉 '가다'의 뜻을 가진 '가다'와 '行ᄒ다'를 비롯하여 [胡跪] 즉 '꿇다, 꿇어 앉다'의 뜻을 가진 '꿀다'와 '胡跪ᄒ다', [滅] 즉 '없어지다, 꺼지다'의 뜻을 가진 '쁴다'와 '滅ᄒ다', [歡喜] 즉 '기뻐하다'의 뜻을 가진 '짓다'와 '歡喜ᄒ다', [現] 즉 '나타내다'의

뜻을 가진 '나토다'와 '現ᄒ다', [現] 즉 '나타나다'의 뜻을 가진 '낱다'
와 '現ᄒ다', [湧] 즉 '물이 솟구치다'의 뜻을 가진 'ᄂ솟다'와 '湧ᄒ다',
[分] 즉 '나누다'의 뜻을 가진 'ᄂ호다'와 '分ᄒ다', [留] 즉 '두다'의 뜻
을 가진 '두다'와 '留ᄒ다', [守] 즉 '지키다'의 뜻을 가진 '디킈다'와 '守
ᄒ다', [應] 즉 '응하다'의 뜻을 가진 '맛곪다'와 '應ᄒ다', [迎] 즉 '맞다,
맞이하다'의 뜻을 가진 '맞다'와 '迎逢ᄒ다', [迷] 즉 '모르다'의 뜻을 가
진 '모ᄅ다'와 '迷惑ᄒ다', [迷] 즉 '모르다'의 뜻을 가진 '모ᄅ다'와 '迷
ᄒ다', [動] 즉 '움직이다'의 뜻을 가진 '뮈다'와 '動ᄒ다', [呈]과 [呈似]
즉 '드리다, 윗사람에게 바치다'의 뜻을 가진 '받ᄌᆸ다'와 '呈ᄒ다', [觀]
즉 '보다'의 뜻을 가진 '보다'와 '觀ᄒ다', [因] 즉 '의거하다, 말미암다'
의 뜻을 가진 '븥다'와 '因ᄒ다', [從] 즉 '말미암다'의 뜻을 가진 '븥다'
와 '從ᄒ다', [着] 즉 '붙다'의 뜻을 가진 '븓다'와 '着ᄒ다', [鐫]과 [刊]
즉 '새기다'의 뜻을 가진 '사기다'와 '刻ᄒ다', [居] 즉 '살다, 거주하다'
의 뜻을 가진 '살다'와 '居ᄒ다', [嗔] 즉 '성내다'의 뜻을 가진 '서긇다'
와 '嗔心ᄒ다', [授] 즉 '주다, 전하여 주다'의 뜻을 가진 '심기다'와 '傳
授ᄒ다', [受] 즉 '받다'의 뜻을 가진 '심기다'와 '受ᄒ다', [思量]과 [思]
즉 '생각하다'의 뜻을 가진 'ᄉ랑ᄒ다'와 '思量ᄒ다', [思惟] 즉 '생각하
다'의 뜻을 가진 'ᄉ랑ᄒ다'와 '思惟ᄒ다', [達] 즉 '통하다, 통달하다'
의 뜻을 가진 'ᄉ뭇다'와 '達ᄒ다', [通達] 즉 '미치다, 통달하다'의 뜻
을 가진 'ᄉ뭇다'와 '通達ᄒ다', [悟] 즉 '알다'의 뜻을 가진 '알다'와 '悟
ᄒ다', [體] 즉 '알다'의 뜻을 가진 '알다'와 '體ᄒ다', [迷] 즉 '모르다'의
뜻을 가진 '어리다'와 '迷ᄒ다', [滅] 즉 '멸하다, 없어지다'의 뜻을 가
진 '없다'와 '滅ᄒ다', [免] 즉 '면하다, 벗어나다'의 뜻을 가진 '여희다'
와 '免ᄒ다', [傳] 즉 '전하다, 옮기다'의 뜻을 가진 '옮기다'와 '傳ᄒ다',

[供]과 [供養] 즉 '받들다, 공양하다'의 뜻을 가진 '이받다'와 '供養ㅎ 다', [作禮] 즉 '절하다, 禮數하다'의 뜻을 가진 '저숩다'와 '禮數ㅎ다', [發] 즉 '펴다'의 뜻을 가진 '펴다'와 '發ㅎ다', [思量]과 [思] 즉 '생각하 다'의 뜻을 가진 '혜아리다'와 '思量ㅎ다' 그리고 [議] 즉 '의논하다'의 뜻을 가진 '혜아리다'와 '議論ㅎ다'가 있다.

<1> 가다 對 行ㅎ다

고유어 '가다'와 한자어 '行ㅎ다'가 [行] 즉 '가다'의 뜻을 가지고 동 의 관계에 있다는 것은 다음 예문들에서 잘 확인된다. 원문 중 '偕行' 이 '흔쯱 가다'로도 번역되고 '흔딕 行ㅎ다'로도 번역된다. 따라서 '가 다'와 '行ㅎ다'의 동의성은 명백히 입증된다.

(1) a. ㅎ다가 가면 흔쯱 가리라(若去則與偕行호리라) 〈壇經中 99b〉

b. 곧 날와 흔딕 行ㅎ라(則與吾偕行ㅎ라) 〈壇經中 55a〉

<2> 쑬다 對 胡跪ㅎ다

고유어 '쑬다'와 한자어 '胡跪ㅎ다'가 [胡跪] 즉 '꿇다, 꿇어앉다'의 뜻을 가지고 동의 관계에 있다는 것은 다음 예문들에서 잘 확인된다. 원문 중 '諸衆等…胡跪'가 '모든 衆들히…쑬다'로 번역된다. 그리고 '衆 胡跪'가 '衆이 胡跪ㅎ다'로 번역되고 '各各胡跪'가 '各各 胡跪ㅎ다'로 번역된다. 따라서 '쑬다'와 '胡跪ㅎ다'의 동의성은 명백히 입증된다:

(2) a. 이 모든 衆들히 各各 꾸스와(是諸衆等各各胡跪) 〈勸供59b〉

　　 b. 무루플 꾸러 돌 우희 오슬 싯더시니(乃跪膝浣衣石上ᄒ더시

　　　 니) 〈壇經中 109a〉

(2) c. 衆이 胡跪ᄒ대(衆이 胡跪ᄒ대) 〈壇經中 21a〉

　　 d. 이제 可히 各各 胡跪ᄒ라(今可各各胡跪ᄒ라) 〈壇經中 20a〉

<3> 끼다 對 滅ᄒ다

　고유어 '끼다'와 한자어 '滅ᄒ다'가 [滅] 즉 '없어지다, 꺼지다'의 뜻
을 가지고 동의 관계에 있다는 것은 다음 예문들에서 잘 확인된다. 원
문 중 '燈燈…不滅'이 '燈燈이…끼디 아니ᄒ다'로 번역된다. 그리고
'波浪滅'이 '波浪이 滅ᄒ다'로 번역되고 '妄念俱滅'이 '妄念이 다 滅ᄒ
다'로 번역된다. 따라서 '끼다'와 '滅ᄒ다'의 동의성은 명백히 입증된
다.

(3) a. 燈燈이 서르 니서 반ᄃ기 끼디 아니ᄒ야(燈燈相續方不滅)

　　　 〈勸供 12a〉

　　 b. 菩提ㅅ ᄆᆞᅀᆞᆷ 블고미 燈 ᄀᆞ티 블가 끼디 아니ᄒ야 〈勸供 12b〉

(3) c. 波浪이 滅ᄒ고(波浪이 滅ᄒ고) 〈壇經上 98a〉

　　 d. 妄念이 다 滅ᄒ리니(妄念이 俱滅ᄒ리니) 〈壇經上 73b〉

　　 e. 아릿 허므리 滅티 아니ᄒ고(前愆이 不滅ᄒ고) 〈壇經中 27a〉

　　 f. 罪ᄂᆞᆫ 滅코 福이 ᄀᆞᆺ 업스니(滅罪福無邊) 〈勸供 44b〉

g. 生滅이 다 滅ᄒ면(生滅이 滅已ᄒ면)〈壇經中 86a〉

h. 前念 나디 아니호미 곧 ᄆᅀᆞ미오 後念 滅디 아니호미 곧 부
톄오(前念不生이 卽心이오 後念不滅이 卽佛이오)〈壇經中
53a〉

<4> 깃다 對 歡喜ᄒ다

고유어 '깃다'와 한자어 '歡喜ᄒ다'가 [歡喜] 즉 '기뻐하다'의 뜻을
가지고 동의 관계에 있다는 것은 다음 예문들에서 잘 확인된다. 원문
중 '踊躍歡喜'가 '봄노라 깃다'로 번역되고 '歡喜合掌'이 '깃거 合掌ᄒ
다'로 번역된다. 그리고 '歡喜奉行'이 '歡喜ᄒ야 奉行ᄒ다'로 번역된다.
따라서 '깃다'와 '歡喜ᄒ다'의 동의성은 명백히 입증된다.

(4) a. 達이 여러 내샤믈 닙ᅀᆞ와 봄노라 깃거(達이 蒙啓發ᄒᅀᆞ와
踊躍歡喜ᄒ야)〈壇經中 70b〉

b. 印宗이 닐오믈 듣고 깃거 合掌ᄒ야(印宗이 聞說ᄒ고 歡喜合
掌ᄒ야)〈壇經上 46b〉

c. 五租ㅣ 明日에 偈 보시고 깃거ᄒ시면(五租ㅣ 明日에 見偈ᄒ
고 歡喜ᄒ시면)〈壇經上 16b〉

d. 意和로 깃ᄂᆞ니라〈勸供 21a〉

(4) e. 一衆이 法 듣ᄌᆞᆸ고 여러 아디 아니ᄒ리 업서 歡喜ᄒ야 奉行
ᄒᄂᆞ니라(一衆이 聞法ᄒᅀᆞᆸ고 靡不開悟ᄒ야 歡喜奉行ᄒᄂᆞ니라)
〈壇經中 48b〉

<5> 나토다 對 現ᄒ다

고유어 '나토다'와 한자어 '現ᄒ다'가 [現] 즉 '나타내다'의 뜻을 가지고 동의 관계에 있다는 것은 다음 예문들에서 잘 확인된다. 원문 중 '現大身'이 '큰 몸 나토다'로 번역되고 '現小身'이 '小身 나토다'로 번역되고 '現形'이 '얼굴를 나토다'로 번역된다. 그리고 '現身'이 '모믈 現ᄒ다'로 번역되고 '現大'가 '大를 現ᄒ다'로 번역된다. 따라서 '나토다'와 '現ᄒ다'의 동의성은 명백히 입증된다.

(5) a. 네 오직 能히 큰 몸 나토고 能히 져근 몸 나토디 몯ᄒ놋다 (你ㅣ 只能現大身ᄒ고 不能現小身ᄒ놋다) 〈壇經序 21a 〉

　　b. 그 龍이…ᄯᅩ 小身 나토아(其龍이…復現小身ᄒ야) 〈壇經序 22b 〉

　　c. 홀른 얼구를 나토오ᄃᆡ(一日에 現形ᄒᄃᆡ) 〈壇經序 21a 〉

　　d. 萬物을 맛글ᄆᆞ샤 양ᄌ 나토샤미(應物現形) 〈施食 11a 〉

　　e. 火龍이 神龍을 나토아 〈勸供 21b 〉

　　f. 願ᄒᆞᆫ든 和尙이(95b) 慈悲로 곧 西方을 나토샤(願和尙이 慈悲로 便現西方ᄒ샤) 〈壇經上 96a 〉

(5) g. 四(8a) 天王이 모믈 現ᄒ야(四天王이 現身ᄒ야) 〈壇經序 16b 〉

　　h. 小로 大를 現ᄒ며 大로 小를 現홀디니라(以小現大ᄒ며 以大現小也ㅣ니라) 〈壇經字 21b 〉

<6> 낟다 對 現호다

고유어 '낟다'와 한자어 '現호다'가 [現] 즉 '나타나다'의 뜻을 가지고 동의 관계에 있다는 것은 다음 예문들에서 잘 확인된다. 원문 중 '寂滅現前'이 '寂滅이 알픠 낟다'로 번역되고 '自性現'이 '제 性이 낟다'로 번역된다. 그리고 '出現'이 '나 現호다'로 번역된다. 따라서 '낟다'와 '現호다'의 동의성은 명백히 입증된다.

(6) a. 이 곧 寂滅이 알픠 나토미니 알픠 나톨 뗄 當호야 쏘 알픠 나톤 혜아룜 업소미 닐온 常樂이니라(是則寂滅現前이니 當現前時호야 亦無現前之量호미 乃謂常樂이니라)〈壇經中 90a〉

   b. 곧 이 제 性이 나트리라(卽是自性現호리라)〈壇經上 82a〉

   c. 智慧 샹녜 나타(智慧常現호야)〈壇經上 61b〉

   d. 내 모맷 靈光이 샹녜(81a) 번득 나트리라(自己靈光이 常顯現호리라)〈壇經中 81a〉

   e. 힛 비치 낟디 몯둧 호니(猶如…日光이 不現둧 호니)〈壇經上 66b〉

   f. 萬法이 다 낟느니(萬法이 皆現호느니)〈壇經中 39b〉

   g. 밧긔 나톤 모든 色衆과(外現衆色衆과)〈壇經中 93a〉

(6) h. 本來ㅅ 眞性이 나 現호물 得호리니(本來眞性이 而得出現호리니)〈壇經中 61a〉

   i. 世예 나 現타 호시니(出現於世호시니)〈壇經中 59b〉

   j. 나와 남과 五分身이 뾔야 現케 호쇼셔(熏現自他五分身)〈勸

供 11a〉

<7> ㄴ솟다 對 湧ᄒ다

고유어 'ㄴ솟다'와 한자어 '湧ᄒ다'가 [湧] 즉 '물이 솟구치다'의 뜻
을 가지고 동의 관계에 있다는 것은 다음 예문들에서 잘 확인된다. 원
문 중 '銀浪湧'이 '힌 믌겨리 ㄴ솟다'로도 번역되고 '銀浪이 湧ᄒ다'로
도 번역된다. 따라서 'ㄴ솟다'와 '湧ᄒ다'의 동의성은 명백히 입증된
다.

(7) a. 프른 玉瓶 中엔 힌 믌겨리 ㄴ솟고(碧玉瓶中銀浪湧) 〈勸供
49a〉
b. 瓶中에 銀浪이 湧ᄒ면 茶 글는 양지오 〈勸供 49b〉

<8> 논호다 對 分ᄒ다

고유어 '논호다'와 한자어 '分ᄒ다'가 [分] 즉 '나누다'의 뜻을 가지
고 동의 관계에 있다는 것은 다음 예문들에서 잘 확인된다. 원문 중
'分頓漸'이 '頓과 漸과를 논호다'로 번역된다. 그리고 '分化'가 '化를 分
ᄒ다'로 번역된다. 따라서 '논호다'와 '分ᄒ다'의 동의성은 명백히 입
증된다.

(8) a. 三乘을 頓과(18b) 漸과를 논호고(三乘分頓漸) 〈勸供 19a〉
b. 頓과 漸괏 논호믈 學者 ㅣ 웃듬을 아디 몯더니(頓漸之分을

而學者ㅣ莫知宗趣ᄒ더니)〈壇經下 1b〉

c. 四大 ᄂ화 흐러(四大分散ᄒ야)〈壇經中 86a〉

(8) d. 네 반ᄃ기 _(95a)方애 化룰 方ᄒ야(汝當方化_方ᄒ야)
〈壇經中 95b〉

e. 佛은 覺이니 分ᄒ야 네 門에 밍ᄀ노니(佛은 楢覺也ㅣ니 分
爲四門ᄒ노니)〈壇經中 60b〉

<9> 두다 對 留ᄒ다

고유어 '두다'와 한자어 '留ᄒ다'가 [留] 즉 '두다'의 뜻을 가지고 동
의 관계에 있다는 것은 다음 예문들에서 잘 확인된다. 원문 중 '留情'
이 '情을 두다'로 번역된다. 그리고 '留何敎法'이 '엇던 敎法을 留ᄒ다'
로 번역되고 '留此偈'가 '이 偈룰 留ᄒ다'로 번역된다. 따라서 '두다'와
'留ᄒ다'의 동의성은 명백히 입증된다.

(9) a. ᄒ다가 옮기ᄂ 고대 情을 두디 아니ᄒ면(若扵轉處에 不留情
ᄒ면)〈壇經中 75a〉

b. 法海 ᄉᆞᆯ오ᄃᆡ 和尙은 엇던 敎法을 留ᄒ샤 後代옛 迷人으로
佛性(72b)을 보게 ᄒ시리잇고(法海ㅣ 白言ᄒ샤ᄃᆡ 和尙은
留何敎法ᄒ샤 令後代迷人으로 獨見佛性이리잇고)〈壇經下
73a〉

(9) c. 오직 이 偈룰 留ᄒ야(但留此偈ᄒ야)〈壇經上 18b〉

<10> 디킈다 對 守ᄒ다

고유어 '디킈다'와 한자어 '守ᄒ다'가 [守] 즉 '지키다'의 뜻을 가지고 동의 관계에 있다는 것은 다음 예문들에서 잘 확인된다. 원문 중 '守網'이 '그믈 디킈다'로 번역되고 '守住'가 '디킈여 住ᄒ다'로 번역된다. 그리고 '守寂'을 '寂을 守ᄒ다'로 번역되고 '守空知'가 '뷘 아롬 守ᄒ다'로 번역된다. 따라서 '디킈다'와 '守ᄒ다'의 동의성은 명백히 입증된다.

(10) a. 獵人이 샹녜 그믈 디킈예 ᄒ야ᄃᆫ(獵人이 常令守網커든) 〈壇經上 40a〉

　　 b. 디킈여 住호ᄆᆫ 眞精이 아니로소이다(守住ᄂᆫ 匪眞精이로소이다) 〈壇經中 76b〉

(10) c. 空애 ᄌᆞᆷ기며 寂을 守티 말오(不可沈空守寂ᄒ고) 〈壇經中 22a〉

　　 d. 뷘 아롬 守ᄒ면(守空知ᄒ면) 〈壇經中 81a〉

<11> 맛ᄀᆞᆷ다 對 應ᄒ다

고유어 '맛ᄀᆞᆷ다'와 한자어 '應ᄒ다'가 [應] 즉 '응하다'의 뜻을 가지고 동의 관계에 있다는 것은 다음 예문들에서 잘 확인된다. 원문 중 '應物'이 '萬物'을 맛ᄀᆞᆷ다'로도 번역되고 '物을 應ᄒ다'로도 번역된다. 그리고 '應跡'이 '자최를 應ᄒ다'로 번역되고 '應手'가 '소ᄂᆯ 應ᄒ다'로 번역된다. 따라서 '맛굶다'와 '應ㅎ다'의 동의성은 명백히 입증된다.

(11) a. 萬物을 맛굴ㅁ샤 양ᄌ 나토샤미 물ᄀᆫ 믈 미틧 ᄃᆞᆯ ᄀᆞᆮ거신마
　　　른(應物現形潭應月)〈施食 11a〉

　　b. 이 頌은…衆生을 맛굴ㅁ샤미 ᄃᆞᆳ 그림제 ᄀᆞᆮᄋᆞ샤ᄆᆞᆯ 頌ㅎᅀᆞ오
　　　니라〈施食 11b〉

(11) c. 物(76a)을 應하야(應物ㅎ야)〈壇經中 76b〉

　　d. 큰 權ᄋᆞ로 자쵀ᄅᆞᆯ 應ㅎ시며(大權應跡)〈施食 8之2a〉

　　e. ᄉᆞ미 소ᄂᆞᆯ 應(108b)ㅎ야 나거ᄂᆞᆯ(泉이 應手而出커ᄂᆞᆯ)〈壇經
　　　中 109a〉

　　f. 跋陁羅ㅅ 먼 記ᄅᆞᆯ 應(4b)ㅎ야(應跋陁羅懸記ㅎ야)〈壇經序
　　　5a〉

　　g. 샹녜 諸根에 應ㅎ야 ᄡᅮ디(常應諸根用호ᄃᆡ)〈壇經中 93a〉

　　h. 眞如界ᄅᆞᆯ 브트샤 平等(16b)히 應ㅎ시며 디니샤(從眞界等應
　　　持)〈勸供 17a〉

<12> 맞다 對 迎逢ㅎ다

고유어 '맞다'와 한자어 '迎逢ㅎ다'가 [迎] 즉 '맞다, 맞이하다'의 뜻
을 가지고 동의 관계에 있다는 것은 다음 예문들에서 잘 확인된다. 원
문 중 '迎請'이 '마자 請ㅎ다'로 번역된다. 그리고 '迎諸聖'이 '諸聖을
迎逢ㅎ다'로 번역된다. 따라서 '맞다'와 '迎逢ㅎ다'의 동의성은 명백히
입증된다.

(12) a. 十惡 ᄆᆞᅀᆞᆷ을 긋디 몯ᄒᆞ면 어느 부톄 곧 와 마자 請ᄒᆞ료(不斷
　　　 十惡之心ᄒᆞ면 何佛이 卽來迎請이리오) 〈壇經上 94a〉

　　 b. 師를 마자 사ᄅᆞ시게 호리라 ᄒᆞ니(延師居之호리라 ᄒᆞ니) 〈壇
　　　 經中 51a〉

(12) c. 諸聖을 迎逢ᄒᆞᅀᆞ와 오시게 코져 ᄒᆞ린댄(欲迎諸聖以來臨)
　　　 〈勸供 24a〉

<13> 모ᄅᆞ다 對 迷惑ᄒᆞ다

　고유어 '모ᄅᆞ다'와 한자어 '迷惑ᄒᆞ다'가 [迷] 즉 '모르다'의 뜻을 가
지고 동의 관계에 있다는 것은 다음 예문들에서 잘 확인된다. 원문 중
'自性…迷'가 '제 性을 모ᄅᆞ다'로 번역되고 '自性迷'가 '제 性을 迷惑ᄒᆞ
다'로 번역된다. '心迷'가 'ᄆᆞᅀᆞᆷ을 모ᄅᆞ다'로도 번역되고 'ᄆᆞᅀᆞᆷ을 迷惑
ᄒᆞ다'로도 번역된다. 그리고 '汝…迷'가 '네 모ᄅᆞ다'로도 번역되고 '네
迷惑ᄒᆞ다'로도 번역된다. 따라서 '모ᄅᆞ다'와 '迷惑ᄒᆞ다'의 동의성은 명
백히 입증된다.

(13) a. 제 性을 ᄒᆞ다가 모ᄅᆞ면(自性을 若迷ᄒᆞ면) 〈壇經上 10a〉
　　 b. ᄆᆞᅀᆞᆷ을 모ᄅᆞ면 法華ㅣ 옮기고(心迷ᄒᆞ면 法華ㅣ 轉이오) 〈壇
　　　 經中 65b〉
　　 c. 眞을 모ᄅᆞ고 妄을 조ᄎᆞ며(迷眞逐妄) 〈施食 35a〉
　　 d. 經 ᄠᅳ디 分明커늘 네 몰라 背叛ᄒᆞ니(經意分明커늘 汝自迷背
　　　 ᄒᆞᄂᆞ니) 〈壇經中 68a〉

e. 오직 몰롬과 아롬괘 사ᄅᆞ미게 이시며(只爲迷悟ㅣ 在人ᄒᆞ
며)〈壇經中 65a〉

f. 몰롬과 아로미 ᄒᆞᆫ가지 아니라(迷悟不同ᄒᆞ야)〈壇經上 66b〉

g. 몰라 드르면 여러 劫을 디내오(迷聞ᄒᆞ면 經累劫이오)〈壇經
上 82b〉

h. 모ᄅᆞᆯ 젠(迷時옌)〈壇經上 33b〉

(13) i. 제 性을 迷惑ᄒᆞ면 곧 이 衆生이오 제 性을 알면 곧 이 부톄니
(自性을 迷ᄒᆞ면 卽是衆生이오 自性을 覺ᄒᆞ면 卽是佛이니)
〈壇經上 96b〉

j. 네 ᄒᆞ다가 ᄆᆞᅀᆞᆷ을 迷惑(27a)ᄒᆞ야 보디 몯거든(汝若心迷ᄒᆞ
야 不見이어든)〈壇經下 27b〉

k. 오직 ᄆᆞᅀᆞᆷ 迷惑호ᄆᆞᆯ 브터 能히 제 아디 몯ᄒᆞᄂᆞ니(只緣心迷
ᄒᆞ야 不能自悟ᄒᆞᄂᆞ니)〈壇經上 48b〉

l. 네 迷惑ᄒᆞ야 自心을 보디 몯거든(汝ㅣ 自迷ᄒᆞ야 不見自心이
어든)〈壇經下 27b〉

<14> 모ᄅᆞ다 對 迷ᄒᆞ다

고유어 '모ᄅᆞ다'와 한자어 '迷ᄒᆞ다'가 [迷] 즉 '모르다'의 뜻을 가지
고 동의 관계에 있다는 것은 다음 예문들에서 잘 확인된다. 원문 중
'心迷'가 'ᄆᆞᅀᆞᆷ을 모ᄅᆞ다'로 번역되고 '迷心'이 'ᄆᆞᅀᆞᆷ 迷ᄒᆞ다'로 번역된
다. 그리고 '迷眞'이 '眞을 모ᄅᆞ다'로 번역되고 '前念迷'가 '前念을 迷ᄒᆞ
다'로 번역된다. 따라서 '모ᄅᆞ다'와 '迷ᄒᆞ다'의 동의성은 명백히 입증

된다.

(14) a. 무음을 모르면 法華ㅣ 옮기고 (心迷ᄒ면 法華ㅣ 轉이오)
〈壇經中 65b〉

b. 眞을 모르고 妄을 조ᄎ며(迷眞逐妄)〈施食 35a〉

c. 제 性을 ᄒ다가 모르면(自性을 若迷ᄒ면)〈壇經上 10a〉

d. 몰롬과 아로미 ᄒ가지 아니라(迷悟不同ᄒ야)〈壇經上 66b〉

e. 오직 몰롬과 아롬괘 사ᄅ미게 이시며(只爲迷悟ㅣ 在人ᄒ
며)〈壇經中 65a〉

f. 몰라 드르면 여러 劫을 디내오(迷聞ᄒ면 經累劫이오)〈壇經
上 82b〉

(14) g. 무음 迷ᄒ야 밧고로 보며(迷心外見ᄒ며)〈壇經上 66b〉

h. 前念을 迷ᄒ면 곧 凡夫ㅣ오(前念迷則凡夫ㅣ오)〈壇經上
59b〉

i. 곧 이 안팟글 迷티 아니ᄒ미니(卽是內外不迷니)〈壇經中
60a〉

j. 世人이 밧긔(59b) 迷ᄒ야 相애 着ᄒ고 안해 迷ᄒ야 空애
着ᄒᄂ니(世人이 外迷着相ᄒ고 內迷着空ᄒᄂ니)〈壇經中
60a〉

<15> 뮈다 對 動ᄒ다

고유어 '뮈다'와 한자어 '動ᄒ다'가 [動] 즉 '움직이다'의 뜻을 가지

고 동의 관계에 있다는 것은 다음 예문들에서 잘 확인된다. 원문 중 '不動'이 '뮈디 아니ᄒ다'로도 번역되고 '動티 아니ᄒ다'로도 번역된다. 따라서 '뮈다'와 '動ᄒ다'의 동의성은 명백히 입증된다.

(15) a. 안자 뮈디 아니ᄒ며 妄을 ᄆᅀᆞ매 니ᄅ왇디 아니호미(坐不動
　　　 ᄒ며 妄不起心이)〈壇經中 4b〉
　　 b. 뮈디 아니ᄒ며 니디 아니ᄒ야(不動不起ᄒ야)〈壇經中 6a〉
　　 c. 안해 自性이 뮈디 아니홈 보미(內見自性不動이)〈壇經中
　　　 14b〉
　　 d. ᄯᅩ 뮈디 아니홈도 아니니(亦不是不動이니)〈壇經中 16b〉

(15) e. 迷人ᄋᆞᆫ 모미 비록 動티 아니ᄒ나(迷人ᄋᆞᆫ 身雖不動이나)〈壇
　　　 經中 18b〉

<16> 받줍다 對 呈ᄒ다

고유어 '받줍다'와 한자어 '呈ᄒ다'가 [呈]과 [呈似] 즉 '드리다, 윗사람에게 바치다'의 뜻을 가지고 동의 관계에 있다는 것은 다음 예문들에서 잘 확인된다. 원문 중 '呈我佛'이 '我佛ᄭᅴ 받줍다'로 번역된다. 그리고 '呈和尙'이 '和尙ᄭᅴ 呈ᄒ다'로 번역되고 '呈似師'가 '師ᄭᅴ 呈ᄒ다'로 번역된다. 따라서 '받줍다'와 '呈ᄒ다'의 동의성은 명백히 입증된다.

(16) a. 香積世界옛 上味로 我佛ᄭᅴ 받줍노이다(香積上方呈我佛)

〈勸供 51b〉

(16) b. 偈를 지서 쟝ᄎ 和尙ᄭᅴ 묻ᄒᆞᆫᄃᆞᆯ(作偈ᄒᆞ야 將呈和尙ᄒᆞᆫᄃᆞᆯ) 〈壇
經上 12a〉

c. 師ᄭᅴ 묻ᄒᆞᆫ대(呈似師ᄒᆞᆫ대) 〈壇經中 110b〉

<17> 보다 對 觀ᄒᆞ다

고유어 '보다'와 한자어 '觀ᄒᆞ다'가 [觀] 즉 '보다'의 뜻을 가지고 동
의 관계에 있다는 것은 다음 예문들에서 잘 확인된다. 원문 중 '觀自
本心'이 '네 本心을 보다'로 번역되고 '觀心'이 'ᄆᆞᅀᆞᆷ을 觀ᄒᆞ다'로 번역
된다. 그리고 '觀靜'이 '괴외호믈 보다'로 번역되고 '觀行'이 '行을 觀ᄒᆞ
다'로 번역된다. 따라서 '보다'와 '觀ᄒᆞ다'의 동의성은 명백히 입증된
다.

(17) a. 네 네 本心을 보고(汝ㅣ 觀自本心ᄒᆞ고) 〈壇經中 83a〉

b. ᄆᆞᅀᆞᆷ을 住ᄒᆞ야 괴외호믈 보아(住心觀靜ᄒᆞ야) 〈壇經下 5b〉

c. ᄯᅩ 사ᄅᆞ미(5b)…ᄆᆞᅀᆞᆷ 보며 괴외홈 보아(又有人이…看心ᄒᆞ
야 觀靜ᄒᆞ야) 〈壇經中 6a〉

d. 道 ᄇᆡ호리ᄂᆞᆫ 샹녜 自性에 볼디니(學道ᄂᆞᆫ 常於自性觀이니)
〈壇經中 47a〉

(17) e. 各各 제 ᄆᆞᅀᆞᆷ을 觀ᄒᆞ야(各自觀心ᄒᆞ야) 〈壇經上 71a〉

f. 觀行偈讚: 行을 觀ᄒᆞᄂᆞᆫ 偈라 〈施食 41a〉

g. 샹녜 觀ᄒᆞ야 비취ᄂᆞᆫ 견ᄎᆞ로(常觀照故로) 〈壇經上 64b〉

<18> 븥다 對 因ᄒᆞ다

고유어 '븥다'와 한자어 '因ᄒᆞ다'가 [因] 즉 '의거하다, 말미암다'의 뜻을 가지고 동의 관계에 있다는 것은 다음 예문들에서 잘 확인된다. 원문 중 '因此'가 '이ᄅᆞᆯ 븥다'로 번역되고 '因此戒'가 '이 戒ᄅᆞᆯ 因ᄒᆞ다'로 번역된다. 따라서 '븥다'와 '因ᄒᆞ다'의 동의성은 명백히 입증된다.

(18) a. 三世如來 이ᄅᆞᆯ 브트샤ᅀᅡ 成佛ᄒᆞ실ᄉᆡ(三世如來因此成佛故)
〈施食 32a〉
b. 三世諸佛이 다 이 戒ᄅᆞᆯ 因ᄒᆞ야 正覺을 시러 일우시니(三世
諸佛皆因此戒得成正覺)〈施食 25a〉

<19> 븥다 對 從ᄒᆞ다

고유어 '븥다'와 한자어 '從ᄒᆞ다'가 [從] 즉 '말미암다'의 뜻을 가지고 동의 관계에 있다는 것은 다음 예문들에서 잘 확인된다. 원문 중 '從眞界'가 '眞如界ᄅᆞᆯ 븥다'로 번역되고 '從此'가 '이ᄅᆞᆯ 븥다'로 번역된다. 그리고 '從口'가 '이블 從ᄒᆞ다'로 번역된다. 따라서 '븥다'와 '從ᄒᆞ다'의 동의성은 명백히 입증된다.

(19) a. 眞如界ᄅᆞᆯ 브트샤 平等(16b) 應ᄒᆞ시며 디니샤(從眞界等應
持)〈勸供 17a〉

b. 前念과 今念과 또 後念을 브터(從前念과 今念과 及後念ㅎ
야)〈壇經中 23b〉

c. 이룰 브터 功夫 두라 ㅎᄂ니(從此置功ㅎᄂ니)〈壇經中 6a〉

d. 내 이 法門은 우흘 브터 오ᄆ로(我此法門은 從上以來로)
〈壇經中 8a〉

e. 傳授ᄂ 우흘 브터 오ᄆ로(傳授ᄂ 從上以來로)〈壇經上
76b〉

f. 이 이른 모로매 自性 中을 브터 니러(此事ᄂ 須從自性起ㅎ
야)〈壇經中 19b〉

g. 劫을 브터 劫에 니르리(從劫至劫히)〈壇經中 70b〉

h. 나즐 브터 바매 니르리(從晝至夜히)〈壇經中 70b〉

(19) i. 蓮華ㅣ 이블 從ㅎ야 프리라(蓮華ㅣ 從口發ㅎ리라)〈壇經中
56b〉

<20> 븓다 對 着ㅎ다

고유어 '븓다'와 한자어 '着ㅎ다'가 [着] 즉 '붙다'의 뜻을 가지고 동
의 관계에 있다는 것은 다음 예문들에서 잘 확인된다. 원문 중 '着空
見'이 '空見에 븓다'로 번역된다. 그리고 '着心'이 'ᄆᅀᆞ매 着ㅎ다'로 번
역되고 '着相'이 '相애 着ㅎ다'로 번역된다. 따라서 '븓다'와 '着ㅎ다'의
동의성은 명백히 입증된다.

(20) a. 空見에 븓디 말며(不着空見ㅎ며)〈壇經中 106b〉

(20) b. 이 門ㅅ 坐禪은 본딕 므슴매 着디 아니ᄒ며 ᄯ 조ᄒᆞ매 着디

아니ᄒ며(此門坐禪은 元不着心ᄒ며 亦不着淨ᄒ며) 〈壇經中

16b〉

c. 밧긔 ᄒ다가 相애 着ᄒ면 안 므슴미 곧 亂ᄒ고(外若着相ᄒ

면 內心이 卽亂ᄒ고) 〈壇經中 15a〉

d. ᄒ다가 淨에 着다 니ᄅ면(若言着淨ᄒ면) 〈壇經中 17b〉

e. 着홀 고디 업스니라(無所着也ㅣ니라) 〈壇經中 16b〉

<21> 사기다 對 刻ᄒ다

고유어 '사기다'와 한자어 '刻ᄒ다'가 [鐫]과 [刊] 즉 '새기다'의 뜻

을 가지고 동의 관계에 있다는 것은 다음 예문들에서 잘 확인된다. 원

문 중 '石鐫'이 '돌해 사기다'로 번역된다. 그리고 '刊于吳中休休禪庵'

이 '吳中休休禪의 刻ᄒ다'로 번역된다. 따라서 '사기다'와 '刻ᄒ다'의

동의성은 명백히 입증된다.

(21) a. 師ㅅ 허리예 ᄯ더딘 돌해 사겨 쇼딕(師墜腰石鐫호딕) 〈壇經序

23a〉

b. 吳中休休禪庵의 刻ᄒ야(刊于吳中休休禪庵ᄒ야) 〈壇經序

7b〉

<22> 살다 對 居ᄒ다

고유어 '살다'와 한자어 '居ᄒ다'가 [居] 즉 '살다, 거주하다'의 뜻을 가지고 동의 관계에 있다는 것은 다음 예문들에서 잘 확인된다. 원문 중 '居曹溪'가 '曹溪예 살다'로 번역되고 '居心地上'이 '心地 우희 살다'로 번역된다. 그리고 '遇…居'가 '맛나든 居ᄒ다'로 번역된다. 따라서 '살다'와 '居ᄒ다'의 동의성은 명백히 입증된다.

(22) a. 師ㅣ(23b)…曹溪예 사ᄅ샤(師ㅣ…乃居曹溪ᄒ샤)〈壇經序 24a〉

b. 王이 心地 우희 사ᄂ니(王居心地上ᄒᄂ니)〈壇經上 96a〉

c. 庵子애 사라 댱샹 안자(庵居長坐ᄒ야)〈壇經中 103a〉

d. 曹侯村애 사ᄂ 百姓ᄃ려 닐오ᄃ(乃謂曹侯村居民曰호ᄃ)〈壇經序 20a〉

(22) e. 蒙을 맛(38b)나든 居ᄒ라(遇蒙則居ᄒ라)〈壇經上 39a〉

<23> 서긇다 對 嗔心ᄒ다

고유어 '서긇다'와 한자어 '嗔心ᄒ다'가 [嗔] 즉 '성내다'의 뜻을 가지고 동의 관계에 있다는 것은 다음 예문들에서 잘 확인된다. 원문 중 '無嗔'이 '서글홈 없다'로 번역되고 '貪嗔'이 '貪ᄒ며 嗔心ᄒ다'로 번역된다. 따라서 '서긇다'와 '嗔心ᄒ다'의 동의성은 명백히 입증된다.

(23) a. 서글홈 업스며 깃붐 업스며(亦無嗔無喜ᄒ며)〈壇經上 51a〉

b. 서글호ᄆᆞᆯ 니ᄅᆞ와ᄃᆞ리니(卽起恚恨ᄒ리니)〈壇經下 26b〉

(23) c. 다 無始브터 貪ᄒ며 嗔心ᄒ며 迷惑혼 다시라(皆由無始貪嗔癡)〈施食 30a〉

<24> 심기다 對 傳授ᄒ다

고유어 '심기다'와 한자어 '傳授ᄒ다'가 [授] 즉 '주다, 전하여 주다'의 뜻을 가지고 동의 관계에 있다는 것은 다음 예문들에서 잘 확인된다. 원문 중 '授具足戒'가 '具足戒ᄅᆞᆯ 심기다'로 번역되고 '指授'가 'ᄀᆞᄅ쳐 심기다'로 번역된다. 그리고 '所授之衣'가 '傳授ᄒ샨 옷'으로 번역된다. 따라서 '심기다'와 '傳授ᄒ다'의 동의성은 명백히 입증된다.

(24) a. 具足戒ᄅᆞᆯ 심기ᅀᆞ오니(授具足戒ᄒᅀᆞ오니)〈壇經序 12a〉

b. 또 善知識과로 無相三歸依戒ᄅᆞᆯ 심교리라(更與善知識으로 授無相三歸依戒호리라)〈壇經中 31b〉

c. 버거 無相懺悔ᄅᆞᆯ 심교리라(次授無相懺悔호리라)〈壇經中 20a〉

d. 無相懺悔ᄅᆞᆯ 심겨(授無相懺悔ᄒ야)〈壇經中 23a〉

e. 薛簡이 師의 ᄀᆞᄅ쳐 심기샨 如來ㅅ 知見을 傳ᄒ야ᄂᆞᆯ(薛簡이 傳師指授如來知見ᄒ야ᄂᆞᆯ)〈壇經下 40a〉

f. 뉘게 傳ᄒ야 심기시니잇가(誰人의게 傳授ㅣ 잇가)〈壇經上 35b〉

(24) g. 師ㅣ 홀른 傳授ᄒ샨 오슬 싯고져 호ᄃᆡ(師ㅣ 一日에 欲灌所
授之衣호ᄃᆡ) 〈壇經中 108b〉

<25> 심기다 對 受ᄒ다

고유어 '심기다'와 한자어 '受ᄒ다'가 [受] 즉 '받다'의 뜻을 가지고
동의 관계에 있다는 것은 다음 예문들에서 잘 확인된다. 원문 중 '受
法'이 '法을 심기다'로 번역된다. 그리고 '受法者'가 '法 受홀 사름'으로
번역되고 '受戒'가 '戒를 受ᄒ다'로 번역된다. 따라서 '심기다'와 '受ᄒ
다'의 동의성은 명백히 입증된다.

(25) a. 祖ㅣ …三更에 法을 심기시니(祖ㅣ …三更에 受法ᄒ시니)
〈壇經上 29b〉

(25) b. 다 이 法 受홀 사ᄅᆞ미니(普是受法者ㅣ니)〈壇經中 99b〉
c. 반ᄃᆞ기 肉身菩薩이 이에 戒를 受ᄒ리라 ᄒ시고(當有肉身菩
薩이 於此애 受戒ᄒ리라 ᄒ시고)〈壇經上 5a〉
d. 부텻 戒를 受호려 홀딘댄(欲受佛戒)〈施食 22b〉

<26> ᄉ랑ᄒ다 對 思量ᄒ다

고유어 'ᄉ랑ᄒ다'와 한자어 '思量ᄒ다'가 [思量]과 [思] 즉 '생각하
다'의 뜻을 가지고 동의 관계에 있다는 것은 다음 예문들에서 잘 확인
된다. 원문 중 '思量惡事'가 '惡事를 ᄉ랑ᄒ다'로 번역되고 '從法身思

量'이 '法身을 브텨 思量ᄒ다'로 번역된다. 그리고 '不可思議'가 '어루 스랑ᄒ야 議論티 몯ᄒ다'로도 번역되고 '어루 思量ᄒ야 혜아리디 몯ᄒ다'로도 번역된다. 따라서 '스랑ᄒ다'와 '思量ᄒ다'의 동의성은 명백히 입증된다.

(26) a. 一念이나 스랑ᄒ면 일후미 變化ㅣ니 惡事ᄅᆞᆯ 스랑ᄒ면 化ᄒ야 地獄이 ᄃᆞ외오 善事ᄅᆞᆯ 스랑ᄒ면 化ᄒ야 天堂이 ᄃᆞ외오 (一念思量ᄒ면 名爲變化ㅣ니 思量惡事ᄒ면 化爲地獄이오 思量善事ᄒ면 化爲天堂이오) 〈壇經中 41b〉

   b. 一切 惡事ᄅᆞᆯ 스랑ᄒ면 곧 惡行이 나고 一切 善事ᄅᆞᆯ 스랑ᄒ면 곧 善行이 나ᄂᆞ니(思量一切惡事ᄒ면 卽生惡行ᄒ고 思量一切善事ᄒ면 卽生善行ᄒᄂᆞ니) 〈壇經中 38a〉

   c. 오직 一切 善惡을 다 스랑티 말면(一切善惡을 都莫思量ᄒ면) 〈壇經下 38b〉

   d. 微妙ᄒᆞᆫ 道ᄂᆞᆫ 虛코 기퍼 어루 스(3a)랑ᄒ야 議論티 몯ᄒ리니(妙道ᄂᆞᆫ 虛玄ᄒ야 不可思議니) 〈壇經序 3b〉

(26) e. 法身을 브터 思量호미 곧 이 化身佛이오(從法身思量호미 卽是化身佛이오) 〈壇經中 44b〉

   f. 어루 思量ᄒ야 혜아리디 몯홀 微妙ᄒᆞᆫ 法엣 드글와(不可思議妙法塵) 〈勸供 61a〉

<27> 스랑ᄒ다 對 思惟ᄒ다

고유어 '스랑ᄒ다'와 한자어 '思惟ᄒ다'가 [思惟] 즉 '생각하다'의 뜻을 가지고 동의 관계에 있다는 것은 다음 예문들에서 잘 확인된다. 원문 중 '神秀思惟'가 '神秀ㅣ 스랑ᄒ다'로 번역되고 '一日思惟'가 '홀른 思惟ᄒ다'로 번역된다. 따라서 '스랑ᄒ다'와 '思惟ᄒ다'의 동의성은 명백히 입증된다.

(27) a. 神秀ㅣ 스랑호ᄃᆡ(神秀ㅣ 思惟호ᄃᆡ)〈壇經上 12b〉
    b. 秀ㅣ 스랑호ᄃᆡ(秀ㅣ 乃思惟호ᄃᆡ)〈壇經上 15a〉

(27) c. 홀른 思惟ᄒ야 法 너플 ᄢᅵ 當혼 디라(一日엔 思惟ᄒ야 時當弘法이라)〈壇經上 40a〉

<28> 스몿다 對 達ᄒ다

고유어 '스몿다'와 한자어 '達ᄒ다'가 [達] 즉 '통하다, 통달하다, 미치다'의 뜻을 가지고 동의 관계에 있다는 것은 다음 예문들에서 잘 확인된다. 원문 중 '達諸佛理'가 '諸佛理를 스몿다'로 번역되고 '得達'이 '스ᄆᆞ초믈 得ᄒ다'로 번역된다. 그리고 '甚達'이 '甚히 達ᄒ다'로 번역되고 '不達'이 '達티 몯ᄒ다'로 번역된다. 따라서 '스몿다'와 '達ᄒ다'의 동의성은 명백히 입증된다.

(28) a. 諸佛理를 스ᄆᆞ차(達諸佛理ᄒ야)〈壇經中 22b〉
    b. 엇뎨 스ᄆᆞ초믈 得ᄒ리오(如何得達이리오)〈壇經上 94b〉

(28) c. 法은 곧 甚히 達호디 네 ᄆᆞᅀᆞᆷ은 達티 몯ᄒᆞ며(法卽甚達호디
汝心不達ᄒᆞ며) 〈壇經中 58a〉

<29> ᄉᆞ몿다 對 通達ᄒᆞ다

고유어 'ᄉᆞ몿다'와 한자어 '通達ᄒᆞ다'가 [通達] 즉 '미치다, 통달하
다'의 뜻을 가지고 동의 관계에 있다는 것은 다음 예문들에서 잘 확인
된다. 원문 중 '通達'이 'ᄉᆞ몿다'로 번역되고 '見性通達'이 '見性ᄒᆞ야 通
達ᄒᆞ다'로 번역된다. 따라서 'ᄉᆞ몿다'와 '通達ᄒᆞ다'의 동의성은 명백히
입증된다.

(29) a. ᄉᆞᄆᆞ차 ᄀᆞ룜 업스리니(通達無礙ᄒᆞ리니) 〈壇經上 68a〉
　　 b. 곧 이 見性ᄒᆞ야 通達ᄒᆞ야(卽是見性通達ᄒᆞ야) 〈壇經中41a〉

<30> 알다 對 悟ᄒᆞ다

고유어 '알다'와 한자어 '悟ᄒᆞ다'가 [悟] 즉 '알다'의 뜻을 가지고 동
의 관계에 있다는 것은 다음 예문들에서 잘 확인된다. 원문 중 '自悟'
가 '제 알다'로도 번역되고 '제 悟ᄒᆞ다'로도 번역된다. 그리고 '悟自性'
이 '自性을 알다'로 번역되고 '悟佛心宗'이 '부텻 心宗을 알다'로 번역
되고 '悟此法'이 '이 法 알다'로 번역된다. 따라서 '알다'와 '悟ᄒᆞ다'의
동의성은 명백히 입증된다.

(30) a. 제 아라 修行ᄒᆞ면(自悟修行ᄒᆞ면) 〈壇經中 2b〉

b. 제 알오 제 닷(44b)곤 自性功德이(自悟自修혼 自性功德이)
〈壇經中 45a〉

c. 스승 업시 제 아닌(無師自悟ᄂᆞᆫ) 〈壇經中 99a〉

d. ᄒᆞ다가 自性을 알면(若悟自性ᄒᆞ면) 〈壇經下 11b〉

e. 부텻 心宗을 아로ᄃᆡ(悟佛心宗호ᄃᆡ) 〈壇經中 99a〉

f. 이 法 아ᄂᆞ니ᄂᆞᆫ 곧 이 念 업소미니(悟此法者ᄂᆞᆫ 卽是無念이
니) 〈壇經上 61b〉

g. ᄒᆞ다가 大意ᄅᆞᆯ 알면(若悟大意ᄒᆞ면) 〈壇經上 10b〉〈壇經上
22b〉

h. 經 듣고 道ᄅᆞᆯ 아라(聞經悟道ᄒᆞ야) 〈壇經序 11a〉

i. ᄒᆞ다가 頓敎ᄅᆞᆯ 여러 아라(若開悟頓敎ᄒᆞ야) 〈壇經上 67a〉

j. 隍이 이에 키 아라(隍이 於是예 大悟ᄒᆞ야) 〈壇經中 107a〉

(30) k. 法은 ᄆᆞᄉᆞᆷ으로 ᄆᆞᄉᆞᆷ을 傳ᄒᆞ야 다 제 解ᄒᆞ며 제 悟케 ᄒᆞ시니
(法則以心傳心ᄒᆞ야 皆令自悟自解케 ᄒᆞ시니) 〈壇經上 31a〉

<31> 알다 對 體ᄒᆞ다

고유어 '알다'와 한자어 '體ᄒᆞ다'가 [體] 즉 '알다'의 뜻을 가지고 동
의 관계에 있다는 것은 다음 예문들에서 잘 확인된다. 원문 중 '體師
意'가 '師ㅅ ᄠᅳ들 알다'로 번역되고 '體'가 '體ᄒᆞ다'로 번역된다. 따라서
'알다'와 '體ᄒᆞ다'의 동의성은 명백히 입증된다.

(31) a. 너비 다 禮數ᄒᆞ야 다 師ㅅ ᄠᅳ들 아라(普皆作禮ᄒᆞ야·並體師

意ᄒ야)〈壇經下 59a〉

b. 體ᄒ면 곧 無生이라(體卽無生이라)〈壇經中 101a〉

<32> 어리다 對 迷ᄒ다

고유어 '어리다'와 한자어 '迷ᄒ다'가 [迷] 즉 '모르다'의 뜻을 가지
고 동의 관계에 있다는 것은 다음 예문들에서 잘 확인된다. 원문 중
'自性…迷'가 '自性을 어리다'로 번역된다. '迷悟'가 '어륨과 아롬'으로
번역되고 '어리다'는 [悟] 즉 '알다'의 뜻을 가진 동작동사 '알다'와 의
미상 대립 관계에 있다. 그리고 '迷心'이 'ᄆᅀᆞᆷ 迷ᄒ다'로 번역되고 '前
念迷'가 '前念을 迷ᄒ다'로 번역된다. 따라서 '어리다'와 '迷ᄒ다'의 동
의성은 명백히 입증된다.

(32) a. 自性을 샹녜 어리ᄂ니(自性을 常迷니)〈壇經下 9b〉

b. 오직 어륨과 아롬쾌 ᄒᆞᆫ 가지 아니로ᄆᆞᆯ(48b) 브터(只緣迷悟
ㅣ 不同ᄒ야)〈壇經上 49a〉

(32) c. ᄆᅀᆞᆷ 迷ᄒ야 밧고로 보며(迷心外見ᄒ며)〈壇經上 66b〉

d. 前念을 迷ᄒ면 곧 凡夫ㅣ오(前念迷則凡夫ㅣ오)〈壇經上
59b〉

e. 곧 이 안팟글 迷티 아니ᄒᆞ미니(卽是內外不迷니)〈壇經中
60a〉

f. 世人이 밧긔(59b) 迷ᄒ야 相애 着ᄒ고 안해 迷ᄒ야 空애
着ᄒᄂ니(世人이 外迷着相ᄒ고 內迷着空ᄒᄂ니)〈壇經中

60a〉

<33> 없다 對 滅ᄒ다

고유어 '없다'와 한자어 '滅ᄒ다'가 [滅] 즉 '멸하다, 없어지다'의 뜻을 가지고 동의 관계에 있다는 것은 다음 예문들에서 잘 확인된다. 원문 중 '消滅'이 '스러 없다'로도 번역되고 '스러 滅ᄒ다'로도 번역된다. 따라서 '없다'와 '滅ᄒ다'의 동의성은 명백히 입증된다.

(33) a. 地獄等罪ㅣ 흔ᄢᅴ 스러 업스리니(地獄等罪ㅣ 一時消滅ᄒ리니)〈壇經上 98b〉

(33) b. 願ᄒᄃᆫ 흔ᄢᅴ 스러 滅ᄒ야(願一時消滅ᄒ야)〈壇經中 23b〉〈壇經中 24b〉

　　 c. 널로 한 劫엣 迷惑흔 罪ᄅᆯ 흔ᄢᅴ 스러 滅케 ᄒ(45a)리라(令汝積劫迷罪ᄅᆯ 一時消滅ᄒ리라)〈壇經中 45b〉

<34> 여희다 對 免ᄒ다

고유어 '여희다'와 한자어 '免ᄒ다'가 [免] 즉 '면하다, 벗어나다'의 뜻을 가지고 동의 관계에 있다는 것은 다음 예문들에서 잘 확인된다. 원문 중 '免難'이 '難을 여희다'로 번역된다. 그리고 '免⋯謗'이 '誹謗을 免ᄒ다'로 번역되고 '免飢虛'가 '비골포ᄅᆯ 免ᄒ다'로 번역된다. 따라서 '여희다'와 '免ᄒ다'의 동의성은 명백히 입증된다.

(34) a. 耶輸ㅣ 難을 여희여 災障을 더니라(耶輸免難除災障)〈勸供 42b〉

   b. 어즈러운 듣그를 여희여(避擾塵)〈勸供 21a〉

(34) c. 疑心ㅎ야 誹謗을 免티 몯ㅎ리로소이다(未免疑謗이로소이 다)〈壇經中 67a〉

   d. 能히 萬劫에 빅골포믈 免케 ㅎ니(能令萬劫免飢虛)〈勸供 51b〉

   e. 이 偈를 브터 닷マ면 惡道애 떠러듀믈 免ㅎ고(依此偈修ㅎ면 免墮惡道ㅎ고)〈壇經上 18b〉

   f. 이 偈를 브터 닷マ면 惡道애 떠러듀믈 免ㅎ리(23a)라 ㅎ 시니라(依此偈修ㅎ면 免墮惡道ㅎ리라 ㅎ시니라)〈壇經上 23b〉

<35> 옮기다 對 傳ㅎ다

고유어 '옮기다'와 한자어 '傳ㅎ다'가 [傳] 즉 '전하다, 옮기다'의 뜻 을 가지고 동의 관계에 있다는 것은 다음 예문들에서 잘 확인된다. 원 문 중 '傳分付'가 '옮겨 分付ㅎ다'로 번역된다. 그리고 '傳付'가 '傳ㅎ야 맛디다'로 번역되고 '傳授'가 '傳ㅎ야 심기다'로 번역된다. 따라서 '옮 기다'와 '傳ㅎ다'의 동의성은 명백히 입증된다.

(35) a. 줌줌ㅎ야 옮겨 分付호딕(默傳分付호딕)〈壇經上 76b〉

   b. 惠能은 諸人과 西方을 刹那ㅅ ᄉ싀예 옮겨(惠能은 與諸人과

移西方於刹那間ᄒ야)〈壇經上 95b〉

(35) c. 傳ᄒ야 맛디디 몯ᄒ리니(不得傳付ㅣ니)〈壇經上 76b〉

　　 d. 뉘게 傳ᄒ야 심기시니잇가(誰人의게 傳授ㅣ잇가)〈壇經上 35b〉

　　 e. 오직 見性法을 傳ᄒ면(唯傳見性法ᄒ면)〈壇經上 78b〉

<36> 이받다 對 供養ᄒ다

고유어 '이받다'와 한자어 '供養ᄒ다'가 [供]과 [供養] 즉 '받들다, 공양하다'의 뜻을 가지고 동의 관계에 있다는 것은 다음 예문들에서 잘 확인된다. 원문 중 '供僧'이 '즁 이받다'로 번역된다. 그리고 '供無盡三寶海'가 '無盡ᄒ신 三寶海를 供養ᄒ다'로 번역되고 '供養布施'가 '供養ᄒ며 布施ᄒ다'로 번역된다. 따라서 '이받다'와 '供養ᄒ다'의 동의성은 명백히 입증된다.

(36) a. 내 一生애 뎔 지스며 즁 이바드며 布施ᄒ며 齋를 設호니(朕이 一生애 造寺ᄒ며 供僧ᄒ며 布施設齋호니)〈壇經上 85b〉

　　 b. 이바드리 이시며 업슨 一切 鬼神과(有無祀奠一切鬼神)〈施食 13之1b〉

(36) c. 無盡ᄒ신 三寶海를 너비 供養ᄒᄉ와지이다(普供無盡三寶海)〈施食 17a〉

　　 d. 武帝 ᄆᄉ미 邪ᄒ야 正法을 아디 몯ᄒ고 뎔 지스며 供養ᄒ

며 布施ᄒ며 設齋호ᄆ로(武帝ㅣ 心邪ᄒ야 不知正法ᄒ고 造
寺供養布施設齋로)〈壇經上 86a〉

e. 布施ᄒ며 供養ᄒ야(布施供養ᄒ야)〈壇經中 46a〉

f. 너비 ᄒ가지로 供養ᄒ쇼셔(普同供養)〈施食 5之2a〉

<37> 저ᄉᆞᆸ다 對 禮數ᄒ다

고유어 '저ᄉᆞᆸ다'와 한자어 '禮數ᄒ다'가 [作禮] 즉 '절하다, 禮數하
다'의 뜻을 가지고 동의 관계에 있다는 것은 다음 예문들에서 잘 확인
된다. 원문 중 '同時作禮'가 'ᄒ끠 저ᄉᆞᆸ다'로 번역되고 '一時作禮'가 'ᄒ
끠 禮數ᄒᄉᆞᆸ다'로 번역된다. 그리고 '作禮而退'가 '저ᄉᆞᆸ고 믈러가다'로
번역되고 '作禮而出'이 '禮數ᄒ고 나다'로 번역된다. 따라서 '저ᄉᆞᆸ다'
와 '禮數ᄒ다'의 동의성은 명백히 입증된다.

(37) a. 僧尼道俗 一千餘人괘 ᄒ끠 저ᄉᆞᆸ고(僧尼道俗一千餘人이 同
時作禮ᄒᄉᆞᆸ고)〈壇經上 2a〉

b. 志道(93b)ㅣ …저ᄉᆞᆸ고 믈러가니라(志道ㅣ …作禮而退ᄒ니
라)〈壇經中 94a〉

(37) c. ᄒ끠 禮數ᄒᄉᆞᆸ고(一時作禮ᄒᄉᆞᆸ고)〈壇經上 83a〉

d. 神秀ㅣ 作禮ᄒ고 나(神秀ㅣ 作禮而出)〈壇經上 20b〉

e. 한 즁이 禮數(55b)ᄒ고(衆僧이 作禮ᄒ고)〈壇經下 56a〉

f. 童子ㅣ 혀 偈ㅅ 알ᄑᆡ 가 禮數케 ᄒᆞ대(童子ㅣ 引至偈前ᄒ야
作禮케 ᄒᆞ대)〈壇經上 23b〉

<38> 펴다 對 發ᄒ다

고유어 '펴다'와 한자어 '發ᄒ다'가 [發] 즉 '펴다'의 뜻을 가지고 동의 관계에 있다는 것은 다음 예문들에서 잘 확인된다. 원문 중 '發明'이 '펴 불기다'로 번역된다. 그리고 '發四弘誓願'이 '四弘誓願을 發ᄒ다'로 번역되고 '發慧'가 '慧롤 發ᄒ다'로 번역된다. 따라서 '펴다'와 '發ᄒ다'의 동의성은 명백히 입증된다.

(38) a. 펴 불기면 四智 이ᄂ니라(發明ᄒ면 成四智니라) 〈壇經中 73a〉

(38) b. 四弘誓願을 發호리니(發四弘誓願호리니) 〈壇經中 27a〉

　　　 c. 이제 四弘誓願 發호믈 ᄆᄎ란ᄃᆡ(今發四弘願了ᄒ란ᄃᆡ) 〈壇經中 31b〉

　　　 d. 諸道 ᄇᆡ홀 사ᄅᆞᄆᆞᆫ 定을 몬져 ᄒ야 慧(2a)롤 發ᄒ며 慧롤 몬져 ᄒ야 定을 發타 ᄒ야 各別타 니ᄅᆞ디 말라(諸學道人ᄋᆞᆫ 莫言先定發慧ᄒ며 先慧發定ᄒ야 各別이라 ᄒ라) 〈壇經中 2b〉

<39> 혜아리다 對 思量ᄒ다

고유어 '혜아리다'와 한자어 '思量ᄒ다'가 [思量]과 [思] 즉 '생각하다'의 뜻을 가지고 동의 관계에 있다는 것은 다음 예문들에서 잘 확인된다. 원문 중 '起思量'이 '혜아료믈 니르왇다'로 번역된다. 그리고 '從法身思量'이 '法身을 브터 思量ᄒ다'로 번역되고 '思議'가 '思量ᄒ야 혜아리다'로 번역된다. 따라서 '혜아리다'와 '思量ᄒᆞ다'의 동의성은 명백히 입증된다.

(39) a. ᄒᆞ다가 혜아료ᄆᆞᆯ 니르와ᄃᆞ면(若起思量ᄒᆞ면) 〈壇經下 43b〉

b. 혜아리면 곧 ᄡᅮ매 맛디 몯ᄒᆞ니라(思量ᄒᆞ면 即不中用이니라) 〈壇經上 10b〉

(39) c. 法身을 브터 思量호미 곧 이 化身佛이오(從法身思量호미 即是化身佛이오) 〈壇經中 44b〉

d. 어루 思量ᄒᆞ야 혜아리디 몯홀 微妙ᄒᆞᆫ 法엣 들글와(不可思議妙法塵) 〈勸供 61a〉

<40> 혜아리다 對 議論ᄒᆞ다

고유어 '혜아리다'와 한자어 '議論ᄒᆞ다'가 [議] 즉 '의논하다'의 뜻을 가지고 동의 관계에 있다는 것은 다음 예문들에서 잘 확인된다. 원문 중 '思議'가 '思量ᄒᆞ야 혜아리다'로도 번역되고 'ᄉᆞ랑ᄒᆞ야 議論ᄒᆞ다'로도 번역된다. 따라서 '혜아리다'와 '議論ᄒᆞ다'의 동의성은 명백히 입증된다.

(40) a. 어루 思量ᄒᆞ야 혜아리디 몯홀 微妙ᄒᆞᆫ 法엣 들글와(不可思議妙法塵) 〈勸供 61a〉

b. 微妙ᄒᆞᆫ 道ᄂᆞᆫ 虛코 기퍼 어루 ᄉ(3a)랑ᄒᆞ야 議論티 몯ᄒᆞ리니(妙道ᄂᆞᆫ 虛玄ᄒᆞ야 不可思議니) 〈壇經序 3b〉

1. 2. 固有語가 合成動作動詞와 動作動詞句인 경우

동작동사에서 확인되는 고유어와 한자어 간의 동의에서 고유어가 合成動作動詞와 動作動詞句인 경우에는 [卽] 즉 '나아가다'의 뜻을 가진 '나아가다'와 '卽ᄒᆞ다'를 비롯하여 [加持] 즉 '더하여 지니다'의 뜻을 가진 '더어 디니다'와 '加持ᄒᆞ다', [思議] 즉 '생각하여 의논하다'의 뜻을 가진 'ᄉᆞ랑ᄒᆞ야 議論ᄒᆞ다'와 '思議ᄒᆞ다', 그리고 [發明] 즉 '펴서 밝게 ᄒᆞ다'의 뜻을 가진 '펴 불기다'와 '發明ᄒᆞ다'가 있다.

<1> 나아가다 對 卽ᄒᆞ다

고유어 '나아가다'와 한자어 '卽ᄒᆞ다'가 [卽] 즉 '나아가다'의 뜻을 가지고 동의 관계에 있다는 것은 다음 예문들에서 잘 확인된다. 원문 중 '卽世諦之莊嚴'이 '世諦莊嚴에 나아가다'로 번역된다. 그리고 '卽慧'가 '慧예 卽ᄒᆞ다'로 번역되고 '卽覺知見'이 '覺知見에 卽ᄒᆞ다'로 번역된다. 따라서 '나아가다'와 '卽ᄒᆞ다'의 동의성은 명백히 입증된다.

(1) a. 世諦莊嚴에 나아가샤 妙法供養이 ᄃᆞ외샤(卽世諦之莊嚴成
妙法之供養)〈勸供 40b〉

　　 b. 機예 나아가샤 塵刹애 다 臨ᄒᆞ시며(投機而塵刹俱臨)〈勸供
33a〉

(1) c. 慧예 卽흔 ᄢᅴ 定이 慧예 잇고 定에 卽흔 ᄢᅴ 慧ㅣ 定에 잇ᄂᆞ니
(卽慧之時예 定在慧ᄒᆞ고 卽定之時예 慧在定ᄒᆞ니)〈壇經中

2a〉

d. ᄒᆞ다가(60b)…覺知見에 卽ᄒᆞ면(若…卽覺知見ᄒᆞ면)〈壇經
中 61a〉

e. ᄆᆞᅀᆞᆷ 卽호(53a)미 일후미 慧오 부텨 卽호미 定이니(卽心이
名慧오 卽佛이 乃定이니)〈壇經中 53b〉

<2> 더어 디니다 對 加持ᄒᆞ다

고유어 '더어 디니다'와 한자어 '加持ᄒᆞ다'가 [加持] 즉 '더하여 지니
다'의 뜻을 가지고 동의 관계에 있다는 것은 다음 예문들에서 잘 확인
된다. 원문 중 '加持食'이 '加持ᄒᆞ샨 밥'으로 번역되고 '承…加持'가 '加
持호ᄆᆞᆯ 틋다'로 번역된다. 그리고 '加持'의 자석이 '더어 디니다'이다.
따라서 '더어 디니다'와 '加持ᄒᆞ다'의 동의성은 명백히 입증된다.

(2) a. 이 加持ᄒᆞ샨 바비 十方애 ᄀᆞ득ᄒᆞ야(此加持食普遍滿十方)
〈施食 31a〉

b. 願ᄒᆞᆫᄃᆞᆫ 三寶ㅅ 히믜 加持호ᄆᆞᆯ 틋샤(願承三寶力加持)〈施食
12a〉

(2) c. 加持ᄂᆞᆫ 더어 디닐 시니 니피시다 ᄒᆞᆫ 마리라〈施食 12a〉

<3> ᄉᆞ랑ᄒᆞ야 議論ᄒᆞ다 對 思議ᄒᆞ다

동작동사구 'ᄉᆞ랑ᄒᆞ야 議論ᄒᆞ다'와 한자어 '思議ᄒᆞ다'가 [思議] 즉

'생각하여 의논하다'의 뜻을 가지고 동의 관계에 있다는 것은 다음 예문들에서 잘 확인된다. 원문 중 '可思議'가 '어루 ᄉ랑ᄒ야 議論ᄒ다'로도 번역되고 '思議ᄒ다'로도 번역된다. 따라서 'ᄉ랑ᄒ야 議論ᄒ다'와 '思議ᄒ다'의 동의성은 명백히 입증된다. 동작동사구 'ᄉ랑ᄒ야 議論ᄒ다'는 고유어 'ᄉ랑ᄒ다'[思]의 부사형과 한자어 '議論ᄒ다' [論]의 결합이지만 이 책에서는 고유어로 다루었다.

(3) a. 微妙ᄒᆫ 道ᄂᆫ 虛코 기퍼 어루 ᄉ(3a)랑ᄒ야 議論티 몯ᄒ리니
(妙道ᄂᆫ 虛玄ᄒ야 不可思議니) 〈壇經序 3b〉

(3) b. 네 스승의 니ᄅᆞ논 戒定慧ᄂᆫ 實로 思議티 몯ᄒ리로다(如汝師의 所說戒定慧ᄂᆫ 實不可思議로다) 〈壇經下 8b〉

c. 弟子ᄂᆫ 和尙ᄉ 法 니ᄅᆞ(84b)샤몰 듣ᄌᆞ오니 眞實로 思議티 몯ᄒ리로소이다(弟子ᄂᆫ 聞和尙說法ᄒᅀᆞ오니 實不可思議ᄒ리라) 〈壇經上 85a〉

<4> 펴 볼기다 對 發明ᄒ다

고유어 '펴 볼기다'와 한자어 '發明ᄒ다'가 [發明] 즉 '펴서 밝게 하다'의 뜻을 가지고 동의 관계에 있다는 것은 다음 예문들에서 잘 확인된다. 원문 중 '發明'이 '펴 볼기다'로도 번역되고 '發明ᄒ다'로도 번역된다. 따라서 '펴 볼기다'와 '發明ᄒ다'의 동의성은 명백히 입증된다. 고유어 '펴 볼기다'는 동작동사구로 동작동사 '펴다'[發]의 부사형과 동작동사 '볼기다'[明]의 결합이다.

(4) a. 펴 볼기면 四智 이ᄂᆞ니라(發明ᄒᆞ면 成四智니라) 〈壇經中
73a〉

　　b. 心地를 發明ᄒᆞ얫더니(發明心地ᄒᆞ얫더니) 〈壇經中 98b〉

2. 狀態動詞간의 同義

상태동사에서 확인되는 고유어와 한자어 간의 동의에서 고유어가
狀態動詞일 수도 있고 狀態動詞句일 수도 있다.

2. 1. 固有語가 狀態動詞인 경우

상태동사에서 확인되는 고유어와 한자어 간의 동의에서 고유어가
狀態動詞인 경우에는 [貧]과 [貧乏] 즉 '가난하다'의 뜻을 가진 '가난
ᄒᆞ다'와 '艱難ᄒᆞ다'를 비롯하여 [直] 즉 '곧다, 바르다'의 뜻을 가진 '곧
다'와 '直ᄒᆞ다', [同] 즉 '같다'의 뜻을 가진 'ᄀᆞᆮᄒᆞ다'와 '同ᄒᆞ다', [如]
즉 '같다'의 뜻을 가진 'ᄀᆞᆮᄒᆞ다'와 '如ᄒᆞ다', [別]과 [各別] 즉 '다르다'
의 뜻을 가진 '다ᄅᆞ다'와 '各別ᄒᆞ다', [善] 즉 '착하다, 좋다'의 뜻을 가
진 '됴다'와 '善ᄒᆞ다', [圓]과 [圓滿] 즉 '둥글다, 모나지 아니하다'의 뜻
을 가진 '두렵다'와 '圓滿ᄒᆞ다', [悠悠] 즉 '멀다'의 뜻을 가진 '멀다'와
'悠悠ᄒᆞ다', [惡] 즉 '악하다, 나쁘다'의 뜻을 가진 '모딜다'와 '惡ᄒᆞ다',
[智] 즉 '슬기롭다, 지혜롭다'의 뜻을 가진 '어딜다'와 '智ᄒᆞ다', [亂] 즉
'어지럽다'의 뜻을 가진 '어즈럽다'와 '亂ᄒᆞ다', [住] 즉 '있다'의 뜻을
가진 '잇다'와 '住ᄒᆞ다', [淸淨] 즉 '깨끗하다'의 뜻을 가진 '좋다'와 '淸
淨ᄒᆞ다', [自由] 즉 '자유롭다'의 뜻을 가진 '쥬변ᄒᆞ다'와 '自由ᄒᆞ다' 그

리고 [豁然] 즉 '훤하다, 앞이 탁 틔어 넓고 시원하다'의 뜻을 가진 '훤
ᄒ다'와 '豁然ᄒ다'가 있다.

<1> 가난ᄒ다 對 艱難ᄒ다

고유어 '가난ᄒ다'와 한자어 '艱難ᄒ다'가 [貧]과 [貧乏] 즉 '가난하
다'의 뜻을 가지고 동의 관계에 있다는 것은 다음 예문들에서 잘 확인
된다. 원문 중 '孤貧'이 '외ᄅ이 가난ᄒ다'로 번역된다. 그리고 '貧乏'이
'艱難ᄒ다'로 번역된다. 따라서 '가난ᄒ다'와 '艱難ᄒ다'의 동의성은
명백히 입증된다.

> (1) a. 외ᄅ이 가난ᄒ닐 어엿비 너교미(21b) 일후미 慧香이오(矜
> 恤孤貧이 名慧香이오)〈壇經中 22a〉
> b. 늘근 어미…어려워 艱難커늘(老母…艱辛貧乏거늘)〈壇經上
> 3b〉

<2> 곧다 對 直ᄒ다

고유어 '곧다'와 한자어 '直ᄒ다'가 [直] 즉 '곧다, 바르다'의 뜻을 가
지고 동의 관계에 있다는 것은 다음 예문들에서 잘 확인된다. 원문 중
'行直'이 '行이 곧다'로 번역된다. 그리고 '直心'이 '直흔 ᄆᅀᆞᆷ'으로 번
역된다. 따라서 '곧다'와 '直ᄒ다'의 동의성은 명백히 입증된다.

> (2) a. 行이 고ᄃ면 엇뎨 禪定 닷고ᄆᆯ 쓰리오(行直ᄒ면 何用修禪이

리오) 〈壇經上 101b〉

b. 샹녜 흔 直흔 ᄆᆞᅀᆞᆷ 行호미 이라(常行一直心이 是也ㅣ라)
〈壇經中 4a〉

<3> 근ᄒᆞ다 對 同ᄒᆞ다

고유어 '근ᄒᆞ다'와 한자어 '同ᄒᆞ다'가 [同] 즉 '같다'의 뜻을 가지고 동의 관계에 있다는 것은 다음 예문들에서 잘 확인된다. 원문 중 '同圓鏡'이 '圓鏡과 근ᄒᆞ다'로 번역되고 '同草木瓦石'이 '草木과 瓦石과 근ᄒᆞ다'로 번역된다. 그리고 '同染淨'이 '더러움 조호미 同ᄒᆞ다'로 번역된다. 따라서 '근ᄒᆞ다'와 '同ᄒᆞ다'의 동의성은 명백히 입증된다.

(3) a. 成所作智ᄂᆞᆫ 圓鏡과 근ᄒᆞ니(成所作智ᄂᆞᆫ 同圓鏡ᄒᆞ니) 〈壇經中 75a〉

b. 곧 草木과 瓦石과 근거니(卽同草木瓦石거니) 〈壇經中 86b〉

(3) c. 菡萏紅蓮이 더러움 조호미 同ᄒᆞ니(菡萏紅蓮同染淨) 〈勸供 14a〉

<4> 근ᄒᆞ다 對 如ᄒᆞ다

고유어 '근ᄒᆞ다'와 한자어 '如ᄒᆞ다'가 [如] 즉 '같다'의 뜻을 가지고 동의 관계에 있다는 것은 다음 예문들에서 잘 확인된다. 원문 중 '如林'이 '수플 근ᄒᆞ다'로 번역되고 '如月'이 '들 근ᄒᆞ다'로 번역된다. 그리고 '自如'가 '제 如ᄒᆞ다'로 번역된다. 따라서 'ᄀᆞᆮᄒᆞ다'와 '如ᄒᆞ다'의 동의성은 명백히 입증된다.

(4) a. 得道ᄒᆞ리 수플(12a) ᄀᆞᆮᄒᆞ릴ᄉᆡ(得道者ㅣ 如林ᄒᆞ릴ᄉᆡ) 〈壇經上 12b〉

b. 慧ᄂᆞᆫ 들 ᄀᆞᆮᄒᆞ니(慧ᄂᆞᆫ 如月ᄒᆞ니) 〈壇經中 39a〉

c. ᄆᆞᅀᆞ미 虛空 ᄀᆞᆮᄒᆞᄃᆡ(心如虛空ᄒᆞᄃᆡ) 〈壇經中 105b〉〈壇經中 106b〉

d. 오직 ᄆᆞᅀᆞ미 虛空 ᄀᆞᆮᄒᆞᄃᆡ(但心如虛空ᄒᆞᄃᆡ) 〈壇經中 106b〉

e. 네 本性이 虛空 ᄀᆞᆮᄒᆞ야(汝之本性이 猶如虛空ᄒᆞ야) 〈壇經中 79a〉

f. ᄆᆞᅀᆞ미 곡도 ᄀᆞᆮᄒᆞ믈 안 젼ᄎᆞ로(知心如幻故로) 〈壇經中 16b〉

g. 平等ᄒᆞ야 ᄭᅮᆷ과 곡도 ᄀᆞᆮᄒᆞᆫ 들 아라(以知…平等如夢幻ᄒᆞ야) 〈壇經中 93a〉

h. 見聞이 幻ᄒᆞᆫ ᄀᆞ료미 ᄀᆞᆮᄒᆞ며(見聞如幻翳) 〈施食 46b〉

i. 네 ᄒᆞ마 이 ᄀᆞᆮᄒᆞᆫ다 내 ᄯᅩ 이 ᄀᆞᆮᄒᆞ라(汝旣如是ᄒᆞᆫ다 吾亦如是ᄒᆞ라) 〈壇經中 97a〉

(4) j. 一切時 中에 自性이 제 如ᄒᆞ니라(一切時中에 自性이 自如ㅣ니라) 〈壇經中 83b〉

<5> 다ᄅᆞ다 對 各別ᄒᆞ다

고유어 '다ᄅ다'와 한자어 '各別ᄒ다'가 [別]과 [各別] 즉 '다르다'의 뜻을 가지고 동의 관계에 있다는 것은 다음 예문들에서 잘 확인된다. 원문 중 '別佛'이 '다른 부텨'로도 번역되고 '各別ᄒ 부텨'로도 번역된다. '定慧別'이 '定과 慧왜 다ᄅ다'로 번역된다. 그리고 '言…各別'이 '各別타 니ᄅ다'로 번역된다. 따라서 '다ᄅ다'와 '各別ᄒ다'의 동의성도 명백히 입증된다.

(5) a. 다시 다른 부텨 업스니(更無別佛이니) 〈壇經中 62a〉

　　b. 다른 고ᄃᆡ 나믈 受ᄒ리니(別處에 受生이니) 〈壇經中 10b〉

　　c. 大衆은 迷惑(1b)ᄒ야 定과 慧왜 다ᄅ다 니ᄅ디 말라(大衆은 勿迷ᄒ야 言定慧別ᄒ라) 〈壇經中 2a〉

　　d. 福德이 功德과 다ᄅ니(福德이 與功德과 別ᄒ니) 〈壇經上 89a〉

　　e. 곧 어딘 사ᄅᆷ과 달옴 업스리라(卽與智人과 無別ᄒ리라) 〈壇經上 69a〉

　　f. 샹녜 나와 ᄒᆞᆫᄃᆡ 이셔 달옴 업스려니와(常與吾와 同處ᄒ야 無別이어니와 〈壇經上 100b〉

(5) g. 各別ᄒ 부텨 업스니라(無別佛ᄒ니라) 〈壇經上 50b〉

　　h. 各別타 니ᄅ디 말라(莫言…各別이라 ᄒ라) 〈壇經中 2b〉

　　i. 方便은 智의 各別ᄒ 用이라 〈勸供 17b〉

<6> 동다 對 善ᄒ다

고유어 '둏다'와 한자어 '善ㅎ다'가 [善] 즉 '착하다, 좋다'의 뜻을 가지고 동의 관계에 있다는 것은 다음 예문들에서 잘 확인된다. 원문 중 '不善業'이 '됴티 아니흔 業'으로 번역되고 '不善之行'이 '善티 아니흔 行'으로 번역된다. 그리고 '口善'이 '이븐 善ㅎ다'로 번역되고 '心善'이 'ᄆᆞᅀᆞᆷ 善ㅎ다'로 번역된다. 따라서 '둏다'와 '善ㅎ다'의 동의성은 명백히 입증된다.

(6) a. 몸과 입과 뜯과로 지슨 됴티 아니흔 業을(身口意作諸不善業) 〈施食 29b〉

(6) b. 제 性 中에 不善흔 ᄆᆞᅀᆞᆷ과(40b)…ᄯᅩ 一切時 中에 善티 아니흔 行을 덜오(除却自性中에 不善心과…及一切時中에 不善之行ㅎ고) 〈壇經中 41a〉

c. 이베 善흔 말 닐오디 心中이 善티 몯ㅎ면 쇽졀업시 定慧 잇ᄂᆞᆫ디라(口說善語호디 心中不善ㅎ면 空有定慧라) 〈壇經中 2b〉

d. 이븐 善코 ᄆᆞᅀᆞᆷ은 惡ㅎ야(口善ㅎ고 心惡ㅎ야) 〈壇經中 63a〉

e. 東方ㅅ 사ᄅᆞ미 ᄆᆞᅀᆞᆷ 善홈 ᄀᆞᆮ고(如東方人의 心善이오) 〈壇經上 100a〉

f. ᄒᆞ다가 ᄆᆞᅀᆞᆷ과 입괘 다 善ㅎ면 안팟기 ᄒᆞᆫ가지라(若心口ㅣ 俱善ㅎ면 內外ㅣ 一種이라) 〈壇經中 2b〉

<7> 두렵다 對 圓滿ㅎ다

고유어 '두렵다'와 한자어 '圓滿ᄒ다'가 [圓]과 [圓滿] 즉 '둥글다,
모나지 아니하다'의 뜻을 가지고 동의 관계에 있다는 것은 다음 예문
들에서 잘 확인된다. 원문 중 '三覺圓'이 '三覺이 두렵다'로 번역되고
'方圓'이 '方ᄒ며 두렵다'로 번역된다. 그리고 '共圓'이 '흔가지로 圓滿
ᄒ다'로 번역된다. 그리고 '願圓滿'이 '圓滿ᄒᄉ오믈 願ᄒ다'로 번역된
다. 따라서 '두렵다'와 '圓滿ᄒ다'의 동의성은 명백히 입증된다.

(7) a. 三覺이 두려우시고(三覺圓)〈勸供 16b〉

　　b. 그 므리 方ᄒ며 두려우미 그르슬 좃고(是水也方圓隨器)〈勸
　　　供 24b〉

　　c. 體ᄂ 正흔 座 보빗 蓮臺예 두려워 겨시니라(體圓正座寶蓮
　　　臺)〈施食 11a〉

(7) d. 바ᄅ 菩薩果와 흔가지로 圓滿ᄒ도다(直下共圓菩薩果)〈勸
　　　供 47b〉

　　e. 供養이(37b) 두루 圓滿케 호려 홀디면(欲求供養之周圓)
　　　〈勸供 38a〉

　　f. 닷논 善事ㅣ 圓滿ᄒᄉ오믈 願ᄒᅀᆸ노이다(所脩善事願圓滿)
　　　〈勸供 15a〉

　　g. 相好ㅣ 圓滿케 ᄒ쇼셔(相好圓滿)〈施食 20a〉

<8> 멀다 對 悠悠ᄒ다

고유어 '멀다'와 한자어 '悠悠ᄒ다'가 [悠悠] 즉 '멀다'의 뜻을 가지

고 동의 관계에 있다는 것은 다음 예문들에서 잘 확인된다. 원문 중
'大悠悠'가 'ㄱ장 悠悠ᄒ다'로 번역되고 '悠悠'의 자석이 '멀다'이다. 따
라서 '멀다'와 '悠悠ᄒ다'의 동의성은 명백히 입증된다.

(8) a. 이 見을 짓디 아니ᄒ면 ㄱ장 悠悠ᄒ리라(不作此見ᄒ면 大悠
悠ᄒ리라) 〈壇經下 79a〉
b. 悠悠ᄂ 멀 시라 〈壇經下 79a〉

<9> 모딜다 對 惡ᄒ다

고유어 '모딜다'와 한자어 '惡ᄒ다'가 [惡] 즉 '악하다, 나쁘다'의 뜻
을 가지고 동의 관계에 있다는 것은 다음 예문들에서 잘 확인된다. 원
문 중 '心惡'이 'ᄆᆞᅀᆞᆷ 모딜다'로도 번역되고 'ᄆᆞᅀᆞ믄 惡ᄒ다'로도 번역
된다. '惡人'이 '모딘 사ᄅᆞᆷ'으로 번역되고 '惡黨'이 '모딘 물'로 번역된
다. 그리고 '覓祖卽惡'이 '祖 求호ᄆᆞᆫ 惡ᄒ다'로 번역된다. 따라서 '모딜
다'와 '惡ᄒ다'의 동의성은 명백히 입증된다.

(9) a. 西方ㅅ 사ᄅᆞ미 ᄆᆞᅀᆞᆷ 모디롬 ᄀᆞᆮᄒ니(如西方人의 心惡ᄒ니)
〈壇經上 100a〉
b. 다 모딘 ᄆᆞᅀᆞᆷ 니ᄅᆞ와다(咸起惡心ᄒ야) 〈壇經下 30a〉
c. 모딘 사ᄅᆞ미 이셔 너를 害홀가 저허(恐有惡人이 害汝ᄒ야)
〈壇經上 9b〉
d. ᄯᅩ 모딘 무릐 ᄎᆞ자 ᄠᅩ초미 ᄃᆞ외야(又爲惡黨의 尋逐ᄒ야)
〈壇經中 51b〉

e. 외욤 업스며 모디룜 업스며(無非ᄒᆞ며 無惡ᄒᆞ며)〈壇經中
   21a〉

(9) f. 이븐 善코 ᄆᆞᄉᆞᆷ은 惡ᄒᆞ야(口善ᄒᆞ고 心惡ᄒᆞ야)〈壇經中 63a〉
   g. 法 求호ᄆᆞᆫ 善코 祖 求호ᄆᆞᆫ 惡ᄒᆞ니(求法卽善ᄒᆞ고 覓祖卽惡ᄒᆞ
      니)〈壇經上 13a〉

<10> 어딜다 對 智ᄒᆞ다

고유어 '어딜다'와 한자어 '智ᄒᆞ다'가 [智] 즉 '슬기롭다, 지혜롭다'
의 뜻을 가지고 동의 관계에 있다는 것은 다음 예문들에서 잘 확인된
다. 원문 중 '智人'이 '어딘 사ᄅᆞᆷ'으로 번역되고 '有智'가 '어디롬 잇다'
로 번역된다. 그리고 '一念智'가 '一念이 智ᄒᆞ다'로 번역된다. 따라서
'어딜다'와 '智ᄒᆞ다'의 동의성은 명백히 입증된다. '어딜다'와 '智ᄒᆞ다'
는 [愚] 즉 '어리석다'의 뜻을 가진 상태동사 '어리다'와 의미상 대립
관계에 있다.

(10) a. 어린 사ᄅᆞᆷ과 어딘 사ᄅᆞ미 佛性은 本來 差別 업건마ᄅᆞᆫ(愚人
       智人의 佛性은 本無差別컨마ᄅᆞᆫ)〈壇經上 48b〉
   b. 곧 어딘 사ᄅᆞᆷ과 달옴 업스리라(卽與智人과 無別ᄒᆞ리라)〈壇
      經上 69a〉
   c. 어리닌 어딘 사ᄅᆞ미게 묻고 어딘 사ᄅᆞᆷ은 어린 사ᄅᆞᆷᄃᆞ려 法
      니ᄅᆞᄂᆞ니(愚者ᄂᆞᆫ 問於智人ᄒᆞ고 智者ᄂᆞᆫ 與愚人과 說法ᄒᆞᄂᆞ
      니)〈壇經上 69a〉

d. 어디닌 大人이 ㄷ외ᄂᆞ니(智爲大人이니) 〈壇經上 69a〉

e. 그럴ᄉᆡ 어름 이시며 어디롬 잇ᄂᆞ니라(所以有愚有智니라)
〈壇經上 49a〉

(10) f. 一念이 어리면 곧 般若ㅣ 긋고 一念이 智면 곧 般若(56b)ㅣ
나ᄂᆞ니(一念이 愚ᄒᆞ면 卽般若ㅣ 絶ᄒᆞ고 一念이 智ᄒᆞ면 卽般
若ㅣ 生이니) 〈壇經上 57a〉

<11> 어즈럽다 對 亂ᄒᆞ다

고유어 '어즈럽다'와 한자어 '亂ᄒᆞ다'가 [亂] 즉 '어지럽다'의 뜻을
가지고 동의 관계에 있다는 것은 다음 예문들에서 잘 확인된다. 원문
중 '心不亂'이 'ᄆᆞᅀᆞᆷ 어즈럽디 아니ᄒᆞ다'로도 번역되고 'ᄆᆞᅀᆞ미 亂티
아니ᄒᆞ다'로도 번역된다. 그리고 '體無亂'이 '體 어즈러움 없다'로 번
역되고 '內不亂'이 '안 亂티 아니ᄒᆞ다'로 번역된다. 따라서 '어즈럽다'
와 '亂ᄒᆞ다'의 동의성은 명백히 입증된다.

(11) a. 제 ᄆᆞᅀᆞᆷ 어즈럽디 아니호미 일호미 定香이오(自心不亂이 名
定香이오) 〈壇經中 21b〉

b. 體 어즈러움 업슨 젼ᄎᆞ로(體無亂故) 〈施食 40a〉

c. 心地 어즈러움 업소미 自性定이니(心地無亂이 自性定이니)
〈壇經下 10a〉

d. 自性이 외욤 업스며 어룜 업스며 어즈러움 업서(自性이 無
非ᄒᆞ며 無癡ᄒᆞ며 無亂ᄒᆞ야) 〈壇經下 13a〉

(11) e. ᄆᆞᅀᆞ미 亂티 아니호미 이 眞實ㅅ 定이라(心不亂者ㅣ 是眞定也ㅣ라)〈壇經中 15a〉

    f. 밧긔 ᄒᆞ다가 相애 着ᄒᆞ면 안 ᄆᆞᅀᆞ미 곧 亂ᄒᆞ고 밧긔 ᄒᆞ다가 相 여희면 ᄆᆞᅀᆞ미 亂티 아니ᄒᆞ리니(外若着相ᄒᆞ면 內心이 卽亂ᄒᆞ고 外若離相ᄒᆞ면 心卽不亂이니)〈壇經中 15a〉

    g. 안 亂티 아니호미 곧 定이니(內不亂이 卽定이니)〈壇經中 16a〉

    h. 안해 亂티 아니호미 定이니(內不亂이 爲定이니)〈壇經中 14b〉

    i. 定티 아니ᄒᆞ며 亂티 아니ᄒᆞ야(不定不亂ᄒᆞ야)〈壇經中 105b〉

    j. 境 혜아료미 곧 亂호미니(思境卽亂이니)〈壇經中 15a〉

<12> 잇다 對 住ᄒᆞ다

고유어 '잇다'와 한자어 '住ᄒᆞ다'가 [住] 즉 '있다'의 뜻을 가지고 동의 관계에 있다는 것은 다음 예문들에서 잘 확인된다. 원문 중 '無住'가 '이숌 없다'로도 번역되고 '住홈 없다'로도 번역된다. 그리고 '好住'가 '됴히 잇다'로 번역되고 '住世'가 '世間애 住ᄒᆞ다'로 번역되고 '住法'이 '法에 住ᄒᆞ다'로 번역된다. 따라서 '잇다'와 '住ᄒᆞ다'의 동의성은 명백히 입증된다.

(12) a. 이숌 업스며(無住ᄒᆞ며)〈壇經上 60a〉

    b. 너희들흔 됴히 이시라(汝等은 好住ᄒᆞ라)〈壇經下 80a〉

c. 부톄 니른샤티 잇논 고돌 조차 恒常 安樂다 ᄒ시니라(佛言
ᄒ샤티 隨所住處ᄒ야 恒安樂이라 ᄒ시니라) 〈壇經上 92b〉

(12) d. 禪性이 住홈 업서 禪寂에 住홈 여희며(禪性이 無住ᄒ야 離
住禪寂ᄒ며) 〈壇經中 105b〉

e. 法이 世間애 住케 ᄒ야(令法住世) 〈施食 17a〉 〈勸供 6a〉

f. ᄆᅀ미 法에 住티 아니ᄒ면 道ㅣ 곧 通히 흐르고 ᄆᅀ미 ᄒ
다가 法에 住ᄒ면 일후미 제 미요미니라(心不住法ᄒ면 道
卽通流ㅣ오 心若住法ᄒ면 名爲自縛이니라) 〈壇經中 5b〉

g. 內外예 住티 아니ᄒ면(內外不住ᄒ면) 〈壇經上 68a〉

h. 寂滅혼 ᄀ새 住ᄒ시며(住寂滅際) 〈施食 25b〉

i. 이 法이 法位예 住ᄒ며(是法住法位) 〈施食 42b〉

<13> 좋다 對 淸淨ᄒ다

고유어 '좋다'와 한자어 '淸淨ᄒ다'가 [淸淨] 즉 '깨끗하다'의 뜻을
가지고 동의 관계에 있다는 것은 다음 예문들에서 잘 확인된다. 원문
중 '令淸淨'이 '조케 ᄒ다'로도 번역되고 '淸淨케 ᄒ다'로도 번역된다.
'藉四方之淸淨'이 '四方애 조호믈 븥다'로 번역된다. 그리고 '本性淸
淨'이 '本性이 淸淨ᄒ다'로 번역되고 '法體淸淨'이 '法體 淸淨ᄒ다'로
번역된다. 따라서 '좋다'와 '淸淨ᄒ다'의 동의성은 명백히 입증된다.

(13) a. 道場애 쓰려 다 조케 ᄒᅀ와ᅀᅡ ᄒ리(24a)니(灌洒道場悉令
淸淨)·〈勸供 24b〉

b. 모딘 四方애 조호믈 브트시논 젼ᄎ로(必藉四方之淸淨故)
〈勸供 24b〉

(13) c. 이 道場이 다 淸淨케 ᄒ시ᄂᆞᆺ다(令此道場悉淸淨)〈施食 1b〉

d. 本性이 淸淨ᄒᆞᆫ 들 제 보아(自見本性淸淨ᄒᆞ야)〈壇經中
16b〉

e. 내 本性이 본딘 제 淸淨타 ᄒᆞ시니(我本性이 元自淸淨이라
ᄒᆞ시니)〈壇經中 16a〉

f. 性이 淸淨ᄒᆞ고(性淸淨이오)〈壇經中 74b〉

g. 그 性이 本來 淸淨ᄒᆞ닐 모든 衆生을 여러 뵈시니(其性本淸
淨開示諸衆生)〈施食 44b〉

h. 菩提自性이 本來 淸淨ᄒᆞ니(菩提自性이 本來淸淨ᄒᆞ니)〈壇
經上 3a〉

i. 世人의 性이 本來 淸淨ᄒᆞ야(世人의 性이 本淸淨ᄒᆞ야)〈壇經
中 37b〉

j. 곧 法體 淸淨ᄒᆞ리니(卽法體淸淨ᄒᆞ리니)〈壇經中 10a〉

k. 六門이 淸淨ᄒᆞ야(六門이 淸淨ᄒᆞ야)〈壇經上 98a〉

l. 오직 本源이 淸淨ᄒᆞ야 覺體ㅣ 두려이 볼ᄀᆞᆫ 들 보면(但見本
源淸淨ᄒᆞ야 覺體圓明ᄒᆞ면)〈壇經中 79b〉

m.意中이 淸淨ᄒᆞ리라(意中이 淸淨ᄒᆞ리라)〈壇經中 53b〉

n. 오직 ᄆᆞᅀᆞ미 淸淨ᄒᆞ면(但心淸淨ᄒᆞ면)〈壇經上 100a〉

<14> 쥬변ᄒ다 對 自由ᄒ다

고유어 '쥬변ᄒ다'와 한자어 '自由ᄒ다'가 [自由] 즉 '자유롭다'의 뜻
을 가지고 동의 관계에 있다는 것은 다음 예문들에서 잘 확인된다. 원
문 중 '去來自由'가 '가며 오미 쥬변ᄒ다'로도 번역되고 '가며 오매 제
쥬변ᄒ다'로도 번역된다. 그리고 '自由自在'가 '自由自在ᄒ다'로 번역
된다. 따라서 '쥬변ᄒ다'와 '自由ᄒ다'의 동의성은 명백히 입증된다.

(14) a. 가며 오미 쥬변ᄒ야(去來自由ᄒ야) 〈壇經上 55a〉

    b. 가며 오매 제 쥬변ᄒ고(去來自由ᄒ고) 〈壇經上 68a〉

(14) c. 샹녜 法相을 여희며 自由自在ᄒ야(常離法相ᄒ며 自由自在
    ᄒ야) 〈壇經下 13a〉

<15> 훤ᄒ다 對 豁然ᄒ다

고유어 '훤ᄒ다'와 한자어 '豁然ᄒ다'가 [豁然] 즉 '훤하다, 앞이 탁
틔어 넓고 시원하다'의 뜻을 가지고 동의 관계에 있다는 것은 다음 예
문들에서 잘 확인된다. 원문 중 '心意豁然'이 'ᄆᆞᇝ 뜨디 훤ᄒ다'로 번
역된다. 그리고 '卽時豁然'이 '卽時예 豁然ᄒ다'로 번역된다. 따라서
'훤ᄒ다'와 '豁然ᄒ다'의 동의성은 명백히 입증된다.

(15) a. ᄆᆞᇝ 뜨디 훤ᄒ야(心意豁然ᄒ야) 〈壇經中 81b〉

(15) b. 淨名經에 니ᄅᆞ샤ᄃᆡ 卽時예 豁然ᄒ면 도ᄅᆞ혀 本心을 得ᄒ리
    라 ᄒ시니(淨明經에 云ᄒ샤ᄃᆡ 卽時예 豁然ᄒ면 還得本心이

라 ᄒ시니)〈壇經上 70a〉

c. 淨名經에 니르샤ᄃᆡ 豁然ᄒ면 도로 本心을 得ᄒ리라 ᄒ시며
(淨名經에 云ᄒ샤ᄃᆡ 卽時예 豁然ᄒ면 還得本心이라 ᄒ시
며)〈壇經中 16a〉

2. 2. 固有語가 狀態動詞句인 경우

상태동사에서 확인되는 고유어와 한자어 간의 동의에서 고유어가
狀態動詞句인 경우에는 [良久] 즉 '오래 잠잠하다'의 뜻을 가진 '오래
줌줌ᄒ다'와 '良久ᄒ다'가 있다.

<1> 오래 줌줌하다 對 良久ᄒ다

고유어 '오래 줌줌ᄒ다'와 한자어 '良久ᄒ다'가 [良久] 즉 '오래 잠잠
하다'의 뜻을 가지고 동의 관계에 있다는 것은 다음 예문들에서 잘 확
인된다. 원문 중 '隍…良久'가 '隍이…오래 줌줌ᄒ다'로 번역되고 '大
師良久'가 '大師ㅣ 良久ᄒ다'로 번역된다. 그리고 '良久'의 자석이 '오
래 줌줌ᄒ다'이다. 따라서 '오래 줌줌ᄒ다'와 '良久ᄒ다'의 동의성은
명백히 입증된다.

(1) a. 隍(104b)이 對答 몯ᄒ야 오래 줌줌ᄒ얫다가 무로ᄃᆡ(隍이
無對ᄒ야 良久ㅣ 라가 問曰호ᄃᆡ)〈壇經中 105a〉

(1) b. 大(2b)師ㅣ 良久ᄒ시고(大師ㅣ 良久ᄒ시고)〈壇經上 3a〉

c. 良久ᄒ고 惠明ᄃ려 닐오ᄃᆡ(良久코 謂明曰호ᄃᆡ) 〈壇經上 37a〉

d. 良久ᄂᆞᆫ 오래 ᄌᆞᆷᄌᆞᆷ홀 시라〈壇經上 3a〉

제3절 副詞類에서의 同義

부사류에서 확인되는 고유어와 漢字語 간의 동의에서 첫째로 고유
어가 副詞이고 둘째로 고유어가 副詞語이다.

3. 1. 固有語가 副詞인 경우

부사류에서 확인되는 고유어와 한자어 간의 동의에서 고유어가 副
詞인 경우에는 [妄] 즉 '제멋대로'의 뜻을 가진 '간대로'와 '妄히'를 비
롯하여 [永] 즉 '길이'의 뜻을 가진 '기리'와 '永히', [了然] 즉 '분명히,
뚜렷이'의 뜻을 가진 '골이지'와 '了然히', [一一] 즉 '낱낱이, 일일이,
하나씩 하나씩'의 뜻을 가진 '낫나치'와 '一一히', [究竟] 즉 '마침내'의
뜻을 가진 '내죵내'와 '究竟에', [常] 즉 '늘, 항상'의 뜻을 가진 '샹녜'와
'恒常', [嚴] 즉 '엄하게, 엄정히'의 뜻을 가진 '싁싁기'와 '嚴正히', [試]
즉 '아무렇거나, 시험하여'의 뜻을 가진 '아마커나'와 '試驗ᄒ야' 그리
고 [可] 즉 '가히'의 뜻을 가진 '어루'와 '可히'가 있다.

<1> 간대로 對 妄히

고유어 '간대로'와 한자어 '妄히'가 [妄] 즉 '제멋대로'의 뜻을 가지고 동의 관계에 있다는 것은 다음 예문들에서 잘 확인된다. 원문 중 '妄求'가 '간대로 求ᄒ다'로 번역되고 '妄說'이 '간대로 니ᄅ다'로 번역된다. 그리고 '妄動'이 '妄히 뮈다'로 번역된다. 따라서 '간대로'와 '妄히'의 동의성은 명백히 입증된다.

> (1) a. 祖位ᄅᆞᆯ 간대로 求ᄒᆞᆫ 디 아니이다(不敢妄求祖位니이다)
> 〈壇經上 19a〉
>
> b. ᄒᆞ다가 得홈 이시면 간대로 禍福을 니ᄅ논 다리(若有所得이
> 면 妄說禍福이라)〈壇經中 11b〉

> (1) c. 닷곰 니ᄅ와도ᄆ 다 妄히 뮈요미오(起修ᄂᆞᆫ 皆妄動이오)〈壇
> 經中 76b〉

<2> 기리 對 永히

고유어 '기리'와 한자어 '永히'가 [永] 즉 '길이'의 뜻을 가지고 동의 관계에 있다는 것은 다음 예문들에서 잘 확인된다. 원문 중 '永絶'이 '기리 긏다'로 번역되고 '永斷'이 '永히 긏다'로 번역된다. 그리고 '永獲'이 '永히 얻다'로 번역되고 '永…起'가 '永히 니ᄅ왇다'로 번역되고 '永歸'가 '永히 가다'로 번역된다. 따라서 '기리'와 '永히'의 동의성은 명백히 입증된다.

(2) a. 各各 말씀 아래 제 性을 ᄉ뭇 볼겨 輪廻를 기리 긋게 ᄒ시ᄂ
니(各令於言下頓明自性永絶輪廻)〈施食 35b〉

(2) b. 다 永히 긋고(悉皆永斷ᄒ고)〈壇經中 26a〉

c. 흔 眞(24b)實ㅅ 淸淨을 永히 얻ᄂ니(永獲一眞之淸淨)〈勸供
25a〉

d. 永히 다시 니(23b)ᄅ왇디 아니ᄒ야지이다(永不復起ᄒ야지
이다)〈壇經中 24a〉

e. 永히 다시 니ᄅ왇디 마라지이다(永不復起ᄒ야지이다)〈壇
經中 24b〉

f. 永히 寂滅에 가(永歸寂滅ᄒ야)〈壇經中 87b〉

g. 엇뎨 ᄒ물며 다시…永히 나디 아니케 호몰 니르리오(何沉更
言…令永不生이리오)〈壇經中 90b〉

h. 永히 人天福田이 두외라 ᄒ시다(永爲人天福田ᄒ라 ᄒ시다)
〈壇經中 111a〉

<3> 글이지 對 了然히

고유어 '글이지'와 한자어 '了然히'가 [了然] 즉 '분명히, 뚜렷이'의
뜻을 가지고 동의 관계에 있다는 것은 다음 예문들에서 잘 확인된다.
원문 중 '了然自悟'가 '글이지 제 알다'로 번역되고 '了然見性'이 '了然
히 見性ᄒ다'로 번역되다. 따라서 '글이지'와 '了然히'의 동의성은 명백
히 입증된다.

(3) a. 너희돌ᄒᆞ로 三身을 보아 글익지 自性을 제 알에 호리니(令汝
　　　等으로 見三身ᄒᆞ야 了然自悟自性호리니) 〈壇經中 35b〉

　　 b. 大衆(98b)이 니ᄅᆞ샤몰 듣줍고 了然히 見性ᄒᆞ야(大衆이 聞說
　　　ᄒᆞ고 了然見性ᄒᆞ야) 〈壇經上 99a〉

<4> 낫나치 對 ——히

　　고유어 '낫나치'와 한자어 '——히'가 [——] 즉 '낱낱이, 일일이, 하
나씩 하나씩'의 뜻을 가지고 동의 관계에 있다는 것은 다음 예문들에
서 잘 확인된다. 원문 중 '——…徧'이 '낫나치…ᄀᆞ득ᄒᆞ다'로 번역된
다. 그리고 '——…如'가 '——히…ᄀᆞ티 ᄒᆞ다'로 번역된다. 따라서 '낫
나치'와 '——히'의 동의성은 명백히 입증된다.

　　(4) a. 낫나치 다 法界예 ᄀᆞ득ᄒᆞᅀᆞ오ᄃᆡ(——皆悉徧法界) 〈勸供
　　　61b〉

　　 b. 낫나치 衆生으로 다 비브르게 ᄒᆞ야(解使衆生皆飽滿) 〈勸供
　　　51a〉

　　(4) c. ——히 다 妙高聚 ᄀᆞ티 ᄒᆞ야(——皆如妙高聚) 〈勸供 55b〉

<5> 내죵내 對 究竟에

　　고유어 '내죵내'와 한자어 '究竟에'가 [究竟] 즉 '마침내'의 뜻을 가
지고 동의 관계에 있다는 것은 다음 예문들에서 잘 확인된다. 원문 중

'究竟無'가 '내죵내…없다'로 번역되고 '究竟…除'가 '究竟에…덜다'로 번역된다. 따라서 '내죵내'와 '究竟에'의 동의성은 명백히 입증된다. 한자어 '究竟에'는 부사어로 명사 '究竟'과 조사 '一에'의 결합이다.

> (5) a. 내죵내 利益 업스리라(究竟無益ᄒ리라) 〈壇經上 77a〉
>
>   b. 究竟에 두 法을 다 덜오(究竟에 二法을 盡除ᄒ고) 〈壇經下 42a〉

<6> 샹녜 對 恒常

고유어 '샹녜'와 한자어 '恒常'이 [常] 즉 '늘, 항상'의 뜻을 가지고 동의 관계에 있다는 것은 다음 예문들에서 잘 확인된다. 원문 중 '常行'이 '샹녜 行하다'로 번역되고 '常起'가 '샹녜 니르왇다'로 번역된다. '常現'이 '샹녜 낱다'로 번역되고 '常自在'가 '샹녜 自在ᄒ다'로 번역된다. 그리고 '常占'이 '恒常 가지다'로 번역되고 '常念'이 '恒常 念ᄒ다'로 번역되고 '常淸'이 '恒常 묽다'로 번역된다. 따라서 '샹녜'와 '恒常'의 동의성은 명백히 입증된다.

> (6) a. 샹녜 흔 直흔 ᄆᆞᅀᆞᆷ 行호미 이라(常行一直心이 是也ㅣ라) 〈壇經中 4a〉
>
>   b. 샹녜 正法을 行호미(常行正法이) 〈壇經中 30b〉
>
>   c. 샹녜 智慧를 行호미(常行智慧호미) 〈壇經上 57a〉
>
>   d. 正見을 샹녜 니르와다(常起正見ᄒ야) 〈壇經上 67a〉
>
>   e. 샹녜 般若를 내야(常生般若ᄒ야) 〈壇經中 31a〉

f. 샹녜 智慧로 제 性을 觀照ᄒᆞ야(常以智慧로 觀照自性ᄒᆞ야)
　〈壇經中 21b〉

g. 샹녜 여러 境을 여희여(常離諸境ᄒᆞ야)〈壇經中 10a〉

h. ᄒᆞ마 샹녜 能히(30b) ᄆᆞᅀᆞᆷ을 ᄂᆞᆺ가이 ᄒᆞ야(既常能下心ᄒᆞ야)
　〈壇經中 31a〉

i. 샹녜 觀ᄒᆞ야 비취ᄂᆞᆫ 견ᄎᆞ로(常觀照故로)〈壇經上 64b〉

j. 智慧 샹녜 나타(智慧常現ᄒᆞ야)〈壇經上 61b〉

k. 므리 샹녜 通ᄒᆞ야 흘롬 ᄀᆞᆮᄒᆞ니(如水常通流ᄒᆞ니)〈壇經上
　58a〉

l. 眞性이 샹녜 自在ᄒᆞ리니(眞性이 常自在ᄒᆞ리니)〈壇經中
　13b〉

(6) m.이 中에 恒常 御園春을 가졧ᄂᆞ니(中常占御園春)〈勸供 47b〉

n. 佛道ᄅᆞᆯ 일워 恒常 念ᄒᆞ야 修行호미 이 願力法이니라(佛道成
　ᄒᆞ야 常念修行호미 是願力法이니라)〈壇經中 31a〉

o. 하ᄂᆞᆯ히 恒常 ᄆᆞᆰᄀᆞ며 日月이 恒常 ᄇᆞᆰ건마ᄅᆞᆫ(38a)…萬象이 다
　낟ᄃᆞᆺ ᄒᆞ니(如天이 常淸ᄒᆞ며 日月이 常明건마ᄅᆞᆫ…萬象이 皆
　現ᄐᆞᆺ ᄒᆞ니)〈壇經中 38b〉

p. 心中이 恒常 어리여(心中이 常愚ᄒᆞ야)〈壇經上 57a〉

q. 부톄 니ᄅᆞ샤ᄃᆡ…恒常 安樂다 ᄒᆞ시니라(佛言ᄒᆞ샤ᄃᆡ…恒安樂
　이라 ᄒᆞ시니라)〈壇經上 92b〉

<7> 싁싁기 對 嚴正히

고유어 '싁기'와 한자어 '嚴正히'가 [嚴] 즉 '엄하게, 엄정히'의 뜻을 가지고 동의 관계에 있다는 것은 다음 예문들에서 잘 확인된다. 원문 중 '嚴正'이 '싁싁기 좋다'로 번역되고 '嚴持'가 '嚴正히 가지다'로 번역된다. 따라서 '싁싁기'와 '嚴正히'의 동의성은 명백히 입증된다.

(7) a. 道場이 싁싁기 조하(道場嚴正) ⟨勸供 28a⟩
    b. 香花롤 嚴正히 가지ᅀᅡ와(嚴持香花) ⟨勸供 59b⟩

⟨8⟩ 아마커나 對 試驗ᄒᆞ야

고유어 '아마커나'와 한자어 '試驗ᄒᆞ야'가 [試] 즉 '아무렇거나, 시험하여'의 뜻을 가지고 동의 관계에 있다는 것은 다음 예문들에서 잘 확인된다. 원문 중 '試取'가 '아마커나 가지다'로 번역되고 '試說'이 '아마커나 니르다'로 번역된다. 그리고 '試之曰'이 '試驗ᄒᆞ야 니르다'로 번역된다. 따라서 '아마커나'와 '試驗ᄒᆞ야'의 동의성은 명백히 입증된다. 한자어 '試驗ᄒᆞ야'는 동작동사 '試驗ᄒᆞ다'의 부사형이다.

(8) a. 네 아마커나 經 가져다가 ᄒᆞᆫ 偏 외오라(汝ㅣ 試取經誦之一
      偏ᄒᆞ라) ⟨壇經中 58b⟩
    b. ᄒᆞ다가 本 이시면 主롤 아로미 올ᄒᆞ니 아마커나 닐어 뵈라
      (若有本ᄒᆞ면 則合識主ㅣ니 試說着) ⟨壇經下 24b⟩
    c. 네 아마커나 드러 뵈라(汝ㅣ 試擧看ᄒᆞ라) ⟨壇經中 78b⟩
    d. 네 아마커나 塑 셰여 뵈라(汝試塑看ᄒᆞ라) ⟨壇經中 110b⟩

(8) e. 師ㅣ 바리 펴 試驗ᄒ야 니ᄅ샤ᄃㅣ(師ㅣ 展鉢ᄒ야 試之日ᄒ샤
ᄃㅣ)〈壇經序 22b〉

<9> 어루 對 可히

고유어 '어루'와 한자어 '可히'가 [可] 즉 '가히'의 뜻을 가지고 동
의 관계에 있다는 것은 다음 예문들에서 잘 확인된다. 원문 중 '可得'
이 '어루 得ᄒ다'로 번역되고 '可立'이 '어루 셰다'로 번역되고 '可知'가
'어루 알다'로 번역된다. 그리고 '可…建'이 '可히 밍골다'로 번역되고
'可悉'이 '可히 알다'로 번역되고 '可往'이 '可히 가다'로 번역된다. 따
라서 '어루'와 '可히'의 동의성은 명백히 입증된다.

(9) a. 一法도 어루 得호미 업스니(無有一法可得이니)〈壇經上
51b〉

b. 自性이 本來 ᄒ 法도 어루 得호미 업스니(自性이 本無一法
可得이니)〈壇經中 11b〉

c. ᄒ 法도 어루 得호미 업서ᅀㅏ(無一法可得ᄒ야ᅀㅏ)〈壇經下
11b〉

d. 므스글 어루 셰리오(有何可立이리오)〈壇經下 13b〉

e. ᄒ 것도 어루 아롬 업소미(無一物可知ㅣ)〈壇經中 79b〉

f. 正히 어루 아라 볼기리라(端可悟明이리라)〈壇經序 3b〉

g. 어루 思量ᄒ야 혜아리디 몯홀 微妙ᄒ 法엣 듣글와(不可思議
妙法塵)〈勸供 61a〉

h. 微妙ᄒ 道ᄂ 虛코 기퍼 어루 ᄉ(3a)량ᄒ야 議論티 몯ᄒ리니

(妙道는 虛玄ᄒᆞ야 不可思議니)〈壇經序 3b〉

i. 잢간도 ᄒᆞᆫ 것도 어루(79a) 봄 업소미(了無一物可見이)〈壇
　經中 79b〉

j. 福(10a)이 엇뎨 어루 救ᄒᆞ리오(福何可救ㅣ리오)〈壇經上
　10b〉

k. 느외야 生滅이 어루 滅홀 업소미(更無生滅可滅이)〈壇經中
　90a〉

l. 苦ᄂᆞᆫ 어루 樂이라 니ᄅᆞ디 몯ᄒᆞ리며(苦不可言樂이며)〈壇經
　中 86a〉

m.어루 修證ᄒᆞ려 몯ᄒᆞ려(還可修證否아)〈壇經中 97a〉

(9) n. 可히 이 山이 ᄒᆞᆫ 梵刹을 밍ᄀᆞᄅᆞᆯ디니(可於此山애 建一梵刹이
　니)〈壇經序 20a〉

　o. 愚人은 可히 아디 몯ᄒᆞᄂᆞ니(愚人은 不可悉ᄒᆞᄂᆞ니)〈壇經上
　79a〉

　p. 可히 諸緣을 그쳐(可屛息諸緣ᄒᆞ야)〈壇經上 36b〉

　q. 네 이 後에 可히 經(71a) 念ᄒᆞᄂᆞᆫ 즁이라 일홈홀디니라(汝ㅣ
　今後에 方可名念經僧也ㅣ니라)〈壇經中 71b〉

　r. 可히 曺溪예 가(可往曺溪ᄒᆞ야)〈壇經下 3b〉

　s. 이제 可히 各各 胡跪ᄒᆞ라(今可各各胡跪ᄒᆞ라)〈壇經中 20a〉

　t. 可히 날 爲ᄒᆞ야(可爲吾ᄒᆞ야)〈壇經下 3b〉

3. 2. 固有語가 副詞語인 경우

부사류에서 확인되는 고유어와 한자어 간의 동의에서 고유어가 副
詞語인 경우에는 [於言下]와 [言下] 즉 '말이 떨어지기가 무섭게, 말
떨어지자마자 바로'의 뜻을 가진 '말씀 아래'와 '言下애'가 있다.

<1> 말씀 아래 對 言下애

고유어 '말씀 아래'와 한자어 '言下애'가 [於言下]와 [言下] 즉 '말이
떨어지기가 무섭게, 말 떨어지자마자 바로'의 뜻을 가지고 동의 관계에
있다는 것은 다음 예문들에서 잘 확인된다. 원문 중 '於言下…明'이 '말
씀 아래…볼기다'로 번역된다. 그리고 '言下…見'이 '言下애…보다'로
번역되고 '言下識'이 '言下애…알다'로 번역된다. 따라서 '말씀 아래'
와 '言下애'의 동의성은 명백히 입증된다. '말씀 아래'는 부사어로 명
사 '말씀'과 명사 '아래'의 결합으로 '말씀#아래+∅처격'으로 분석되고
'言下애'는 부사어로 명사 '言下'에 처격 조사 '-애'가 결합된 것이다.

> (1) a. 各各 말씀 아래 제 性을 ᄉᆞᄆᆞᆺ 볼겨 輪廻를 기리 긋게 ᄒᆞ시ᄂ
>   니(各令於言下頓明自性永絶輪廻) 〈施食 35b〉

> (1) b. 言下애 모로매 보리니(言下애 須見ᄒᆞ리니) 〈壇經上 11a〉
>   c. 無上普狸ᄂᆞᆫ 모디 言下애 제 本心을 알며(無上普狸ᄂᆞᆫ 須得言
>   下애 識自本心ᄒᆞ며) 〈壇經上 20a〉

210

漢字語간의 同義

제1절 名詞에서의 同義

漢字語간의 同義에는 적어도 하나가 一字 漢字語인 경우와 모두 二字 以上의 漢字語인 경우가 있다.

1. 하나가 一字 漢字語인 경우

적어도 하나가 一字 漢字語인 경우에는 [境] 즉 '지경, 경계'의 뜻을 가진 '境'과 '境界'를 비롯하여 [果]와 [菓] 즉 '과실'의 뜻을 가진 '果實'과 '菓', [化] 즉 '敎化'의 뜻을 가진 '敎化'와 '化', [智] 즉 '슬기, 지혜'의 뜻을 가진 '智'와 '智慧', [物] 즉 '만물'의 뜻을 가진 '物'과 '萬物', [凡] 즉 '凡夫'의 뜻을 가진 '凡夫'와 '凡', [聖] 즉 '聖人'의 뜻을 가진 '聖人'과 '聖', [世] 즉 '세상, 인간 사회'의 뜻을 가진 '世'와 '世間', [時] 즉 '때, 시절'의 뜻을 가진 '時'와 '時節', [益] 즉 '이익'의 뜻을 가진 '益'과 '利益' 그리고 [衆] 즉 '무리, 대중'의 뜻을 가진 '衆'과 '大衆'이 있다.

<1> 境 對 境界

두 명사가 [境] 즉 '지경, 경계'의 뜻을 가지고 동의 관계에 있다는 것은 다음 예문들에서 잘 확인된다. 원문 중 '諸境'이 '여러 境'으로 번역되고 '見境'이 '境을 보다'로 번역된다. 그리고 '一境'이 '훈 境界'로 번역된다. 따라서 '境'과 '境界'의 동의성은 명백히 입증된다.

(1) a. 제 念上애 상녜 여러 境을 여희여 境上애 ᄆᆞᅀᆞᆷ 내디 마롤디니(於自念上애 常離諸境ᄒᆞ야 不於境上애 生心이니) 〈壇經中 10a〉

b. 오직 境을 보아 境 혜아료미 곧 亂ᄒᆞ미니(只爲見境ᄒᆞ야 思境卽亂이니) 〈壇經中 15a〉

(1) c. 몬져 도로매 훈 境界예 ᄆᆞᅀᆞ미 마자(先須冥心一境) 〈施食 25a〉

<2> 果實 對 菓

두 명사가 [果]와 [菓] 즉 '과실'의 뜻을 가지고 동의 관계에 있다는 것은 다음 예문들에서 잘 확인된다. 원문 중 '茶果'과 '茶와 果實'로도 번역되고 '茶와 菓'로도 번역된다. 그리고 '花菓'가 '花와 菓'로 번역된다. 따라서 '果實'과 '菓'의 동의성은 명백히 입증된다.

(2) a. 各各 香花와 燈과 茶와 果實와룰 자바(各執香花燈茶果) 〈勸

供 53b〉〈勸供 54a〉

(2) b. 幡과 곳괘 섯거 벌며 茶와 菓왜 서르 버료매 니르리(乃至幡
花互列花果交陳)〈勸供 40b〉

c. 花와 菓와 珎羞를 座ㅅ 알픽 버리ᅀᆞ오니(花菓珎羞列座前)
〈施食 15a〉

d. 仙間ㅅ 菓로 供養ᄒᆞᆸ노니(仙菓供養)〈勸供 4b〉

<3> 敎化 對 化

두 명사가 [化] 즉 '敎化'의 뜻을 가지고 동의 관계에 있다는 것은
다음 예문들에서 잘 확인된다. 원문 중 '興化'가 '敎化를 니ᄅᆞ완다'로
번역되고 '演化'가 '化를 펴다'로 번역된다. 따라서 '敎化'와 '化'의 동
의성은 명백히 입증된다.

(3) a. 두 宗이 敎化ㅣ 盛커늘(兩宗이 盛化커늘)〈壇經下 1b〉
b. ᄒᆞᆫᄢᅴ 敎化를 니ᄅᆞ와다(同時興化ᄒᆞ야)〈壇經下 67a〉

(3) c. 五祖ㅣ 黃梅縣 東禪院에 化를 펴샤믄(五祖ㅣ 演化於黃梅縣
之東禪院은)〈壇經序 24a〉
d. 네 반ᄃᆞ기 一(95a)方애 化를 分ᄒᆞ야 긋게 말라(汝當分化一
方ᄒᆞ야 無令斷絶ᄒᆞ라)〈壇經中 95b〉
e. 思ㅣ …法을 너펴 化를 니스니라(思ㅣ …弘法紹化ᄒᆞ니라)
〈壇經中 95b〉

<4> 智 對 智慧

두 명사가 [智] 즉 '슬기, 지혜'의 뜻을 가지고 동의 관계에 있다는 것은 다음 예문들에서 잘 확인된다. 원문 중 '有智'가 '智 잇다'로 번역되고 '多智'가 '智慧 하다'로 번역된다. 그리고 '佛智'가 '부텻 智'로 번역되고 '般若智'가 '般若 智慧'로 번역된다. 따라서 '智'와 '智慧'의 동의성은 명백히 입증된다.

(4) a. 곧 이 智 이시면 도ᄅᆞ혀 智 업소ᄆᆞᆯ 일우리라(卽此有智면 還成無智리라) 〈壇經中 74b〉

　　b. 上上人도 ᄠᅳᆮ 업슨 智 잇ᄂᆞ니(上上人도 有沒意智ᄒᆞ니) 〈壇經上 25b〉

　　c. 身과 智왜 노가 ᄀᆞ린 ᄃᆡ 업스면(身智ㅣ 融無礙ᄒᆞ면) 〈壇經中 76a〉

　　d. 부텻 智도 ᄯᅩ 이 곧ᄒᆞ야(佛智亦如是) 〈施食 43b〉

　　e. 부텻 智를 證케 ᄒᆞ야지이다(證佛智) 〈勸供 62a〉

　　f. 般若智를 브려(使般若智ᄒᆞ야) 〈壇經中 29a〉

　　g. 愚ㅣ 오나ᄃᆞᆫ 智로 濟度ᄒᆞ며(愚來ᄒᆞ야ᄃᆞᆫ 智度ᄒᆞ며) 〈壇經中 29b〉

　　h. 圓滿報身ᄋᆞᆫ 네 智오(圓滿報身ᄋᆞᆫ 汝之智也ㅣ오) 〈壇經中 72b〉

(4) i. 너ᄂᆞᆫ 聰明ᄒᆞ고 智慧 하니(汝ᄂᆞᆫ 聰明多智ᄒᆞ니) 〈壇經下 3b〉

　　j. 이 燈이 般若 智慧ㅅ 光明이 ᄃᆞ외시며(此燈爲般若智光) 〈勸

供 40b〉

<5> 物 對 萬物

두 명사가 [物] 즉 '만물'의 뜻을 가지고 동의 관계에 있다는 것은
다음 예문들에서 잘 확인된다. 원문 중 '應物'이 '物을 應ᄒ다'로도 번
역되고 '萬物을 맛굷다'로도 번역된다. 따라서 '物'과 '萬物'의 동의성
은 명백히 입증된다.

  (5) a. 物(76a)을 應ᄒ야(應物ᄒ야)〈壇經中 76b〉
      b. 사름을 侵勞ᄒ며 物을 害ᄒ야(侵人害物ᄒ야)〈壇經中 63a〉
      c. 光을 섯거 物을 接對호ᄃᆡ(和光接物호ᄃᆡ)〈壇經中 22b〉

  (5) d. 萬物을 맛굘ᄆᆞ샤 양ᄌᆞ 나토샤미 믈ᄀᆞᆫ 믈 미튓 ᄃᆞᆯ ᄀᆞᆮ거신마
      ᄅᆞᆫ(應物現形潭底月)〈施食 11a〉

<6> 凡夫 對 凡

두 명사가 [凡] 즉 '凡夫'의 뜻을 가지고 동의 관계에 있다는 것은
다음 예문들에서 잘 확인된다. 원문 중 '凡聖'이 '凡夫와 聖人'으로도
번역되고 '凡과 聖'으로도 번역된다. 그리고 '凡心'이 '凡夫의 ᄆᆞ슴'으
로 번역되고 '問凡'이 '凡을 묻다'로 번역된다. 따라서 '凡夫'와 '凡'의
동의성은 명백히 입증된다.

(6) a. 凡夫와 聖人과앳 큰 慈悲르외신 아바니미시며(凡聖大慈父)
〈勸供 16b〉

b. 도르혀 凡夫의 무슨과 흔가지라(却同凡心이라) 〈壇經上
13a〉

c. 닷디 아니ᄒ면 곧(58b) 凡夫ㅣ오(不修ᄒ면 卽凡이오) 〈壇
經上 59a〉

(6) d. 凡과 聖괏 見을 니르왇디 아니ᄒ며(不起凡聖見ᄒ며) 〈壇經
中 93a〉

e. 凡과 聖괏 ᄠᅳ들 니저(凡聖情忘ᄒ야) 〈壇經中 106b〉

f. 凡(51a)을 묻거든 聖으로 對答ᄒ고 聖을 묻거든 凡으로 對
答호리니(問凡이어든 以聖對ᄒ고 問聖이어든 以凡對호리
니) 〈壇經下 51b〉

g. 聖에 드(5a)러 凡에 건너뛰닌(入聖超凡者ᄂᆞᆫ) 〈壇經序 5b〉

<7> 聖人 對 聖

두 명사가 [聖] 즉 '聖人'의 뜻을 가지고 동의 관계에 있다는 것은
다음 예문들에서 잘 확인된다. 원문 중 '凡聖'이 '凡夫와 聖人'으로도
번역되고 '凡과 聖'으로도 번역된다. 따라서 '聖人'과 '聖'의 동의성은
명백히 입증된다.

(7) a. 凡夫와 聖人과앳 큰 慈悲르외신 아바니미시며(凡聖大慈父)
〈勸供 16b〉

b. ㄱ 업슨 부텨와 聖人괘 다 오샤 모두쇼셔(無邊佛聖咸來集) 〈施食 4a〉

c. 宣揚聖號 : 聖人ㅅ 일후믈 너피ᅀᆞ와 일쿨ᄌᆞ오미라 〈施食 18a〉

(7) d. 凡과 聖괏 見을 니르왇디 아니ᄒᆞ며(不起凡聖見ᄒᆞ며) 〈壇經中 93a〉

e. 凡과 聖괏 ᄠᅳ들 니저(凡聖情忘ᄒᆞ야) 〈壇經中 106b〉

f. 凡(51a)을 묻거든 聖으로 對答ᄒᆞ고 聖을 묻거든 凡으로 對答호리니(問凡이어든 以聖對ᄒᆞ고 問聖이어든 以凡對호리니) 〈壇經下 51b〉

g. 聖에 드(5a)러 凡에 건너ᄠᅱ닌(入聖超凡者ᄂᆞᆫ) 〈壇經序 5b〉

<8> 世 對 世間

두 명사가 [世] 즉 '세상, 인간 사회'의 뜻을 가지고 동의 관계에 있다는 것은 다음 예문들에서 잘 확인된다. 원문 중 '出世'가 '世예 나다'로 번역되고 '住世'가 '世間에 住ᄒᆞ다'로 번역된다. 그리고 '師之世'가 '師ㅅ 世'로 번역되고 '世人'이 '世間 사름'으로 번역된다. 따라서 '世'와 '世間'의 동의성은 명백히 입증된다.

(8) a. 엇뎨 嶺南애 부톄 世예 나쟈믈 期約ᄒᆞ리오(何期嶺南애 有佛出世리오) 〈壇經上 83b〉

b. 朕이…師ㅣ 世예 나샤믈 맛나 上乘을 모로기 아로니(朕이…

值師出世ᄒ야 頓悟上乘호니)〈壇經下 40a〉

c. 이 經은 본ᄃᆡ 因緣으로 世예 나ᄆᆞ로 宗 사ᄆᆞ니(此經은 元來
로 以因緣으로 出世爲宗ᄒ니)〈壇經中 59b〉

d. 世예 나 邪宗을 헐리라(出世破邪宗ᄒ리라)〈壇經上 78b〉

e. 正見은 일후미 世예 나미오(正見은 名出世오)〈壇經上 82a〉

f. 經에 니ᄅᆞ샤ᄃᆡ…世예 나 現타 ᄒ시니(經云ᄒ샤ᄃᆡ…出現於
世ᄒ니시)〈壇經中 59b〉

g. 내 반ᄃᆞ기 世를 ᄇᆞ료리니(吾方逝世호리니)〈壇經上 34a〉

h. 뫼ᅀᆞ오믈 師ㅅ 世 ᄆᆞᆺᄃᆞ록 ᄒ니라(執侍를 終師之世ᄒ니라)
〈壇經中 83b〉

(8) i. 法이 世間애 住케 ᄒ야(令法住世)〈施食 17a〉〈勸供 6a〉

j. 世間 사ᄅᆞ미 살며 죽는 이리 크니(世人이 生死事大니)〈壇
經上 10a〉

<9> 時 對 時節

두 명사가 [時] 즉 '때, 시절'의 뜻을 가지고 동의 관계에 있다는 것
은 다음 예문들에서 잘 확인된다. 원문 중 '今時'가 '이제 時'로도 번역
되고 '이 時節'로도 번역된다. 그리고 '昔時'가 '녯 時'로 번역되고 '三
際時'가 '三際ㅅ 時節'로 번역된다. 따라서 '時'와 '時節'의 동의성은 명
백히 입증된다.

(9) a. 一乘은 이 實이니 이(69a)제 時를 爲흔 젼치니(一乘은 是實

ㅣ니 爲今時故ㅣ니)〈壇經中 69b〉

b. 三車는 이 假ㅣ니 녯 時를 爲흔 전치오(三車는 是假ㅣ니 爲
昔時故ㅣ오)〈壇經中 69a〉

c. 엇뎨 여러 時(26b)를 뎌 肉身菩薩을 브려뇨(何得多時를 使
他肉身菩薩이어뇨)〈壇經上 27a〉

d. ㄱ득ᄒ며 虛호미 時를 좃ᄂ니(盈虛任時)〈勸供 24b〉

(9) e. 오ᄂᆞᆰ 밤 이 時節에 ᄂ려 오쇼셔(今夜今時來降赴)〈施食 7b〉

f. 오ᄂᆞᆰ 밤 이 時節에 모도매 오샤(今夜今時來赴會)〈施食
12a〉

g. 바ᄅᆞ 三際ㅅ 時節에 다ᄃᆞᄅᆞ시고(竪窮三際時)〈勸供 19a〉

<10> 益 對 利益

두 명사가 [益] 즉 '이익'의 뜻을 가지고 동의 관계에 있다는 것은
다음 예문들에서 잘 확인된다. 원문 중 '損益'이 '損과 益'으로 번역되
고 '何益'이 '므슴 利益'으로 번역된다. 따라서 '益'과 '利益'의 동의성
은 명백히 입증된다.

(10) a. 損과 益괘 모매 브트니(損益이 由己ᄒ니)〈壇經中 65a〉

(10) b. 므슴 利益이리오(何益이리오)〈壇經上 100b〉

c. 므슴 利益이 이시리오(有何所益이리오)〈壇經上 12a〉

<11> 衆 對 大衆

두 명사가 [衆] 즉 '무리, 대중'의 뜻을 가지고 동의 관계에 있다는
것은 다음 예문들에서 잘 확인된다. 원문 중 '諸衆等'이 '모든 衆들ᄒ'
로 번역되고 '衆等'이 '大衆들ᄒ'로 번역된다. 따라서 '衆'과 '大衆'의
동의성은 명백히 입증된다.

(11) a. 이 모든 衆들히 各各 ᄭ숙와(是諸衆等各各胡跪) 〈勸供
   59b〉

   b. 몃는 衆이 다 올히 너기니라(趣衆이 咸以爲然ᄒ니라) 〈壇經
   上 39a〉

(11) c. 大衆들(63b)히 至心으로 歸命ᄒ숙와 저ᅀᆞ노이다(衆等至心
   歸命禮) 〈勸供 64a〉

2. 모두 二字 以上의 漢字語인 경우

모두 二字 以上의 漢字語인 경우에는 [妙高聚] 즉 '수미산'의 뜻을
가진 '妙高聚'와 '須彌山'을 비롯하여 [梵刹]과 [梵宇] 즉 '절, 佛寺'의
뜻을 가진 '梵刹'과 '梵宇', [仙]과 [仙間] 즉 '仙境, 신선이 산다는 곳'
의 뜻을 가진 '仙間'과 '御園春', [祖宗] 즉 '祖師의 宗旨'의 뜻을 가진
'祖宗'과 '祖師ㅅ 宗旨' 그리고 [畜生]과 [傍生] 즉 '짐승, 畜生'의 뜻을
가진 '畜生'과 '傍生'이 있다.

<1> 妙高聚 對 須弥山

두 명사가 [妙高聚] 즉 '수미산'의 뜻을 가지고 동의 관계에 있다는
것은 다음 예문들에서 잘 확인된다. 원문 중 '如妙高聚'가 '妙高聚 ㄱ
티 ㅎ다'로 번역된다. 그리고 '妙高聚'의 자석이 '須弥山'이다. 따라서
'妙高聚'와 '須弥山'의 동의성은 명백히 입증된다.

(1) a. ──히 다 妙高聚 ㄱ티 ㅎ야(──皆如妙高聚) 〈勸供 55b〉
    b. 妙高聚ㄴ 須弥山이라 〈勸供 55b〉

<2> 梵刹 對 梵宇

두 명사가 [梵刹]과 [梵宇] 즉 '절, 佛寺'의 뜻을 가지고 동의 관계에
있다는 것은 다음 예문들에서 잘 확인된다. 원문 중 '一梵刹'이 'ᄒᆞᆫ 梵
刹'로 번역되고 '建梵宇'가 '梵宇를 세다'로 번역된다. 따라서 '梵刹'과
'梵宇'의 동의성은 명백히 입증된다.

(2) a. 可히 이 山이 ᄒᆞᆫ 梵刹을 딩ᄀᆞ롤디니(可於此山이 建一梵刹이
    니) 〈壇經序 20a〉
    b. 本州ㅣ 梵刹을 復興ᄒᆞ욘 事蹟은(本州復興梵刹事蹟은) 〈壇
    經下 91a〉
    c. 梵刹은 뎔이라 〈壇經序 20a〉

(2) d. 녯 터헤 梵宇를 다시 셰여(遂於故基예 重建梵宇ᄒᆞ야) 〈壇經

<3> 仙間 對 御園春

두 명사가 [仙]과 [仙間] 즉 '仙境, 신선이 산다는 곳'의 뜻을 가지고 동의 관계에 있다는 것은 다음 예문들에서 잘 확인된다. 원문 중 '仙菓'가 '仙間ㅅ 菓'로 번역되고 '仙花'가 '仙間ㅅ 곳'으로 번역된다. 그리고 '御園春'의 자석이 '仙間'이다. 따라서 '仙間'과 '御園春'의 동의성은 명백히 입증된다.

(3) a. 仙間ㅅ 菓로 供養ᄒᆞᅀᆞᆸ노니(仙菓供養)〈勸供 4b〉
   b. 仙間ㅅ 고ᄌᆞ로 供養ᄒᆞᅀᆞᆸ노니(仙花供養)〈勸供 4a〉

(3) c. 御園春은 仙間이라〈勸供 47b〉

<4> 祖宗 對 祖師ㅅ 宗旨

명사 '祖宗'과 명사구 '祖師ㅅ 宗旨'가 [祖宗] 즉 '祖師의 宗旨'의 뜻을 가지고 동의 관계에 있다는 것은 다음 예문들에서 잘 확인된다. 원문 중 '振祖宗'이 '祖宗을 ᄠᅥ다'로도 번역되고 '祖師ㅅ 宗旨를 ᄠᅥ다'로도 번역된다. 따라서 '祖宗'과 '祖師ㅅ 宗旨'의 동의성은 명백히 입증된다.

(4) a. 代代예 흘러 通行ᄒᆞ야 祖宗을 ᄠᅥ놋다(代代流通振祖宗)〈勸

供 12a〉

b. 代代예 흘러 通ᄒᆞ야 祖師ㅅ 宗旨ᄅᆞᆯ 뼈다 호ᄆᆞᆫ〈勸供 12b〉

<5> 畜生 對 傍生

두 명사가 [畜生]과 [傍生] 즉 ' 짐승, 畜生'의 뜻을 가지고 동의 관
계에 있다는 것은 다음 예문들에서 잘 확인된다. 원문 중 '是畜生'이
'이 畜生'으로 번역된다. 그리고 '傍生苦'가 '傍生 受苦'로 번역되고 '傍
生'의 자석이 '畜生'이다. 따라서 '畜生'과 '傍生'의 동의성은 명백히 입
증된다.

(5) a. 愚癡ㅣ 이 畜生이니라(愚癡ㅣ 是畜生이니라)〈壇經上 97b〉

b. 六凡은 天과 人과 地獄과 餓鬼와 畜生과 脩羅왜라〈施食
20b〉

(5) c. 傍生 受苦ᄅᆞᆯ 업게 ᄒᆞ시ᄂᆞ니라(能消滅傍生苦)〈勸供 22b〉

d. 傍生은 畜生이라〈勸供 22b〉

제2절. 動詞類에서의 同義

동사류에서 확인되는 漢字語간의 동의에는 動作動詞간의 同義와 狀態動詞간의 同義가 있다.

1. 動作動詞간의 同義

동작동사에서 확인되는 한자어간의 동의에는 [決] 즉 '결단하다, 결정하다'의 뜻을 가진 '決ᄒᆞ다'와 '決斷ᄒᆞ다'를 비롯하여 [化] 즉 '敎化하다, 가르치다'의 뜻을 가진 '敎化ᄒᆞ다'와 '化ᄒᆞ다', [傳] 즉 '전하다'의 뜻을 가진 '傳得ᄒᆞ다'와 '傳ᄒᆞ다', [呈], [呈似] 및 [似] 즉 '드리다, 윗사람에게 바치다'의 뜻을 가진 '呈ᄒᆞ다'와 '呈似ᄒᆞ다', [迷] 즉 '모르다'의 뜻을 가진 '迷ᄒᆞ다'와 '迷惑ᄒᆞ다', [度] 즉 '濟度하다'의 뜻을 가진 '濟度ᄒᆞ다'와 '度ᄒᆞ다' 그리고 [通] 즉 '통하다'의 뜻을 가진 '通行ᄒᆞ다'와 '通ᄒᆞ다'가 있다.

<1> 決ᄒ다 對 決斷ᄒ다

두 동작동사가 [決] 즉 '결단하다, 결정하다'의 뜻을 가지고 동의 관계에 있다는 것은 다음 예문들에서 잘 확인된다. 원문 중 '未決狐疑'가 '疑心을 決티 몯ᄒ다'로 번역되고 '參決'이 '뵈야 決ᄒ다'로 번역된다. 그리고 '未決了'가 '決斷ᄒ야 아디 몯ᄒ다'로 번역된다. 따라서 '決ᄒ다'와 '決斷ᄒ다'의 동의성은 명백히 입증된다.

(1) a. 學人은…見性ᄒ야 부텨 ᄃ외욜 ᄠᅳᆯ 뵈샤ᄆᆞᆯ 니보ᄃᆡ 疑心을 決티 몯ᄒ야(學人은…蒙示見性成佛之義ᄒᆞᄃᆡ 未決狐疑ᄒ야)〈壇經中 77b〉

b. 너(3a)희 모ᄃᆞᆫ 사ᄅᆞᆷ은…뵈야 決홀디니라(汝等諸人은…參決이니라)〈壇經下 3b〉

(1) c. 學人이 비록 이 니ᄅᆞ샤ᄆᆞᆯ 듣ᄌᆞ오나 오히려 決斷ᄒ야 아디 몯ᄒ야이다(學人이 雖聞此說ᄒ나 猶未決了ᄒ야이다)〈壇經中 80b〉

<2> 敎化ᄒ다 對 化ᄒ다

두 동작동사가 [化] 즉 '敎化하다, 가르치다'의 뜻을 가지고 동의 관계에 있다는 것은 다음 예문들에서 잘 확인된다. 원문 중 '化梁武帝'가 '梁武帝ᄅᆞᆯ 敎化ᄒ다'로 번역되고 '開化四衆'이 '四衆을 여러 敎化ᄒ다'로 번역된다. 그리고 '法寶…演化'가 '法寶ᄅᆞᆯ…펴 化ᄒ다'로 번역되고

'悲化'로 '慈悲로 化ᄒ다'로 번역된다. 따라서 '敎化ᄒ다'와 '化ᄒ다'의 동의성은 명백히 입증된다.

(2) a. 達磨ㅣ 처엄 梁武帝를 敎化ᄒ실 제(達磨ㅣ 初化梁武帝ᄒ실 제)〈壇經上 85b〉

　　b. 四衆을 여러 敎化(107a)ᄒ니라(開化四衆ᄒ니라)〈壇經中 107b〉

　　c. 世尊이 舍衛城 中에 겨샤 西方의 혀 敎化호믈 니르시니(世尊이 在舍衛城中ᄒ샤 說西方引化ᄒ시니)〈壇經上 91a〉

　　d. 닐온 敎化ᄒ야 引導ᄒ야(所謂化導ᄒ야)〈壇經上 71b〉

(2) e. 반ᄃ기 우 업슨 法寶를 이에 펴 化ᄒ리니(當有無上法寶를 於此애 演化ᄒ리니)〈壇經序 20a〉

　　f. 慈悲로 化ᄒ시ᄂ 報身이(悲化報)〈勸供 17a〉

<3> 傳得ᄒ다 對 傳ᄒ다

두 동작동사가 [傳] 즉 '전하다'의 뜻을 가지고 동의 관계에 있다는 것은 다음 예문들에서 잘 확인된다. 원문 중 '傳燈'이 '禪燈을 傳得ᄒ다'로 번역된다. 그리고 '祖印…傳付'가 '祖師ㅅ 印을…傳ᄒ야 맛디다'로 번역되고 '傳來'가 '傳ᄒ야 오다'로 번역된다. 따라서 '傳得ᄒ다'와 '傳ᄒ다'의 동의성은 명백히 입증된다.

(3) a. 達摩ㅣ 禪燈을 傳得ᄒ샤 計活을 사ᄆ시고(達摩傳燈爲計活)

〈勸供 12a〉

b. 達摩祖師ᄂ 燈ᄉ챤 傳得(12a)ᄒᆞ샤 자내 世間 사ᄅᆞᆯ 이ᄅᆞᆯ 사ᄆᆞ
시놋다 〈勸供 12b〉

(3) c. 祖師ㅅ 印을 서르 傳ᄒᆞ야 맛디시ᄂᆞ니(祖印相傳付) 〈勸供
22a〉

d. 西天ㅅ 부텨와 祖師왜 뎐톄로 서르 傳ᄒᆞ샤(西天佛祖遞相
傳) 〈勸供 43b〉

e. 達摩ㅣ 傳ᄒᆞ야 오샤매(達摩傳來) 〈勸供 45a〉

<4> 뫃ᄒᆞ다 對 뫃似ᄒᆞ다

두 동작동사가 [뫃], [뫃似] 및 [似] 즉 '드리다, 윗사람에게 바치다'
의 뜻을 가지고 동의 관계에 있다는 것은 다음 예문들에서 잘 확인된
다. 원문 중 '뫃和尙'이 '和尙ᄋᆡ 뫃ᄒᆞ다'로 번역되고 '뫃似師'가 '師ᄋᆡ
뫃ᄒᆞ다'로 번역된다. 그리고 '說似'가 '닐어 뫃似ᄒᆞ다'로 번역된다. 따
라서 '뫃ᄒᆞ다'와 '뫃似ᄒᆞ다'의 동의성은 명백히 입증된다.

(4) a. 偈를 지서 쟝ᄎᆞ 和尙ᄋᆡ 뫃혼ᄃᆞᆯ(作偈ᄒᆞ야 將呈和尙혼ᄃᆞᆯ) 〈壇
經上 12a〉

b. 師ᄋᆡ 뫃혼대(呈似師혼대) 〈壇經中 110b〉

(4) c. 혼 거시라 닐어 뫃似ᄒᆞ야도(說似一物이라 ᄒᆞ야도) 〈壇經中
96b〉

<5> 迷ᄒ다 對 迷惑ᄒ다

두 동작동사가 [迷] 즉 '모르다'의 뜻을 가지고 동의 관계에 있다는 것은 다음 예문들에서 잘 확인된다. 원문 중 '迷心'이 'ᄆᆞᅀᆞᆷ 迷ᄒ다'로 번역되고 '前念迷'가 '前念을 迷ᄒ다'로 번역된다. 그리고 '心迷'가 'ᄆᆞᅀᆞᆷ을 迷惑ᄒ다'로 번역되고 '自性迷'가 '제 性을 迷惑ᄒ다'로 번역된다. 따라서 '迷ᄒ다'와 '迷惑ᄒ다'의 동의성은 명백히 입증된다.

(5) a. ᄆᆞᅀᆞᆷ 迷ᄒ야 밧고로 보며(迷心外見ᄒ며) 〈壇經上 66b〉

  b. 前念을 迷ᄒ면 곧 凡夫 ㅣ오(前念迷則凡夫 ㅣ오) 〈壇經上 59b〉

  c. 곧 이 안팟글 迷티 아니ᄒ미니(卽是內外不迷니) 〈壇經中 60a〉

  d. 世人이 밧긔(59b) 迷ᄒ야 相애 着ᄒ고 안해 迷ᄒ야 空애 着ᄒᄂ니(世人이 外迷着相ᄒ고 內迷着空ᄒᄂ니) 〈壇經中 60a〉

(5) e. 네 ᄒ다가 ᄆᆞᅀᆞᆷ을 迷惑(27a)ᄒ야 보디 몯거든(汝若心迷ᄒ야 不見이어든) 〈壇經下 27b〉

  f. 오직 ᄆᆞᅀᆞᆷ 迷惑호ᄆᆞᆯ 브터 能히 제 아디 몯ᄒᄂ니(只緣心迷ᄒ야 不能自悟ᄒᄂ니) 〈壇經上 48b〉

  g. 제 性을 迷惑ᄒ면 곧 이 衆生이오 제 性을 알면 곧 이 부톄니(自性을 迷ᄒ면 곧 이 衆生이오 自性을 覺ᄒ면 卽是佛이니) 〈壇經上 96b〉

<6> 濟度ᄒᆞ다 對 度ᄒᆞ다

두 동작동사가 [度] 즉 '濟度하다'의 뜻을 가지고 동의 관계에 있다
는 것은 다음 예문들에서 잘 확인된다. 원문 중 '自度'가 '제 濟度ᄒᆞ다'
로도 번역되고 '제 度ᄒᆞ다'로도 번역된다. 그리고 '度衆生'이 '衆生을
濟度ᄒᆞ다'로 번역되고 '度吾'가 '나를 濟度ᄒᆞ다'로 번역된다. 따라서
'濟度ᄒᆞ다'와 '度ᄒᆞ다'의 동의성은 명백히 입증된다.

(6) a. 各各 모디 自性을 제 濟度홀 시 일후미 眞實ㅅ 濟度ㅣ라(各
　　　 須自性自度홀 시 是名眞度ㅣ라)〈壇經中 29a〉

　　b. 엇뎨 일후미 自性을 제 濟度홈고(何名自性自度오)〈壇經中
　　　 29a〉

　　c. 各各 제 濟度호디 邪ㅣ 오나든 正으로 濟度ᄒᆞ며 迷ㅣ 오나
　　　 든 悟로 濟度ᄒᆞ며 愚ㅣ 오나든 智로 濟度ᄒᆞ며 惡이 오나든
　　　 善으로 濟度호리니(各各自度호디 邪來ᄒᆞ야든 正度ᄒᆞ며 迷
　　　 來ᄒᆞ야든 悟度ᄒᆞ며 愚來ᄒᆞ야든 智度ᄒᆞ며 惡來ᄒᆞ야든 善度
　　　 호리니)〈壇經中 29b〉

　　d. 衆生을 濟度ᄒᆞ쇼셔(度衆生)〈勸供 54b〉

　　e. 엇뎨 衆生이 ᄀᆞᆺ 업스니 誓願ᄒᆞ야 濟度호ᄆᆞᆯ 니ᄅᆞ디 아니ᄒᆞ리
　　　 오(豈不道衆生無邊誓願度ㅣ리오)〈壇經中 28b〉

　　f. 自心衆生이 ᄀᆞᆺ 업스니 誓願ᄒᆞ야 濟度ᄒᆞ며(自心衆生이 無邊
　　　 ᄒᆞ니 誓願度ᄒᆞ며)〈壇經中 27a〉

　　g. 衆生이 ᄀᆞᆺ 업거늘 濟度호리라 誓願ᄒᆞ며(衆生無邊誓願度)
　　　 〈施食 32b〉

h. 肉身菩薩이…無量衆을 濟度ᄒ리니(有肉身菩薩이…度無量衆ᄒ리니) 〈壇經序 14a〉

i. 몬져 모디 나ᄅᆞᆯ 濟度ᄒ라(先須度吾ᄒ라) 〈壇經上 25b〉

j. ᄯᅩ 이 惠能의 濟度호미 아니라(且不是惠能의 度ㅣ라) 〈壇經中 28b〉

(6) k. 제 ᄆᆞᅀᆞᆷ 부텨를 보아 제 度ᄒ며 제 戒ᄒ야ᅀᅡ 올ᄒ니(見自心佛ᄒ야 自度ᄒ며 自戒ᄒ야ᅀᅡ 始得이니) 〈壇經中 19b〉

<7> 通行ᄒ다 對 通ᄒ다

두 동작동사가 [通] 즉 '통하다'의 뜻을 가지고 동의 관계에 있다는 것은 다음 예문들에서 잘 확인된다. 원문 중 '流通'이 '흘러 通行ᄒ다'로도 번역되고 '흘러 通ᄒ다'로도 번역된다. 따라서 '通行ᄒ다'와 '通ᄒ다'의 동의성은 명백히 입증된다.

(7) a. 代代예 흘러 通行ᄒ야 祖宗을 뗘놋다(代代流通振祖宗) 〈勸供 12a〉

b. 代代예 흘러 通ᄒ야 祖師ㅅ 宗旨를 뗘다 호ᄆᆞᆫ 〈勸供 12b〉

2. 狀態動詞간의 同義

상태동사에서 확인되는 한자어간의 동의에는 [妙] 즉 '묘하다, 기묘하다'의 뜻을 가진 '微妙ᄒ다'와 '奇妙ᄒ다'가 있다.

<1> 微妙ᄒ다 對 奇妙ᄒ다

두 상태동사가 [妙] 즉 '묘하다, 기묘하다'의 뜻을 가지고 동의 관계에 있다는 것은 다음 예문들에서 잘 확인된다. 원문 중 '妙法'이 '微妙ᄒ 法'으로 번역되고 '妙道'가 '微妙ᄒ 道'로 번역된다. 그리고 '妙眞言'이 '奇妙ᄒ 眞言'으로 번역된다. 따라서 '微妙ᄒ다'와 '奇妙ᄒ다'의 동의성은 명백히 입증된다.

(1) a. 어루 思量ᄒ야 헤아리디 몯홀 微妙ᄒ 法엣 듣글와(不可思議妙法塵)〈勸供 61a〉

   b. 三乘엣 微妙ᄒ 法藏ᄋᆡ 너미 저ᇹ노이다(普禮…三乘妙法藏)〈施食 14a〉

   c. 微妙ᄒ 道ᄂᆞᆫ 虛코 기퍼(妙道ᄂᆞᆫ 虛玄ᄒ야)〈壇經序 3a〉

   d. 牡丹花王ᄋᆞᆫ 微妙ᄒ 香ᄋᆞᆯ 머구멧고(牡丹花王含妙香)〈勸供 13b〉

   e. 모든 못 됴ᄒ 微妙ᄒ 花蔓과(諸最勝妙花蔓)〈勸供 54b〉

   f. 微妙ᄒ 菩提座 됴ᄒ 莊嚴에(妙菩提座勝莊嚴)〈勸供 37a〉〈施食 6a〉

(1) g. 이제 奇妙ᄒ 眞言을 자바 외오ᄉᆞ오니(今持誦妙眞言)〈勸供 28a〉

제3절 副詞에서의 同義

부사에서 확인되는 漢字語간의 동의에는 [實] 즉 '참으로, 진실로'의 뜻을 가진 '實로'와 '眞實로'를 비롯하여 [一一] 즉 '일일이, 낱낱이'의 뜻을 가진 '一一'과 '一一히', [定] 즉 '반드시, 꼭'의 뜻을 가진 '一定히'와 '一定' 그리고 [自然] 즉 '자연히'의 뜻을 가진 '自然히'와 '自然'이 있다.

<1> 實로 對 眞實로

두 부사가 [實] 즉 '참으로, 진실로'의 뜻을 가지고 동의 관계에 있다는 것은 다음 예문들에서 잘 확인된다. 원문 중 '實…思議'가 '實로 思議ᄒ다'로도 번역되고 '眞實로 思議ᄒ다'로도 번역된다. 그리고 '實…轉'이 '實로…옮기다'로 번역되고 '實無'가 '實로 없다'로 번역된다. 따라서 '實로'와 '眞實로'의 동의성은 명백히 입증된다.

(1) a. 네 스승의 니ᄅ논 戒定慧ᄂᆞᆫ 實로 思議티 몯ᄒ리로다(如汝師

의 所說戒定慧는 實不可思議로다) 〈壇經下 8b〉

b. 實로 잢간도 法華를 옮기디 몯ᄒ고(實未曾轉法華ᄒ고) 〈壇經中 66b〉

c. 達磨 ㅣ 니ᄅ샤ᄃᆡ 實로 功德 업스니라 ᄒ시니(達磨 ㅣ 言ᄒ샤ᄃᆡ 實無功德ᄒ니라 ᄒ시니) 〈壇經上 85b〉

d. 師 ㅣ 니ᄅ샤ᄃᆡ 實로 功德 업스니 先聖ㅅ 말ᄉᆞ믈 疑心 말라 (師 ㅣ 曰ᄒ샤ᄃᆡ 實無功德ᄒ니 勿疑先聖之言ᄒ라) 〈壇經上 86a〉

e. 秀 ㅣ 솔오ᄃᆡ 實로 이 秀의 作이니(秀言호ᄃᆡ 實是秀作이니) 〈壇經上 19a〉

f. 實로 닐옴 ᄀᆞ다(誠如所言ᄒ다) 〈壇經中 106b〉

(1) g. 眞實로 思議티 몯ᄒ리로소이다(實不可思議호리라) 〈壇經上 85a〉

h. 眞實로 부텻 心印 傳ᄒ르 法主 ㅣ 리라 ᄒ니(眞傳佛心印之法主也 ㅣ 리라 ᄒ니) 〈壇經序 14a〉

<2> 一定히 對 一定

두 부사가 [定] 즉 '반드시, 꼭'의 뜻을 가지고 동의 관계에 있다는 것은 다음 예문들에서 잘 확인된다. 원문 중 '定成'이 '一定히 일우다'로 번역되고 '定生'이 '一定히 나다'로 번역된다. 그리고 '定入'이 '一定 들다'로 번역된다. 따라서 '一定히'와 '一定'의 동의성은 명백히 입증된다.

(2) a. 一定히 佛道를 일위(定成佛道ᄒ야) 〈壇經上 60a〉

b. 즌 홀기 一定히 紅蓮이 나리라(淤泥예 定生紅蓮ᄒ리라) 〈壇經上 101b〉

c. 行者ᄂᆞᆫ 一定히 샹녯 사ᄅᆞ미 아니로소니(行者ᄂᆞᆫ 定非常人이로소니) 〈壇經上 41b〉

(2) d. 모미 ᄆᆞᆺᄃᆞ록 므르디 아니ᄒᄂᆞ니ᅀᅡ 一定 聖位예 들리라(終身而不退者ㅣᅀᅡ 定入聖位리라) 〈壇經上 76b〉

<3> 一一 對 一一히

두 부사가 [一一] 즉 '일일이, 낱낱이'의 뜻을 가지고 동의 관계에 있다는 것은 다음 예문들에서 잘 확인된다. 원문 중 '一一周遍'이 '一一 ᄀᆞ득ᄒ 다'로 번역되고 '一一掌握'이 '一一 자바 겨시다'로 번역된다. 그리고 '一一…如'가 '一一히…ᄀ티 ᄒ다'로 번역된다. 따라서 '一一'과 '一一히'의 동의성은 명백히 입증된다.

(3) a. 一一塵刹애(5之1b) 一一 ᄀᆞ득ᄒ시니(一一周遍一一塵刹) 〈施食 5之2a〉

b. 一一塵刹애 一(8之2b) 一 자바 겨시니(一一掌握一一塵刹) 〈施食 9a〉

(3) c. 一一히 다 妙高聚 ᄀ티 ᄒ야(一一皆如妙高聚) 〈勸供 55b〉

<4> 自然히 對 自然

두 부사가 [自然] 즉 '자연히'의 뜻을 가지고 동의 관계에 있다는 것은 다음 예문들에서 잘 확인된다. 원문 중 '自然成'이 '自然히 일다'로도 번역되고 '自然 일다'로도 번역된다. 따라서 '自然히'와 '自然'의 동의성은 명백히 입증된다.

(4) a. 心花ㅣ 미즐 제 自然히 이도다(心花結處自然成)〈勸供 47b〉
   b. 自然(16b)히 내 迷惑ᄒᆞ야(自是我迷ᄒᆞ야)〈壇經上 17a〉

(4) c. 여름 여로미 自然 일리라(結果ㅣ 自然成이리라)〈壇經下 60b〉

結 論

제1장에서는 研究 目的, 연구 범위 및 先行 研究가 논의된다. 1490
년대 국어에서 확인되는 同義語를 연구하는 데 목적이 있다.

1490년대 국어에서 확인되는 동의 관계는 크게 셋으로 나누어 고찰
할 수 있다. 첫째는 固有語간의 同議 관계이고 둘째는 고유어와 漢字
語 간의 동의 관계이고 셋째는 漢字語간의 동의 관계이다.

제2장에서는 固有語간의 同義가 논의된다. 이 동의에는 名詞類에서
의 同議, 動詞類에서의 동의, 副詞類에서의 동의 그리고 冠形詞類에서
의 동의가 있다.

첫째로 名詞類에서 확인되는 동의에는 相異型, 音韻 脫落型, 音韻
添加型, 合成型 및 派生型이 있다.

서로 다른 形式을 가진 둘 또는 그 이상의 名詞類들이 동의 관계를
가질 수 있다. 이 경우가 곧 상이형이다.

고유어의 名詞類에서 확인되는 상이형에는 [幻] 즉 '꼭두, 幻影'의
뜻을 가진 '곡도'와 '거즛 것'을 비롯하여 [處]와 [所] 즉 '곳, 데'의 뜻
을 가진 '곧'과 '듸', [所] 즉 '것, 바'의 뜻을 가진 '곧'과 '바', [時] 즉

'때'의 뜻을 가진 '삐'와 '제', [量] 즉 '끝, 限度'의 뜻을 가진 '그지'와 '그슴', [他人] 즉 '남'의 뜻을 가진 '눔'과 '뎌 사룸', [處]와 [所] 즉 '곳'의 뜻을 가진 '싸ᄒ'와 '곧', [度]와 [囘] 즉 '번, 횟수'의 뜻을 가진 '디위'와 '번', [輩], [黨], [群] 및 [侶] 즉 '무리'의 뜻을 가진 '물'과 '무리', [者] 즉 '사람'의 뜻을 가진 '사룸'과 '이', [形]과 [形相] 즉 '모습, 형체'의 뜻을 가진 '얼굴'과 '양ᄌ', [今] 즉 '이제, 지금'의 뜻을 가진 '이제'와 '오늘', [時] 즉 '때'의 뜻을 가진 '적'과 '삐' 그리고 [故] 즉 '까닭'의 뜻을 가진 '젼추'와 '두'가 있다.

音韻 脫落型에는 [下] 즉 '아래'의 뜻을 가진 '아래'와 '아라' 그리고 [錫] 즉 '錫杖, 도사·승려의 지팡이'의 뜻을 가진 '막다히'와 '막대'가 있다.

音韻 添加型에는 [塵埃]와 [塵] 즉 '티끌'의 뜻을 가진 '드틀'과 '든글' 그리고 [一] 즉 '하나'의 뜻을 가진 'ᄒ나ᄒ'와 '훈나'가 있다.

合成型에는 [今日] 즉 '오늘'의 뜻을 가진 '오눐날'과 '오늘'이 있다. 派生型에는 [言]과 [語] 즉 '말'의 뜻을 가진 '말'과 '말슴' 그리고 [盡] 즉 '다함'의 뜻을 가진 '다옴'과 '다욀'이 있다.

둘째로 動詞類에서 확인되는 동의 관계에는 動作動詞간의 同義와 狀態動詞간의 同義가 있다.

고유어의 動作動詞에서 발견되는 동의 관계는 相異型과 相似型으로 나눌 수 있다. 相似型에는 音韻 交替型, 音韻 脫落型과 音韻 添加型 그리고 派生型이 있다.

서로 다른 형식을 가진 둘 또는 그 이상의 動作動詞들이 동의 관계를 가질 수 있다. 이 경우가 상이형이다.

고유어의 動作動詞에서 확인되는 相異型에는 [行] 즉 '가다'의 뜻을 가진 '가다'와 '녀다'를 비롯하여 [去]와 [至] 즉 '가다'의 뜻을 가진 '가다'와 '니다', [持] 즉 '가지다, 지니다'의 뜻을 가진 '가지다'와 '디니다', [滯] 즉 '걸리다'의 뜻을 가진 '거리씨다'와 '걸이다', [障] 즉 '가리다'의 뜻을 가진 '그리오다'와 '막다', [發] 즉 '내다, 나타내다'의 뜻을 가진 '내다'와 '나토다', [貢高] 즉 '높도다 하고 남에게 바치다, 높은 양하여 남에게 바치다'의 뜻을 가진 '노포라 바티다'와 '노푼 양ㅎ야 ㄴ미게 바티다', [至]와 [到] 즉 '이르다, 다다르다'의 뜻을 가진 '니를다'와 '다돋다', [踊躍] 즉 '날아 솟다, 뛰어 일어나다'의 뜻을 가진 'ㄴ솟다'와 '봄놀다', [撩] 즉 '다다르다'의 뜻을 가진 '다돋다'와 '닿다', [墜]와 [墮] 즉 '떨어지다'의 뜻을 가진 '뻐디다'와 '뻐러디다', [振] 즉 '떨치다, 들날리다'의 뜻을 가진 '뻘다'와 '뮈우다', [除] 즉 '덜다, 제거하다'의 뜻을 가진 '덜다'와 '앗다', [守] '지키다'의 뜻을 가진 '딕희다'와 '디킈다', [行] 즉 '다니다'의 뜻을 가진 '둔니다'와 '녀다', [愛] 즉 '사랑하다'의 뜻을 가진 '둣다'와 'ㅅ랑ㅎ다', [聞] 즉 '냄새 맡다'의 뜻을 가진 '맏다'와 '듣다', [飮] 즉 '먹다, 마시다'의 뜻을 가진 '먹다'와 '마시다', [飮] 즉 '먹다, 마시다'의 뜻을 가진 '먹다'와 '좌시다', [迷] 즉 '모르다'의 뜻을 가진 '모르다'와 '어리다', [集]과 [蘊] 즉 '모으다'의 뜻을 가진 '뫼호다'와 '모도다', [動] 즉 '움직이다'의 뜻을 가진 '뮈다'와 '금즈기다', [建] 즉 '세우다'의 뜻을 가진 '밍글다'와 '셰다', [造] 즉 '만들다'의 뜻을 가진 '밍글다'와 '짓다', [受沾] 즉 '받다'의 뜻을 가진 '받다'와 '맏다', [演] 즉 '자세하게 설명하다'의 뜻을 가진 '부르다'와 '펴다', [因] 즉 '의거하다'의 뜻을 가진 '븥다'와 '드듸다', [授] 즉 '주다, 맡기다'의 뜻을 가진 '심기다'와 '맛디다', [憶念]과 [憶] 즉 '생각하다'의 뜻을 가진 'ㅅ랑ㅎ다'와 '싱각ㅎ다', [思惟] 즉 '생각하다'의 뜻을 가진 'ㅅ

랑ᄒ다'와 '혜다', [思]와 [思量] 즉 '생각하다'의 뜻을 가진 '스랑ᄒ다'와 '혜아리다', [不] 즉 '아니하다, 말다'의 뜻을 가진 '아니ᄒ다'와 '말다', [違] 즉 '어기다, 그르치다'의 뜻을 가진 '어긔다'와 '그릇다', [結] 즉 '열매가 맺히다'의 뜻을 가진 '열다'와 '미ᄌ다', [禮] 즉 '절하다'의 뜻을 가진 '저ᅀᆞᆸ다'와 '절ᄒᅙᆸ다', [淨] '깨끗하게 하다'의 뜻을 가진 '조히오다'와 '조히 ᄒ다', [集] 즉 '모이다'의 뜻을 가진 '지픠다'와 '몯다', [滴] 즉 '방울져 떨어지다'의 뜻을 가진 '처디다'와 '츳듣다', [承] 즉 '받다'의 뜻을 가진 '투다'와 '받다', [打破]와 [破] 즉 '깨다, 부수다'의 뜻을 가진 '힐다'와 '헤티다' 그리고 [思惟] 즉 '생각하다'의 뜻을 가진 '혜다'와 '혜아리다'가 있다.

音韻의 交替를 보여 주는 동작동사들이 동의 관계를 가질 수 있다. 이 경우가 음운 교체형이다.

동의 관계가 모음 교체를 보여 주는 동작동사들 사이에 성립된다. 모음 교체에는 음모음과 양모음 간의 교체가 있고 음모음간의 교체가 있다.

음모음과 양모음 간의 교체에는 '으~ᄋ'의 교체가 있다. '으~ᄋ'의 교체를 보여 주는 동작동사에는 [說] 즉 '이르다, 말하다'의 뜻을 가진 '니르다'와 '니ᄅ다' 그리고 [起] 즉 '일으키다'의 뜻을 가진 '니르왇다'와 '니ᄅ왇다'가 있다.

음모음간의 교체에는 '우~으'의 교체가 있다. '우~으'의 교체를 보여 주는 동작동사에는 [振] 즉 '흔들다'의 뜻을 가진 '후늘다'와 '흐늘다'가 있다.

어떤 동작동사가 그것 중의 한 音韻의 脫落에 의해 생긴 동작동사와 동의 관계를 가질 수 있다. 이 경우가 음운 탈락형이다. 음운 탈락에는 母音 탈락과 子音 탈락이 있다.

모음 탈락에는 모음 'ᄋ'의 탈락이 있다. 모음 'ᄋ'의 탈락에는 [興] 즉 '일으키다'의 뜻을 가진 '니르왇다'와 '닐왇다'가 있다.

자음 탈락에는 'ㄹ' 탈락이 있다. 자음 'ㄹ' 탈락을 보여 주는 동작동 사에는 [至] 즉 '이르다, 도달하다'의 뜻을 가진 '니를다'와 '니르다'가 있다.

어떤 동작동사가 그것 중에 한 음운이 첨가되어 만들어진 동작동사 와 동의 관계를 가질 수 있다. 이 경우가 음운 첨가형이다.

음운 첨가에는 半母音 [y]의 첨가가 있다. 반모음 [y]의 첨가에는 [壞] 즉 '무너지다, 파괴되다'의 뜻을 가진 'ᄒᆞ야디다'와 '히야디다'가 있다.

基語인 동작동사가 파생된 동작동사와 동의 관계를 가질 수 있다. 이 경우가 파생형이다.

파생된 동작동사들 간의 동의 관계를 보여 주는 것에는 [淨] 즉 '깨 끗하게 하다'의 뜻을 가진 '조히오다'와 '조케 ᄒᆞ다'가 있다.

상태동사간의 동의에는 [醜] 즉 '추하다'의 뜻을 가진 '골없다'와 '궂 다'를 비롯하여, [惡] 즉 '나쁘다'의 뜻을 가진 '궂다'와 모딜다, [滿] 즉 '가득하다, 차다'의 뜻을 가진 'ᄀᆞ둑ᄒᆞ다'와 'ᄎᆞ다', [等] 즉 '같다, 동일 하다'의 뜻을 가진 '곫다'와 'ᄀᆞᇀᄒᆞ다', [染] 즉 '더럽다'의 뜻을 가진 '더 럽다'와 '덻다', [芬芳]과 [香] 즉 '향기롭다'의 뜻을 가진 '옷곳ᄒᆞ다'와 '곳답다' 그리고 [多]와 [衆] 즉 '많다'의 뜻을 가진 '하다'와 '만ᄒᆞ다'가 있다.

셋째로 고유어의 副詞類에서 발견되는 동의 관계에는 相異型이 있 다. 상이형은 서로 다른 型式을 가진 두 부사가 동의 관계를 가지는 경우이다.

　고유어의 부사류에서 확인되는 상이형에는 [大] 즉 '크게'의 뜻을 가진 'ᄀ장'과 '키'를 비롯하여 [更]과 [重] 즉 '다시'의 뜻을 가진 '다시'와 'ᄂ외야', [更], [重] 및 [復] 즉 '다시'의 뜻을 가진 '다시'와 'ᄯᅩ', [遞] 즉 '번갈아, 교대로'의 뜻을 가진 '뎐톄로'와 'ᄀ라', [還]과 [却] 즉 '도리어, 반대로'의 뜻을 가진 '도로혀'와 '도로', [共] 즉 '함께, 같이'의 뜻을 가진 '모다'와 '혼가지로', [須] 즉 '모름지기, 반드시'의 뜻을 가진 '모디'와 '모로매', [必] 즉 '반드시'의 뜻을 가진 '모디'와 '반드기', [終]과 [究竟] 즉 '마침내, 끝끝내'의 뜻을 가진 'ᄆ촘내'와 '내죵내', [曾] 즉 '이전에, 일찍'의 뜻을 가진 '아릐'와 '일즉', [且] 즉 '또'의 뜻을 가진 '아직'과 'ᄯᅩ', [何]와 [如何] 즉 '어찌'의 뜻을 가진 '엇뎨'와 'ᄆ슴', [孤] 즉 '홀로, 외따로'의 뜻을 가진 '외ᄅ이'와 'ᄒᆞ오ᅀᅡ', [自] 즉 '스스로'의 뜻을 가진 '제'와 '자내', [已] 즉 '벌써'의 뜻을 가진 'ᄒᆞ마'와 '볼셔', [同] 즉 '함께, 다 같이'의 뜻을 가진 '혼가지로'와 '혼ᄢᅴ' 그리고 [偕] 즉 '함께, 다 같이'의 뜻을 가진 '혼ᄢᅴ'와 '혼디'가 있다.

　넷째로 고유어의 관형사류에서 확인되는 동의 관계는 크게 둘로 나누어 고찰할 수 있다. 첫째는 관형사간의 동의이고 둘째는 관형사와 관형어 간의 동의이다.

　고유어의 관형사간에 성립되는 동의에는 [餘] 즉 '다른 남은'의 뜻을 가진 '녀느'와 '녀나문', [何] 즉 '무슨, 어떤'의 뜻을 가진 'ᄆ슴'과 '엇던', [何]와 [什麽] 즉 '무슨'의 뜻을 가진 'ᄆ슷'과 'ᄆ스', [何] 즉 '어느, 어떤'의 뜻을 가진 '어느'와 '엇던' 그리고 [諸] 즉 '여러'의 뜻을 가진 '여러'와 '모둔'이 있다.

　고유어의 관형사와 관형어 사이에 성립되는 동의에는 [他] 즉 '다른'의 뜻을 가진 '녀느'와 '다른' 그리고 [諸]와 [衆] 즉 '여러, 많은'의 뜻을 가진 '모든'과 '한'이 있다.

제3장에서는 固有語와 漢字語 간의 同義가 논의된다. 이 동의에는 名詞類에서의 同義, 動詞類에서의 동의 그리고 副詞類에서의 동의가 있다.

첫째로 名詞類에서 확인되는 동의에는 고유어가 單一語 명사일 수도 있고 고유어가 合成名詞와 名詞句일 수도 있고 고유어가 派生名詞일 수도 있고 고유어가 名詞形일 수도 있다.

固有語가 單一語인 경우에는 [中] 즉 '가운데'의 뜻을 가진 '가온 ᄃᆡ'와 '中'을 비롯하여 [物] 즉 '것, 물건'의 뜻을 가진 '것'과 '物', [獦獠] 즉 '北人이 南人을 경멸하여 이르는 말'이란 뜻을 가진 '겱워ᅀᅵ'와 '獦獠', [花] 즉 '꽃'의 뜻을 가진 '곶'과 '花', [耳] 즉 '귀'의 뜻을 가진 '귀'와 '耳', [時] 즉 '때, 시절'의 뜻을 가진 'ᄣᅢ'와 '時節', [一一] 즉 '낱 낱, 하나 하나'의 뜻을 가진 '낫낫'과 '一一', [土] 즉 '땅, 곳'의 뜻을 가진 'ᄯᅡᇂ'와 '土', [梵刹] 즉 '절, 佛敎 寺院'의 뜻을 가진 '뎔'과 '梵刹', [寶坊] 즉 '절'의 뜻을 가진 '뎔'과 '寶坊', [寺] 즉 '절'의 뜻을 가진 '뎔'과 '寺', [志] 즉 '뜻'의 뜻을 가진 '쁟'과 '志', [月] 즉 '달'의 뜻을 가진 '들'과 '月', [等] 즉 '들, 等'의 뜻을 가진 '돌ᄒᆞ'과 '等', [身] 즉 '몸'의 뜻을 가진 '몸'과 '身', [山] 즉 '메, 山'의 뜻을 가진 '뫼ᄒᆞ'와 '山', [衆] 즉 '무리'의 뜻을 가진 '물'과 '衆', [宗] 즉 '으뜸, 근본'의 뜻을 가진 '므르'와 '宗', [聚落] 즉 '마을'의 뜻을 가진 'ᄆᆞᅀᆞᇂ'과 '聚落', [佛] 즉 '부처'의 뜻을 가진 '부텨'와 '佛', [師] 즉 '스승'의 뜻을 가진 '스승'과 '師', [相] 즉 '모습'의 뜻을 가진 '양ᄌᆞ'와 '相', [衣] 즉 '옷'의 뜻을 가진 '옷'과 '衣', [宗趣] 즉 '근본'의 뜻을 가진 '웃듬'과 '宗趣', [事業] 즉 '일, 사업'의 뜻을 가진 '일'과 '事業', [時] 즉 '때, 적'의 뜻을 가진 '적'과 '時', [僧] 즉 '중'의 뜻을 가진 '중'과 '僧', [初] 즉 '처엄'의 뜻을 가진 '처섬'과 '初', [日] 즉 '해'의 뜻을 가진 '히'와 '日' 그리고 [行] 즉 '행실, 행위'의 뜻을 가진 '힝뎍'과 '行'이 있다.

固有語가 合成名詞와 名詞句인 경우에는 [一衆] 즉 '여러 사람'의 뜻을 가진 '모든 사람'과 '一衆'을 비롯하여 '宗趣' 즉 '근본의 뜻, 근본적 입장'의 뜻을 가진 '믈릐 쁟'과 '宗趣', [獵人] 즉 '사냥하는 사람'의 뜻을 가진 '山行ᄒᆞᄂ 사름'과 '獵人', [靈駕] 즉 '신령의 수레'의 뜻을 가진 '神靈 술위'와 '靈駕', [上下] 즉 '아래 위'의 뜻을 가진 '아라우ᄒ'와 '上下', [小身] 즉 '작은 몸'의 뜻을 가진 '져근 몸'과 '小身' 그리고 [銀浪] 즉 '흰 물결, 은빛으로 빛나는 물결'의 뜻을 가진 '힌 믌결'과 '銀浪'이 있다.

固有語가 派生名詞인 경우에는 [果] 즉 '열매'의 뜻을 가진 '여름'과 '果實'이 있다.

固有語가 名詞形인 경우에는 [差別] 즉 '다름, 차별'의 뜻을 가진 '달옴'과 '差別'을 비롯하여 [惡] 즉 '나쁨, 惡'의 뜻을 가진 '모디롬'과 '惡' 그리고 [淨] 즉 '깨끗함'의 뜻을 가진 '조홈'과 '淨'이 있다.

둘째로 동사류에서 확인되는 고유어와 한자어 간의 동의에는 動作動詞간의 同義와 狀態動詞간의 同義가 있다.

동작동사에서 확인되는 고유어와 한자어 간의 동의에서 고유어가 動作動詞일 수도 있고 合成動作動詞와 動作動詞句일 수도 있다.

동작동사에서 확인되는 고유어와 한자어 간의 동의에서 고유어가 動作動詞인 경우에는 [行] 즉 '가다'의 뜻을 가진 '가다'와 '行ᄒ다'를 비롯하여 [胡跪] 즉 '꿇다, 꿇어 앉다'의 뜻을 가진 'ᄭ러다'와 '胡跪ᄒ

다', [滅] 즉 '없어지다, 꺼지다'의 뜻을 가진 '쁘다'와 '滅ᄒ다', [歡喜]
즉 '기뻐하다'의 뜻을 가진 '깄다'와 '歡喜ᄒ다', [現] 즉 '나타내다'의
뜻을 가진 '나토다'와 '現ᄒ다', [現] 즉 '나타나다'의 뜻을 가진 '낱다'
와 '現ᄒ다', [湧] 즉 '물이 솟구치다'의 뜻을 가진 'ᄂ솟다'와 '湧ᄒ다',
[分] 즉 '나누다'의 뜻을 가진 'ᄂ호다'와 '分ᄒ다', [留] 즉 '두다'의 뜻
을 가진 '두다'와 '留ᄒ다', [守] 즉 '지키다'의 뜻을 가진 '디킈다'와 '守
ᄒ다', [應] 즉 '응하다'의 뜻을 가진 '맛곪다'와 '應ᄒ다', [迎] 즉 '맞다,
맞이하다'의 뜻을 가진 '맞다'와 '迎逢ᄒ다', [迷] 즉 '모르다'의 뜻을 가
진 '모ᄅ다'와 '迷惑ᄒ다', [迷] 즉 '모르다'의 뜻을 가진 '모ᄅ다'와 '迷
ᄒ다', [動] 즉 '움직이다'의 뜻을 가진 '뮈다'와 '動ᄒ다', [묻]과 [묻似]
즉 '드리다, 윗사람에게 바치다'의 뜻을 가진 '받줍다'와 '묻ᄒ다', [觀]
즉 '보다'의 뜻을 가진 '보다'와 '觀ᄒ다', [因] 즉 '의거하다, 말미암다'
의 뜻을 가진 '븥다'와 '因ᄒ다', [從] 즉 '말미암다'의 뜻을 가진 '븥다'
와 '從ᄒ다', [着] 즉 '붙다'의 뜻을 가진 '븓다'와 '着ᄒ다', [鐫]과 [刊]
즉 '새기다'의 뜻을 가진 '사기다'와 '刻ᄒ다', [居] 즉 '살다, 거주하다'
의 뜻을 가진 '살다'와 '居ᄒ다', [嗔] 즉 '성내다'의 뜻을 가진 '서긇다'
와 '嗔心ᄒ다', [授] 즉 '주다, 전하여 주다'의 뜻을 가진 '심기다'와 '傳
授ᄒ다', [受] 즉 '받다'의 뜻을 가진 '심기다'와 '受ᄒ다', [思量]과 [思]
즉 '생각하다'의 뜻을 가진 'ᄉ랑ᄒ다'와 '思量ᄒ다', [思惟] 즉 '생각하
다'의 뜻을 가진 'ᄉ랑ᄒ다'와 '思惟ᄒ다', [達] 즉 '통하다, 통달하다'
의 뜻을 가진 'ᄉ몾다'와 '達ᄒ다', [通達] 즉 '미치다, 통달하다'의 뜻
을 가진 'ᄉ몾다'와 '通達ᄒ다', [悟] 즉 '알다'의 뜻을 가진 '알다'와 '悟
ᄒ다', [體] 즉 '알다'의 뜻을 가진 '알다'와 '體ᄒ다', [迷] 즉 '모르다'의
뜻을 가진 '어리다'와 '迷ᄒ다', [滅] 즉 '멸하다, 없어지다'의 뜻을 가

진 '없다'와 '滅ᄒ다', [免] 즉 '면하다, 벗어나다'의 뜻을 가진 '여희다'
와 '免ᄒ다', [傳] 즉 '전하다, 옮기다'의 뜻을 가진 '옮기다'와 '傳ᄒ다',
[供]과 [供養] 즉 '받들다, 공양하다'의 뜻을 가진 '이받다'와 '供養ᄒ
다', [作禮] 즉 '절하다, 禮數하다'의 뜻을 가진 '저ᅀᆞᆸ다'와 '禮數ᄒ다',
[發] 즉 '펴다'의 뜻을 가진 '펴다'와 '發ᄒ다', [思量]과 [思] 즉 '생각하
다'의 뜻을 가진 '혜아리다'와 '思量ᄒ다' 그리고 [議] 즉 '의논하다'의
뜻을 가진 '혜아리다'와 '議論ᄒ다'가 있다.

　동작동사에서 확인되는 고유어와 한자어 간의 동의에서 고유어가
合成動作動詞와 動作動詞句인 경우에는 [卽] 즉 '나아가다'의 뜻을 가
진 '나ᅀᅡ가다'와 '卽ᄒ다'를 비롯하여 [加持] 즉 '더하여 지니다'의 뜻
을 가진 '더어 디니다'와 '加持ᄒ다', [思議] 즉 '생각하여 의논하다'의
뜻을 가진 'ᄉᆞ랑ᄒ야 議論ᄒ다'와 '思議ᄒ다', 그리고 [發明] 즉 '펴서
밝게 ᄒ다'의 뜻을 가진 '펴 ᄇᆞᆯ기다'와 '發明ᄒ다'가 있다.

　상태동사에서 확인되는 고유어와 한자어 간의 동의에서 고유어가
狀態動詞일 수도 있고 狀態動詞句일 수도 있다.

　상태동사에서 확인되는 고유어와 한자어 간의 동의에서 고유어가
狀態動詞인 경우에는 [貧]과 [貧乏] 즉 '가난하다'의 뜻을 가진 '가난
ᄒ다'와 '艱難ᄒ다'를 비롯하여 [直] 즉 '곧다, 바르다'의 뜻을 가진 '곧
다'와 '直ᄒ다', [同] 즉 '같다'의 뜻을 가진 'ᄀᆞᆮᄒ다'와 '同ᄒ다', [如]
즉 '같다'의 뜻을 가진 'ᄀᆞᆮᄒ다'와 '如ᄒ다', [別]과 [各別] 즉 '다르다'
의 뜻을 가진 '다ᄅᆞ다'와 '各別ᄒ다', [善] 즉 '착하다, 좋다'의 뜻을 가
진 '둏다'와 '善ᄒ다', [圓]과 [圓滿] 즉 '둥글다, 모나지 아니하다'의 뜻
을 가진 '두렵다'와 '圓滿ᄒ다', [悠悠] 즉 '멀다'의 뜻을 가진 '멀다'와
'悠悠ᄒ다', [惡] 즉 '악하다, 나쁘다'의 뜻을 가진 '모딜다'와 '惡ᄒ다',

[智] 즉 '슬기롭다, 지혜롭다'의 뜻을 가진 '어딜다'와 '智ᄒ다', [亂] 즉 '어지럽다'의 뜻을 가진 '어즈럽다'와 '亂ᄒ다', [住] 즉 '있다'의 뜻을 가진 '잇다'와 '住ᄒ다', [淸淨] 즉 '깨끗하다'의 뜻을 가진 '좋다'와 '淸淨ᄒ다', [自由] 즉 '자유롭다'의 뜻을 가진 '쥬변ᄒ다'와 '自由ᄒ다' 그리고 [豁然] 즉 '훤하다, 앞이 탁 틔어 넓고 시원하다'의 뜻을 가진 '훤ᄒ다'와 '豁然ᄒ다'가 있다.

상태동사에서 확인되는 고유어와 한자어 간의 동의에서 고유어가 狀態動詞句인 경우에는 [良久] 즉 '오래 잠잠하다'의 뜻을 가진 '오래 줌줌ᄒ다'와 '良久ᄒ다'가 있다.

셋째로 부사류에서 확인되는 고유어와 漢字語 간의 동의에서 고유어가 副詞일 수 있고 고유어가 副詞語일 수 있다.

부사류에서 확인되는 고유어와 한자어 간의 동의에서 고유어가 副詞인 경우에는 [妄] 즉 '제멋대로'의 뜻을 가진 '간대로'와 '妄히'를 비롯하여 [永] 즉 '길이'의 뜻을 가진 '기리'와 '永히', [了然] 즉 '분명히, 뚜렷이'의 뜻을 가진 '골이지'와 '了然히', [一一] 즉 '낱낱이, 일일이, 하나씩 하나씩'의 뜻을 가진 '낫나치'와 '一一히', [究竟] 즉 '마침내'의 뜻을 가진 '내종내'와 '究竟에', [常] 즉 '늘, 항상'의 뜻을 가진 '샹녜'와 '恒常', [嚴] 즉 '엄하게, 엄정히'의 뜻을 가진 '싁싀기'와 '嚴正히', [試] 즉 '아무렇거나, 시험하여'의 뜻을 가진 '아마커나'와 '試驗ᄒ야' 그리고 [可] 즉 '가히'의 뜻을 가진 '어루'와 '可히'가 있다.

부사류에서 확인되는 고유어와 한자어 간의 동의에서 고유어가 副詞語인 경우에는 [扵言下]와 [言下] 즉 '말이 떨어지기가 무섭게, 말 떨어지자마자 바로'의 뜻을 가진 '말ᄊᆞᆷ 아래'와 '言下애'가 있다.

제4장에서는 漢字語간의 同義가 논의된다. 이 동의에는 名詞에서의

同義, 動詞類에서의 동의 및 副詞에서의 동의가 있다.

첫째로 名詞에서의 동의에서 적어도 하나가 一字 漢字語일 수 있고 모두 二字 以上의 漢字語일 수 있다.

적어도 하나가 一字 漢字語인 경우에는 [境] 즉 '지경, 경계'의 뜻을 가진 '境'과 '境界'를 비롯하여 [果]와 [菓] 즉 '과실'의 뜻을 가진 '果實'과 '菓', [化] 즉 '敎化'의 뜻을 가진 '敎化'와 '化', [智] 즉 '슬기, 지혜'의 뜻을 가진 '智'와 '智慧', [物] 즉 '만물'의 뜻을 가진 '物'과 '萬物', [凡] 즉 '凡夫'의 뜻을 가진 '凡夫'와 '凡', [聖] 즉 '聖人'의 뜻을 가진 '聖人'과 '聖', [世] 즉 '세상, 인간 사회'의 뜻을 가진 '世'와 '世間', [時] 즉 '때, 시절'의 뜻을 가진 '時'와 '時節', [益] 즉 '이익'의 뜻을 가진 '益'과 '利益' 그리고 [衆] 즉 '무리, 대중'의 뜻을 가진 '衆'과 '大衆'이 있다.

모두 二字 以上의 漢字語인 경우에는 [妙高聚] 즉 '수미산'의 뜻을 가진 '妙高聚'와 '須彌山'을 비롯하여 [梵刹]과 [梵宇] 즉 '절, 佛寺'의 뜻을 가진 '梵刹'과 '梵宇', [仙]과 [仙間] 즉 '仙境, 신선이 산다는 곳'의 뜻을 가진 '仙間'과 '御園春', [祖宗] 즉 '祖師의 宗旨'의 뜻을 가진 '祖宗'과 '祖師ㅅ 宗旨' 그리고 [畜生]과 [傍生] 즉 '짐승, 畜生'의 뜻을 가진 '畜生'과 '傍生'이 있다.

둘째로 動詞類에서 확인되는 漢字語간의 동의에는 動作動詞간의 同義와 狀態動詞간의 同義가 있다.

동작동사에서 확인되는 한자어간의 동의에는 [決] 즉 '결단하다, 결정하다'의 뜻을 가진 '決ᄒ다'와 '決斷ᄒ다'를 비롯하여 [化] 즉 '敎化하다, 가르치다'의 뜻을 가진 '敎化ᄒ다'와 '化ᄒ다', [傳] 즉 '전하다'의 뜻을 가진 '傳得ᄒ다'와 '傳ᄒ다', [呈], [呈似] 및 [似] 즉 '드리다, 윗사

람에게 바치다'의 뜻을 가진 '묻ᄒ다'와 '묻似ᄒ다', [迷] 즉 '모르다'의
뜻을 가진 '迷ᄒ다'와 '迷惑ᄒ다', [度] 즉 '濟度하다'의 뜻을 가진 '濟
度ᄒ다'와 '度ᄒ다' 그리고 [通] 즉 '통하다'의 뜻을 가진 '通行ᄒ다'와
'通ᄒ다'가 있다.

상태동사에서 확인되는 한자어간의 동의에는 [妙] 즉 '묘하다, 기묘
하다'의 뜻을 가진 '微妙ᄒ다'와 '奇妙ᄒ다'가 있다.

셋째로 부사에서 확인되는 漢字語간의 동의에는 [實] 즉 '참으로,
진실로'의 뜻을 가진 '實로'와 '眞實로'를 비롯하여 [定] 즉 '반드시, 꼭'
의 뜻을 가진 '一定히'와 '一定' [一一] 즉 '일일이, 낱낱이'의 뜻을 가
진 '一一'과 '一一히' 그리고 [自然] 즉 '자연히'의 뜻을 가진 '自然히'
와 '自然'이 있다.

參/考/文/獻

- 南星祐(1986),『十五世紀 國語의 同義語 硏究』, 탑출판사.
- 南星祐(2001),『月印釋譜와 法華經諺解의 同義語 硏究』, 태학사.
- 남성우(2011),『救急方諺解와 救急簡易方의 同義語 硏究』, 지식과 교양.
- 南星祐(2014), "1490年代 國語의 名詞類 同義語 硏究",『한국어사연구』1
- 南星祐(2016), "1490年代 國語의 動詞類 同義語 硏究",『한국어사연구』2
- 李崇寧(1971), "국어의 Synonymy의 硏究",『同大語文』1, 同德女大 國語國文學科.

同義語 찾아보기

ㄷ

저자 | 南星祐

1963년 서울대학교 문리과대학 국어국문학과 졸업
1969년 서울대학교 대학원 국어국문학과 문학석사
1986년 서울대학교 대학원 국어국문학과 문학박사
1975년~2006년 한국외국어대학교 사범대학 한국어교육과 교수 역임
現 한국외국어대학교 사범대학 한국어교육과 명예교수

- **저서** 『國語意味論』,『十五世紀 國語의 同義語 研究』,
  『月印釋譜와 法華經諺解의 同義語 研究』,『16세기 국어의 동의어 연구』,
  『中世國語 文獻의 飜譯 研究』,『救急方諺解와 救急簡易方의 同義語 研究』
  『釋譜詳節과 月印釋譜의 同義語 研究』
- **역서** 『意味論의 原理』,『意味論: 意味科學 入門』

1490年代 國語의 同義語 研究

초 판 인 쇄	2019년 8월 10일
초 판 발 행	2019년 8월 16일
지 은 이	南星祐
책 임 편 집	윤수경
발 행 처	도서출판 지식과교양
등 록 번 호	제2010-19호
주 소	서울시 강북구 우이동108-13 힐파크103호
전 화	(02) 900-4520 (대표) / 편집부 (02) 996-0041
팩 스	(02) 996-0043
전 자 우 편	kncbook@hanmail.net

ISBN 978-89-6764-145-0 93700   정가 19,000원